21世纪应用型本科会计系列规划教材

U0674892

PRACTICAL TRAINING OF
MANAGEMENT ACCOUNTING

管理会计
实训教程

第五版

杨学富　耿广猛　主编

东北财经大学出版社
Dongbei University of Finance & Economics Press
大连

图书在版编目（CIP）数据

管理会计实训教程 / 杨学富，耿广猛主编. —5版. —大连：东北财经大学出版社，2024.2（2025.7重印）
（21世纪应用型本科会计系列规划教材）
ISBN 978-7-5654-5144-7

Ⅰ.管… Ⅱ.①杨… ②耿… Ⅲ.管理会计-高等学校-教材 Ⅳ.F234.3

中国国家版本馆 CIP 数据核字（2024）第 024863 号

东北财经大学出版社出版
（大连市黑石礁尖山街 217 号 邮政编码 116025）
网 址:http://www.dufep.cn
读者信箱:dufep@dufe.edu.cn
大连日升彩色印刷有限公司印刷 东北财经大学出版社发行

幅面尺寸：170mm×240mm	字数：320千字	印张：15.5
2024年2月第5版		2025年7月第2次印刷
责任编辑：石真珍 周 晗 王 玲		责任校对：何 群
封面设计：原 皓		版式设计：原 皓

定价：49.00元

第五版前言

党的二十大报告吹响了党团结带领全国各族人民全面建成社会主义现代化强国、实现第二个百年奋斗目标的冲锋号，数字经济的快速发展和我国经济的高质量发展也对会计行业人才培养提出了新的要求。管理会计是现代企业会计的重要组成部分。它将会计学科与其他经济管理学科有机地结合起来，不断拓展会计学科的新领域，形成了完善的理论方法体系，为企业评价过去、控制现在、规划未来提供基本的大数据信息，成为社会经济管理和发展的重要工具。

党的二十大报告提出："加快发展数字经济，促进数字经济和实体经济深度融合，打造具有国际竞争力的数字产业集群。"管理会计在数字经济时代的大数据技术条件下，在优化企业经营管理内部和外部环境中发挥的积极作用越发明显，不仅知名跨国公司建立了专业化的管理会计职能部门，而且许多中小型企业聘任了管理会计人员甚至管理会计师，为企业解决经营管理和经济转型的核心问题。

财政部从2013年起大力推动管理会计的发展和全面推进管理会计体系的建设，2014年，《财政部关于全面推进管理会计体系建设的指导意见》（财会〔2014〕27号）正式出台，标志着我国管理会计开始加速发展。2016年，《关于印发〈管理会计基本指引〉的通知》（财会〔2016〕10号）发布，管理会计得到空前重视。从2017年9月至2018年底，财政部陆续制定印发34项管理会计应用指引，我国管理会计指引体系基本建成；同时，明确推进中国特色的管理会计"4+1"人才培养体系建设。管理会计指引体系开创了国际管理会计领域的先河，起到了优化资源配置、降低要素成本、提高管理效率的重要作用，标志着我国管理会计跨入新的发展阶段。特别是《会计改革与发展"十四五"规划纲要》指出：推动会计职能对内拓展。加强对企业管理会计应用的政策指导、经验总结和应用推广，推进管理会计在加速完善中国特色现代企业制度、促进企业有效实施经营战略、提高管理水平和经济效益等方面发挥积极作用。

党的二十大报告提出，"推进教育数字化""加强教材建设和管理"。以此为指引，本教材第五版围绕"立德树人"根本任务，以"培根铸魂，启智增慧"、系统、简练、实用为原则，对管理会计的基本原理、基本方法和大数据管理会计在企业管理实践中的应用进行研究分析，充分考虑学生学习、掌握管理会计的基本理论、基本方法和基本操作技能的需要，突出实训特点，同时设立"思政小课堂"栏目，融入课程思政元素和党的二十大精神，引导学生树立正确的价值观，坚定"四个自信"，遵守职业道德，诚实守信，爱岗敬业，力争实现价值塑造、知识传授和能力培养相统一。

本教材的主要内容包括管理会计概述、成本性态分析、变动成本法、本量利分析、预测分析、短期经营决策、长期投资决策、全面预算、成本控制与标准成本控制系统、作业成本法、责任会计。每章的具体内容和特点如下：

（1）基础知识。概念清晰、理论系统，各章需要学习的主要内容通俗易懂，有利于学生和企业管理人员在管理会计学习中掌握主要知识点。

（2）实例分析。各章的例题有助于学生和企业管理人员对知识点进行强化和巩固；对精选案例的分析、解答有助于提高学生和企业管理人员分析和解决管理会计实际问题的能力，尤其是对财务因素和非财务因素方面问题的分析与解决能力。

（3）实训练习。通过各章所附的实训练习进行课后训练（其中填空题与选择题可以扫码线上答题），学生和企业管理人员能够加深对所学理论知识和数量分析的理解，高效掌握各章的难点。实训练习的参考答案以二维码形式给出。

本次修订由柳延峥教授任主审，杨学富、耿广猛任主编，段春明任副主编。具体的编写分工如下：耿广猛（第一章部分内容，第十、十一章）；杨学富（第二、四、九章）；段春明（第一章部分内容、第六章）；万经花（第三、五章）；汪付官（第七、八章）。

本教材在编写过程中，参阅了相关管理会计专家学者的最新研究成果，在本次修订过程中，得到了很多学术界同仁的帮助，学习借鉴了参考文献中同行的成果，在此表示感谢。特别要感谢东北财经大学出版社的编辑，他们的责任心推动了本教材的顺利再版。

　　本教材既可以作为教学人员的教学和参考用书，又可以作为学生的学习用书和辅导资料，也可作为企业经营管理人员和财务管理人员学习并提高分析和解决管理会计实际问题能力的参考资料。

　　限于编者的水平，本教材中一定还有缺点、错漏，在此诚望各位同行、读者批评指正，以便我们进一步修改完善。

编　者

2023 年 11 月

目 录

管理会计概述

第一部分　基础知识

一、管理会计的产生与发展

管理的基本任务是把劳动者、劳动手段、劳动对象和生产技术科学地组织起来，并按系统最优的方式进行经营配置和管理控制，使得人尽其才、物尽其用、财尽其利，取得预期最佳经济效益、社会效益和环境效益。会计作为管理经济的一个重要工具，为管理提供必要的、有用的会计信息。管理会计是以会计学和现代管理为基础，以加强企业内部管理为目的，对企业经营过程进行规划、控制和考评的企业管理信息系统。经济愈发展，会计愈重要，管理会计更重要。

管理会计是社会化大生产和科学管理的必然产物，它的产生经历了一个由简单到复杂的不断发展完善过程。

第一次世界大战以后，泰罗的科学管理思想得到了广泛推行。会计科学为了紧密配合科学管理，提高企业生产效率、工作效率和控制成本，在成本会计中引入标准成本制度、预算控制和差异分析等专门方法，其目的是把会计工作的重点从为企业外部服务转向为企业内部服务，改善企业经营管理，提高经济效益。这是现代管理会计的萌芽。1922年美国会计学者奎因斯坦第一次提出了"管理会计"术语。

20世纪40年代，企业规模日益扩大，国际、国内市场竞争激烈，失业率不断上升。在这种形势下，企业为了战胜对手，增强竞争能力，更加重视提高内部工作效率，广泛推行行为科学管理，想方设法改善人际关系，调动全体员工的主观能动性，引导并激励员工增强质量意识、降低产品成本、扩大企业利润。这时专门配合职能管理和行为科学管理的"责任会计"和"成本-业务量-利润分析"等专门方法应运而生，并加入原有的会计方法体系中，使现代会计学的深度和广度都有了较大的突破，为管理会计的产生奠定了基础。

20世纪50年代，随着科学技术的日新月异，生产力迅猛发展，企业规模日趋庞大，跨国公司不断涌现，市场竞争也愈演愈烈。这种情况导致资本利润率下降，给企业的经营管理带来了严重困难。为了解决这些棘手问题，企业开始重视对市场的调查研究，加强科学的预测和决策工作，会计体系进一步吸收数量管理中的一些专门方法和技术，对企业生产经营的一切活动进行事前的规划和日常的控制。于是，专门按照成本-效益分析原理，以强化企业内部经营管理、提高经济效益为目的的管理会计体系形成了。1952年国际会计师联合会（IFAC）正式通过"管理会计"这个专门术语词汇，而传统的会计工作就被称为财务会计。

20世纪80年代后半期，制造业的创新又对管理会计的发展提出了新的挑战。这一时期，顾客的需求逐渐多样化、多层次，顾客越来越挑剔了。而生产技术以计算机辅助设计、辅助制造和数控技术为基础，为满足顾客的挑剔需求提供了技术支持；企业的生产组织方式由此从大规模、大批量生产，转向准时制（JIT）和大规模定制生产与分配。在管理控制思想和实践中，企业十分重视产品质量、产品设计、降低存货水平等持续改善企业经营管理的活动。在新的市场与制造环境下，许多企业发现原有的管理会计方法无法很好地适应新的制造技术的应用，因此，管理会计被重新设计，以支持和促进新的制造技术在企业中的应用。实务界和学术界也一直致力于管理会计新方法的研究，以迎接新的技术变革和全球性竞争所带来的挑战。管理会计新方法包括全面质量管理、准时生产系统、流程再造与持续改善、学习型组织、团队管理等，这些都被用来支持企业适应技术条件的变化和新管理战略与程序的实施。

为了理解这些方法，我们对支持这些方法形成的管理思想简介如下：

20世纪80年代，在管理理论和实践中，在世界范围内最引人注目的是日本企业管理模式，如全面质量管理、适时生产系统和看板管理等，持续改进质量成为许多公司的目标。从管理思维的角度看，西方企业管理倾向于从职能角度看问题，并且用简单化的解决方案迎合短期的预算目标和盈利目标，以及对股东和利益相关者进行短期回报。而日本企业管理则从更加全面和综合的角度看待企业组织和员工，具有循环性和长期性的时间观念，更加强调市场份额，而不是对股东和利益相关者的短期回报，这就营造了一种基于市场优势的长期盈利性。

管理理论与实践关注的另一个焦点是：在职能部门内部和跨部门之间建立有效的工作团队，管理中的人性方面重新得到了重视。员工参与决策、培育企业文化以及组织对员工利益的关心等管理观念被概括为一种新的管理理论——Z理论。与此同时，西方的战略计划思想和模型受到越来越多的批评和指责。人们批评西方的战略计划模型只会产生墨守成规、大众化的战略，企业的战略思想过于机械，并缺乏创造性，企业依此根本无法形成可持续发展的战略竞争优势。人们开始用心研究日本成功企业（如本田、佳能等）的经验，并用由此发展起来的战略意图的理念为组织设定一个宽泛的发展方向和使命，来替代战略计划模式；强调战略柔性，避免战略刚性。

进入 21 世纪，随着顾客挑剔性市场的形成以及全球化竞争加剧与环境多变，企业变革的节奏在保持对当地或某国市场的反应力的同时又能获得全球化的好处，是每个企业所面临的新挑战。目前，许多企业已经开始对企业结构进行调整与变革，纠正现代企业在结构与决策权分配上存在的问题。为了适应环境的不确定性，树立和接受战略柔性的思想是必要的。战略柔性的思想要求企业必须随着顾客需求的变化、新的竞争威胁与机会的出现而不断地适应和学习，即企业必须是一个"学习型组织"。在这样的企业中，员工是知识生产者，而非可以被轻易替换的工薪阶层；是关键性资产，而非不断被削减的成本。授权、网络和培养学习的能力成为企业实现"柔性"的主要途径。同时，许多企业开始从更加全面和综合的视角来看待自己。它们不再把自己视作一系列被清晰界定的职能集合，而是作为面向顾客的流程集合，即管理的重点由职能转向流程。例如，企业流程再造的管理思想实际上要求人们把管理注意力集中于各部门协调与顾客的价值传递方面，即关注信息和产品如何流经整个企业，而非关注各部门如何工作。在这种观念的影响下，一些企业努力把自身当作一个突破企业边界的、在更大范围内的供应链的一部分来管理，这使得企业和环境之间的界限更加富有弹性。企业随着自身同外部其他企业所建立的网络关系的日益发展，开始向"关系型"和"虚拟型"的方向发展，不再强调正式的组织结构。在这一发展方向上，企业的价值链被相互联结起来，许多企业成为某个战略联盟的成员，通过伙伴关系而非竞争利益的思维来推动企业、竞争者、经营环境、公众和员工之间的关系平衡。

近年来，经济和管理理论的发展还有一个明显的特征，即受到自然科学发展的极大影响。一些新的概念，如非线性、不确定性、复杂性和混沌等，已经开始替代我们所熟悉的机械、数学和几何模型。这些概念和现象给企业的管理水平提高带来巨大机会。

因此，我国从 2013 年起大力推动管理会计的发展和全面推进管理会计体系建设。2014 年《财政部关于全面推进管理会计体系建设的指导意见》（财会〔2014〕27 号）正式出台，标志着我国管理会计开始加速发展。2016 年《关于印发〈管理会计基本指引〉的通知》（财会〔2016〕10 号）发布，管理会计得到空前重视。从2017 年 9 月至 2018 年底，财政部陆续制定印发 34 项管理会计应用指引，我国管理会计指引体系基本建成；同时，明确推进中国特色的管理会计"4+1"人才培养体系建设。管理会计指引体系开创了国际管理会计领域的先河，起到了优化资源配置、降低要素成本、提高管理效率的重要作用，标志着我国管理会计跨入新的发展阶段。

市场竞争日趋激烈，企业对财务信息和非财务信息的整合性、及时性和准确性提出了更高的要求，管理会计走到了业务前端，发挥其在战略制定、事前预测、事中管控中的重要作用。随着数字化时代的到来，新兴技术的不断涌现也为管理会计信息化建设提供了新的契机和前景，为大数据管理会计的发展创造了良好的基础环境，新技术与管理创新融合，为管理会计注入了新的活力，充实了新的内涵。因此，《会计改革与发展"十四五"规划纲要》指出：推动会计职能对内拓展。加强对企业管理会计应用的政策指导、经验总结和应用推广，要以全面深化管理会计应用为着力点，积极推动会计职能拓展。推进管理会计在加速完善中国特色现代企业制度、促进企业有效实施经营战略、提高管理水平和经济效益等方面发挥积极作用。

由此可见，管理思想的形成与发展是管理会计的系统改造和方法创新的源泉。顾客导向、企业管理职能的转变、全球化竞争、全面质量管理、价值链、信息技术进步、制造环境的变化，以及战略意图与战略柔性、学习型组织与流程再造等内容，都需要反映在管理会计的发展与创新之中，使管理会计所提供的信息更具实用性。

综上所述，管理会计是从传统会计中逐步派生出来的一门独立的新兴学科，是社会生产力进步和管理水平不断提高的必然结果。管理会计充分吸收现代管理科学的各种专门方法和技术，从而使企业生产经营具有更高的灵活性、更强的适应能力和创新发展能力。管理会计的发展大大丰富了会计科学的内涵，使会计不再局限于单纯地提供信息，而是进一步利用这些信息来预测前景、参与决策、规划未来，并对日常经济活动进行有效的控制、评价和考核，在改进企业内部经营管理，提高经济效益、社会效益和环境效益等方面作出应有贡献。

二、管理会计的定义和特点

（一）管理会计的定义

《财政部关于全面推进管理会计体系建设的指导意见》为管理会计做了如下定义：管理会计是会计的重要分支，主要服务于单位（包括企业和行政事业单位，下同）内部管理需要，是通过利用相关信息，有机融合财务与业务活动，在单位规划、决策、控制和评价等方面发挥重要作用的管理活动。

管理会计工作是会计工作的重要组成部分。

管理会计的目标是通过运用管理会计工具方法，参与单位规划、决策、控制、评价活动并为之提供有用信息，推动单位实现战略规划。

管理会计是在财政部的指导指引下，依据应用环境、管理会计活动、工具方法、信息与报告四项要素，利用财务会计、统计及大数据信息，进行整理、计算、对比和分析，使企业内部各级管理人员能据以对各个责任单位与整个企业日常的和预期的经济活动及其发出的信息进行规划、控制、评价和考核，并使企业保证其资源的合理配置和使用，作出合理决策的一整套信息系统。

（二）管理会计的特点

管理会计在以下十个方面呈现出有别于财务会计的特点：

1.服务对象

管理会计主要侧重于为企业内部各级管理人员提供有效经营和最优化决策的

管理信息，是为强化企业内部管理、提高经济效益服务的，所以也称对内报告会计。财务会计虽然对内、对外都能提供有关企业最基本的财务信息，但其主要侧重于为企业外部有经济利害关系的团体或个人服务，包括股东及潜在的投资者、财税部门、主管机关、银行、债权人和证券监管机关等，所以也称对外报告会计。

2.工作重点

管理会计的工作重点是面向未来，不仅反映过去，更侧重于利用历史信息来预测前景、参与决策、规划未来，并控制、评价和考核企业的一切经济活动，属于"经营管理型"会计。财务会计的工作重点是面向过去，单纯地提供历史信息和解释信息，属于"报账型"会计。

3.约束依据

管理会计不受公认会计原则（Generally Accepted Accounting Principle，GAAP）的约束，只服从企业的需要及企业内部控制制度、系统理论和成本-效益分析原理的约束。财务会计必须严格遵守公认会计原则（在我国则为企业会计准则）以及政府有关法规（如会计法、税法等）的规定。

4.时间跨度

管理会计编制内部报告的时间跨度有较大的弹性或灵活性，可根据企业的需要按小时、半天、1天、周、月、季、年、10年或15年的时间跨度编制计划或报告。财务会计在这方面很少有弹性，对外编制基本财务报表通常都按月、季或年。

5.会计主体

管理会计主要以企业内部各个责任单位为会计主体，并对它们的日常经济活动的实绩和成果进行控制、评价与考核，同时也从整个企业全局出发，认真考虑各项决策与预算之间的协调、配合和综合平衡。财务会计则主要以整个企业为会计主体，提供集中、概括的财务信息，用来对企业的财务状况和经营成果作出综合评价与考核。

6.会计程序

管理会计的具体业务处理程序一般不固定，有较大的选择自由，通常也不涉及填制凭证和复式记账的问题；报表不定期编制，也无一定格式，可根据企业的需要自行设计。财务会计的具体业务处理程序则比较固定，并具有强制性；凭证、账簿和报表有规定格式，报表定期（月、季、年）编制。

7.会计方法

管理会计在一定期间采用灵活多样的专门方法，提出不同的备选方案，并大量应用现代数学方法和电脑技术。财务会计在一定期间只能采用一种专门方法，并只需使用最简单的算术方法和计算工具。

8.行为影响

管理会计吸收行为科学的"以人为本"思想，最关心业绩报告中计量的结果将如何影响员工的日常行为，并想方设法调动他们的主观能动性。财务会计最关心的则是如何计量和传输财务信息，一般不重视对员工行为的影响。

9.精确程度

由于管理会计的工作重点是着眼未来，不确定因素较多，故对其所提供的数据不要求绝对精确，一般能算出近似值即可。财务会计的工作重点是反映过去，通常都是确定的经济业务，故对其所提供的数据力求准确。

10.信息特征

管理会计一般通过编制内部报告来提供有选择的、部分的和特定的管理信息，内部报告不对外公布，不负有法律责任。财务会计则是通过编制基本财务报表来提供系统的、连续的、综合的财务信息。上市公司的基本财务报表需要对外公布，负有法律责任。

三、管理会计与财务会计的联系

在大数据时代，基本核算工作可以通过财务服务共享平台来完成，那么企业财务部门工作的重心就有可能转移到管理会计方面，即从"核算型"财务转变为"管理型"财务。这种转变的关键就是把公司的财务和战略结合起来，让公司财务参与公司战略的全面预算管理，在更大程度上发展管理会计，提升管理会计服务企业战略的效果。

财务会计与管理会计是企业财务工作的两大重要分支。财务会计主要是会计核算，编制财务报表，生成对外财务报告；管理会计主要涉及变动成本法、财务预算、本量利分析等工作，面向企业内部管理和外部市场，找思路、找方法、找发展。这样看来，管理会计与财务会计是不分家的。

不断加强管理会计工作，可以更好地进行企业经营状况预测，进行业务计划预算，分析财务报表，为业务部门的考核提供有效的数据支持；可以利用大数据技术，把财务、非财务信息都集中到管理会计系统中来，加工并形成各种各样的管理信息，支持各种各样的企业决策。通过学习、运用战略地图、平衡记分卡等先进管理会计方法，将聚焦在企业内部管理的经营管理过程进行控制、绩效分析等，可以将企业经营管理提升到战略层面，实现精细化管理。

四、管理会计的对象、职能、内容和程序

（一）管理会计的对象

管理会计的对象在时间上侧重于现在的以及未来的经济活动及其发出的信息，在空间上侧重于各个责任单位的（部分的）、可供选择的或特定的经济活动及其发出的信息。

（二）管理会计的职能

1.规划职能

规划职能主要是指利用财务会计提供的历史资料和其他有关信息，依据未来总目标和经营方针，对企业计划期的主要经济指标（销售量、利润、成本、资金等变动趋势及水平）进行科学预测和分析，帮助企业对未来的生产经营和长期投资项目

中的重要经济问题作出专门的决策，然后在上述基础上编制整个企业的全面预算和各个责任单位的预算规划，用来指导、监督企业未来的生产经营活动和确保最佳经济效益。

2.组织职能

组织职能主要是指应用系统理论和行为科学的基本原理并结合企业的具体情况，设计、制定合理的、有效的责任会计制度和各项具体的会计处理程序，便于企业对可调配的人力、物力、财力等有限资源进行最合理、最优化的配置和使用，发挥出最大效能。

3.控制职能

控制职能主要是指根据规划职能所确定的各项预算规划目标，以及制定的合理规章制度，对企业日常生产经营活动严密监控和跟踪，对预期可能发生的和实际已经发生的各种事情的有关信息进行收集、比较和分析，以便对各项生产经营活动进行事前和事中调节、控制，保证既定利润目标的实现。

4.评价职能

评价职能主要是在事后根据各级责任单位编制的业绩报告，将实际数与预算数进行对比、分析，用来考核各个责任单位对经济责任制的贯彻执行情况，并进行业绩评价，找出成绩和不足，为奖惩制度的实施和未来制定工作目标提供依据。

（三）管理会计的内容

管理会计的基本内容包括两大部分：规划与决策会计、控制与业绩评价会计。它们是紧密联系的有机整体。

1.规划与决策会计

它是为企业管理中的预测前景、参与决策和规划未来服务的。首先，利用财务会计提供的资料和其他有关信息，在调查研究和判断情况的基础上，对企业计划期的重要经济指标（包括保本点、利润、销售量、成本和资金等）进行科学的预测分析，并对经营、投资等重要经济问题进行决策分析；其次，把通过预测和决策所确定的目标和任务，用数量和表格形式加以协调、汇总，编成企业一定期间的全面预算；最后，按照经济责任制的要求，把全面预算的综合指标层层分解，形成各个责任单位的责任预算，用来规划和把握未来的生产经营活动。总之，规划与决策会计可以保证企业的各项有限资源得到最合理、最优化的配置和使用，获得最佳的经济效益、社会效益和环境效益。

2.控制与业绩评价会计

它是为企业管理中分析过去和对现在与未来的生产经营活动进行控制与评价服务的。首先，通过制定控制制度和开展价值工程活动，按照预算指标，对即将发生和已经发生的经济活动进行调节和控制；其次，利用标准成本制度结合变动成本法，对日常发生的各项经济活动进行追踪，收集数据并计算；最后，根据经济责任制的要求，由各责任单位编制一定期间的业绩报告，通过对业绩报告中的实际数与预算数的差异进行分析和研究，评价和考核各责任单位的实绩和成果，并根据行为科学的激励理论，分别确定它们应承担的经济责任和应得到的奖励，同时把发现的问题反馈给有关部门，迅速采取有效措施加以解决。总之，控制与业绩评价会计可以保证企业的各项经济活动按预定的目标进行，合理分配利润，并充分调动全体员工的积极性和创造性，实现企业的生产经营总目标。

（四）管理会计的程序

管理会计是为企业内部管理服务的，其程序如下：

1.财务报表分析

财务报表集中反映了企业生产经营活动的全部财务信息，管理会计需要对财务报表进行分析、整理，采用与管理决策相关的信息。

2.预测分析、决策分析和编制全面预算

针对企业日常生产经营活动和长期投资项目中的重大问题，采用灵活多样的预测分析和决策分析方法、技术，帮助企业在若干备选方案中择优选定方案，然后再通过编制全面预算，把预测和决策所确定的目标和任务用表格和数量形式反映出来。

3.建立责任会计制度

根据企业的具体情况和管理要求，首先在企业内部划分若干责任中心，然后再按责、权、利相结合的原则和行为科学激励理论，建立责任会计制度，并把全面预算的综合指标层层分解，为每个责任单位编制责任预算，以便对它们的经济活动进行调控和考评。

4.积累预算执行情况的财务信息

采用标准成本制度结合变动成本法，对全面预算和责任预算的执行情况进行追踪、计量和登记，然后根据企业内部管理的实际需要，定期编制业绩报告。

5.业绩评价和控制

根据各责任单位编制的业绩报告中的实际数与预算数进行差异分析。首先，找出偏差发生的原因，并评价和考核各责任单位的工作业绩与业务成果；其次，指出各责任单位取得的成绩和存在的问题，如发现偏离原定目标和组织的要求，应及时反馈给有关责任单位，以便调节和控制它们的经济活动，同时还要向上级主管部门提出改进的措施和建议，以便结合下一轮的财务报表分析，为今后的预测分析、决策分析和编制全面预算提供最新信息。

【思政小课堂】

习近平总书记向2021年世界互联网大会乌镇峰会致贺信指出："数字技术正以新理念、新业态、新模式全面融入人类经济、政治、文化、社会、生态文明建设各领域和全过程，给人类生产生活带来广泛而深刻的影响。"党的二十大报告提出："加快发展数字经济，促进数字经济和实体经济深度融合，打造具有国际竞争力的数字产业集群。"数字化逐渐成为支撑社会经济运转的重要方式。当今世界，新产业革命、技术革命方兴未艾，5G、人工智能、大数据、物联网、生物工程、新能源为代表的新技术、新产业迅速崛起，数字化时代越来越依据大数据分析结果做决策，需要通过管理会计梳理、过滤、捕捉有价值的信息，并将其转化为生产力。①

思政元素：科技是第一生产力，创新是第一动力

第二部分　实例分析

【案例1-1】管理会计在大数据技术条件下企业运营和核算中的应用

基本情况

为适应市场经济发展的需要，华强集团建立了有效的会计组织体系，运用科学的管理会计方法，对企业运营实施全过程、全方位的核算。华强集团通过运行管理会计组织机制和实施管理会计方法，对传统的财务会计工作进行了改进，使其具有了规划、预测、组织、控制、评价和考核等职能。

一、实施全过程、全方位核算的内容

华强集团运用管理会计实施全过程、全方位核算的具体做法是：

1.划分作业管理单元

华强集团以项目为作业管理单元，推进项目管理，将全部业务根据不同大类、不同工作状态、不同客户对象划分成不同的项目单位，并确定项目负责人。同时，该集团还区分阶段，在不同的项目管理阶段分别设置销售经理、项目经理和客户经理等岗位，由其分别负责不同的项目管理。

2.推进全面成本管理

华强集团依据企业成本运动规律，以优化成本投入、改善成本结构、规避成本风险为主要目的，鼓励全员参与，对企业的经营管理活动实行全过程、广义性、动态性、多维性的成本控制；固化项目成本核算流程，让项目成本核算工作流程化、数据科学化、结果系统化。

华强集团将项目成本分成项目直接成本、人力资源成本、生产资源成本及经营管理成本四部分。当每部分成本发生时，或直接认定为项目成本；或根据不同的作业动因，按照既定的规则分配到相关项目中。同时，就单一项目成本也可以对项目成本报告有多层次的解读，以便分析项目盈利能力或进行项目可行性分析。

3.比较华强集团利润表与管理会计核算表

华强集团通过分析利润表与管理会计核算表之间的差异程度和差异形成的原因，提出下一步的优化措施。经过多年的努力，华强集团利润表和管理会计核算表

---

① ［1］佚名．习近平向2021年世界互联网大会乌镇峰会致贺信［N］．光明日报，2021-09-27（1）．［2］会计司．全面深化管理会计应用　积极推动会计职能拓展——《会计改革与发展"十四五"规划纲要》系列解读之九［EB/OL］．［2023-12-18］．http://yn.mof.gov.cn/tongzhitonggao/202206/t20220624_3821559.htm.

之间的差异越来越小，管理会计核算的准确性也越来越高。

4.实行纵横成本控制

为了规划和控制各部门的经济活动，华强集团根据经济活动的实际情况，把全部成本划分为变动成本和固定成本两大类。通过华强集团收入、业务量和运营成本三个因素相互作用的结果，运用收支平衡点法来确定华强集团收支平衡时的业务量，预测在一定业务量时所能获得的盈余以及计算要达到一定目标盈余所需的业务量。华强集团成本核算控制中心通过预测和分析，编制各部门年度业务量、收入和消耗量目标预算，并落实到各部门，实现成本费用的纵向控制，作为评价和考核各部门工作业绩和效益的重要依据。在成本控制中，华强集团还把成本费用管理的责任及有关指标分别落实到各职能部门，实行成本费用的横向控制。

5.坚持定期成本分析

华强集团成本核算控制中心运用管理会计的专门技术和方法，定期作出对内报告，就如同每个月交给各部门一本二级核算明细账，清晰地反映了华强集团各部门在经济活动中的动态情况，给高层管理者和各部门的管理人员提供更为真实、可靠的会计信息。华强集团成本核算控制中心对内部报告的会计报表进行分析研究，发现问题及时向高层管理者提出改进意见和措施，并作为修订未来规划的参考；各部门取得部门月度利润表后，对自身的业务量和经济运行状况作出分析比较，并及时制定相应的对策加以修正。华强集团以及各部门运用这些会计信息定期或不定期地进行总结或有针对性地进行专题分析，大大提高了管理者的经营管理水平和经营决策水平。

二、实施全过程、全方位核算的效果

华强集团在经营实践中，实施全过程、全方位核算，结合有效的分配机制，增强了全体员工的成本意识，提高了员工的工作积极性和创造性，有利于降低消耗和控制成本，经济效益有了明显的提高。其特点包括：

1.实行即时库存管理，降低库存成本

华强集团采用先进的信息管理系统，实现即时库存管理。华强集团通过加大对大数据及云计算等先进信息技术的投入，利用数据分析、数据挖掘、平台开放等手段，根据商品点击率来判断、分析客户的潜在消费需求，预测未来数天每种产品在各地的销量，将客户可能购买的产品提前运到当地的仓库。这种以预测销量为基础的库存管理模式，在保证正常经营活动的前提下，可以缩减商品库存量，降低库存成本。

2.采用网络营销模式，压低经营成本

华强集团采用网络营销模式，通过网络平台展示商品和服务。客户在网上浏览并选购商品，生成订单来传达需求信息。这种依托网络的营销模式削减了商品销售渠道的层次和环节，在加快商品流通速度的同时，有效降低了经营成本。

第一，采用虚拟店铺的销售形式，极大地节约了租赁成本以及后续维修成本，规避了选址不佳及销路不畅等风险；采取直接从厂商处进货的方式，越过了批发

商、中间商等环节，进一步降低了自身的经营成本。一般而言，没有门店租赁成本可以省去销售成本的10%，没有批发环节可以省去销售成本的20%，没有中间商可以省去销售成本的20%，成本的降低直接体现在商品的价格中。

第二，网络营销模式的营销策略简便易行、精准有效。华强集团借助自身的互联网平台投放广告，及时、有效地将商品信息传达给客户，并利用促销专场、抢购活动以及送代金券等方式来激发客户的消费欲望。除此之外，"华强社区"和"百度贴吧"的搭建为客户与企业之间的交流提供了平台，有助于企业收集客户的反馈信息，更好地预测客户需求，实现精准营销。

3.自建物流体系，降低物流成本

随着电子商务市场的不断壮大，全国范围内的网络购物量与日俱增。看到自建物流体系背后所蕴含的巨大商机后，华强集团率先开展了物流体系建设。从2016年开始，华强集团投入1 800万元成立了"华强快递"，陆续在22个重点城市组建了配送站，覆盖了全国200多个城市；2017年，在其主要客户相对集中的城市，华强集团建成8个一级物流中心和28个二级物流中心。以上海的物流中心为例，每日正常订单处理量为两三万单，最大处理量达到6万单。华强集团在上海组建了号称"华强一号"的物流中心，总面积达到28万平方米，并在2020年"双十一"购物节前夕正式投入使用，订单日处理能力提升了数十倍。华强集团陆续在全国各大城市建设"华强一号"项目，如北京、合肥、武汉、南京等地都已建成。通过自建物流体系，华强集团为客户提供了优质高效的服务，在客户中树立了良好的品牌形象，不断完善营销过程。

自建物流体系加强了华强集团对物流成本的控制力度，通过合理规划物流成本，实现了成本费用的降低，弥补了前期巨大的资金投入。

$\boxed{问题}$

（1）大数据技术条件下企业运用管理会计的工作重点与以前有何区别？

（2）会计核算职能如何在管理会计中得到延伸？

$\boxed{分析要点}$

（1）在当前市场经济条件和大数据技术条件下，企业财会人员首先应更新思想观念，不仅要认真做好"报账型"会计工作，还必须努力学习，做好"经营型"会计工作，把管理会计融于财务会计之中，不断提高财务管理水平，以适应市场经济体制改革的需要。企业要在改革中求生存、谋发展，就必须应用和推广管理会计，开展全过程、全方位核算。

（2）为了充分发挥会计在强化管理、提高效益、促进经济发展中的作用，必须把会计核算的职能从事后向事前、事中延伸，把会计核算的观念和必要的计算向财务会计以外的各部门、各层次扩展，使之贯穿于经济活动的全过程。企业应根据自身的业务特点，选定若干环节，采用适当方法，对投入和耗费进行周密的预测分析、预算编审和严格的预算控制。会计从以事后核算为主转变到对经济活动全过程、全方位核算，既是会计工作内容、形式、方法等的转变，也是一种思想观念的转变，而且思想观念的转变起着决定性作用。

会计作为一种经济管理活动，主要是通过它特有的对经济活动进行全过程、全方位核算和监控的职能，强化经济管理，促进增收节支，提高经济效益。人们对于增收节支、提高经济效益的认识是随着科学技术发展和社会进步不断变化的，这就要求会计工作必须适应这种变化，不断改革创新，拓宽工作内容和工作领域，充分利用现代科学手段，引导人们去挖掘一切可能挖掘的潜能，取得最佳的经济效益。

第三部分　实训练习

一、填空题

1. "管理会计"名词是在（　　）年（　　）正式通过的。

2. 管理会计的职能是（　　）、（　　）、（　　）和（　　）。

3. 管理会计的基本内容包括（　　）会计和（　　）会计两大部分。

4.《会计改革与发展"十四五"规划刚要》指出：推动会计职能对内拓展。加强对企业（　　）的政策指导、经验总结和应用推广，要以全面深化（　　）为着力点，积极推动会计职能拓展。

二、单项选择题

1. "管理会计"这一术语是（　　）首次提出的。

A.麦金西　　　　　B.奎因斯坦　　　　C.布利斯　　　　D.泰罗

2. 现代会计两大分支是财务会计和（　　）。

A.成本会计　　　B.财务管理　　　　C.管理会计　　　D.物价会计

3. "管理会计"是由美国会计学者在（　　）年第一次提出的。

A.1922　　　　B.1924　　　　　C.1952　　　　D.1972

4. 管理会计所提供的信息是为了满足企业内部管理的特定需要，其中涉及未来的信息不要求（　　）。

A.精确性　　　B.相关性　　　　C.及时性　　　D.统一性

三、多项选择题

1. 管理会计的特点有（　　）。

A.侧重为企业内部经营管理者服务　　B.主要预测和规划未来

C.不受"公认会计原则"约束　　　　D.核算程序严格固定

2. 管理会计与财务会计的联系有（　　）。

A.信息来源相同　　　　　　　　B.目标相同

C.起源相同　　　　　　　　　　D.服务对象交叉

3. 管理会计与财务会计的区别在于（　　）。

A.职能不同　　B.服务对象不同　　C.约束条件不同　　D.报告期间不同

4.数字化时代企业通过管理会计（　　　）有价值的大数据信息并将其转换为生产力。

A.梳理　　　　　　　　B.过滤　　　　　　　　C.捕捉　　　　　　　　D.创造

四、实训业务

【习题1-1】实地调查一家企业，了解管理会计与财务会计的区别和联系。

【习题1-2】管理会计如何随着管理实践和环境的发展变化而变化？其发展趋势如何？

【习题1-3】请调查管理会计在本地企业中的运用情况，并分析其在运用过程中存在的问题。

第一章在线测试　　　　　　　　　　第一章实训练习参考答案

成本性态分析

第一部分　基础知识

企业的生产经营活动为了获得利润，必须产生收入，发生成本。企业的生产经营成本可以按不同的标志进行分类，以满足特定用途的需要。财务会计一般按成本的经济职能进行分类，而管理会计则按成本性态进行分类。

一、成本按经济职能分类

财务会计通常把企业的总成本按经济职能分为生产成本和非生产成本两大类。

（一）生产成本

生产成本也称制造成本，是指企业为生产产品或提供服务而发生的成本费用，包括直接材料费用、直接人工费用、制造费用三大成本项目。

1.直接材料费用

直接材料费用是指在生产中直接用于产品生产并构成产品实体的原材料、主要材料、外购半成品及有助于产品形成的辅助材料。

2.直接人工费用

直接人工费用是指直接参加产品生产的工人工资及按生产工人工资总额和规定比例提取的职工福利费。

3.制造费用

制造费用是指在生产中发生的不能归入直接材料和直接人工项目的其他成本支出。制造费用又可进一步细分为：

（1）间接材料费用。间接材料费用是指在生产中耗用，但不易归属于某一特定产品的材料成本，如各种物料用品的成本等。

（2）间接人工费用。间接人工费用是指为生产服务而不直接进行产品加工的人工成本，如维修人员工资等。

（3）其他间接费用。其他间接费用是指不属于间接材料和间接人工的其他各种间接费用，如固定资产折旧费、维护和修理费等。

（二）非生产成本

非生产成本也称非制造成本，是指企业在销售和管理等非生产过程中发生的成本。非生产成本包括销售费用和管理费用。

1.销售费用

销售费用是指企业为出售产品而进行营销活动或提供劳务而发生的一切必要的费用，如广告费、运输费、销售佣金、销售人员工资等。

2.管理费用

管理费用是指企业行政管理部门为组织和管理生产经营活动而发生的一切必要的费用，如办公费、行政管理人员工资、交际费用等。

二、成本性态的含义及成本按成本性态分类

（一）成本性态的含义

在生产经营过程中，企业的成本费用与业务量保持一定的关系。某些成本费用是为了达到一定的业务量（如产量、销售量、劳务量、工时量、服务量等）而产生的，它们随着业务量的增减而变动；某些成本费用则与业务量的增减无关。为此，管理会计研究企业生产经营活动中的业务量与成本费用之间客观存在的关系，提出管理会计专有的概念——成本性态。成本性态也称成本习性，是指成本总额对业务量总数的依存关系。

（二）成本按成本性态分类

管理会计按照成本性态将企业在生产经营过程中发生的全部成本划分为变动成本和固定成本两大类。这种分类有助于从数额上掌握成本费用升降与业务量大小的联系，有利于从根本上规划、控制企业的成本费用，它是管理会计所有技术方法应用的前提与基础。

财务会计将成本按经济职能分类的目的是便于核算成本，管理会计将成本按成本性态分类的目的是便于管理中的规划、控制，两者都基于企业中相同的成本支出，只是划分归类不同而已。成本按经济职能分类和按成本性态分类的关系如图2-1所示。

1.变动成本

变动成本是指在一定范围内，成本总额与业务量呈正比例变动的成本项目。变动成本通常包括直接材料费用、直接人工费用、变动制造费用、变动销售费用、变动管理费用，大数据技术条件下企业的变动成本还包括物流成本、风险成本、交易成本等。

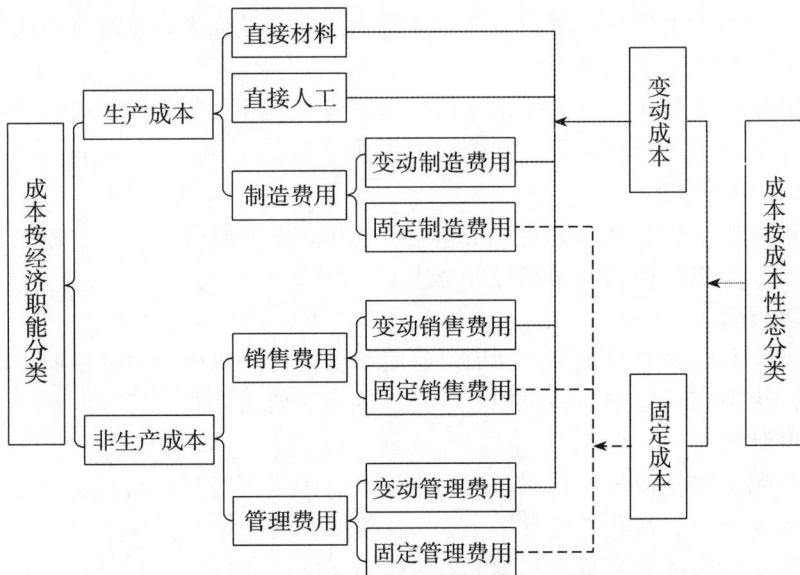

图 2-1   成本按经济职能分类和按成本性态分类关系图

一般情况下，直接材料费用、直接人工费用、包装材料费用、零配件费用及销售佣金等都属于变动成本。在实际工作中，依据成本总额与实际业务量之间的成本性态关系，就可以判定该成本项目是否属于变动成本。例如，在业务量为产量时，直接人工费用在计件工资制度下是变动成本，而在计时工资制度下则不是变动成本。

变动成本具有下列特点：

（1）单位变动成本是固定不变的，其特点是不随业务量的变动而变动。

（2）变动成本总额是变动的，它随着业务量的增减而呈正比例变动。其表达式为：

y=bx

式中：b 为单位变动成本。

要降低变动成本总额，需要从降低单位变动成本入手。

变动成本性态模型如图 2-2 和图 2-3 所示。

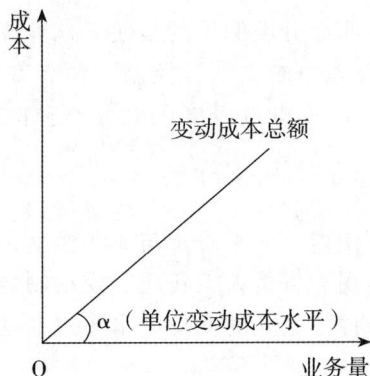

图 2-2   变动成本总额性态模型图

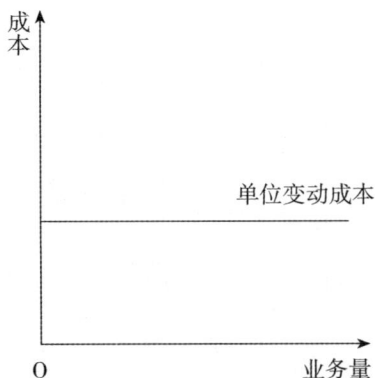

图2-3　单位变动成本性态模型图

2.固定成本

固定成本是指在相关范围内，成本总额不受业务量变化影响而保持不变的成本项目。固定成本一般包括固定制造费用、固定销售费用、固定管理费用，大数据技术条件下企业的固定成本还包括技术成本、安全成本、运营成本等。一般情况下，制造费用中的折旧费、租赁费、保险费，管理费用中的办公费、差旅费、企业管理人员工资等（除与上述制造费用中名目相同的折旧费、租赁费、保险费外），销售费用中的广告费、运输费、销售机构费用等都属于固定成本。当然，固定成本项目也要结合其与实际业务量的依存关系进行判断。如折旧费，当业务量是产量时，平均年限法下的折旧费是固定成本，而工作量法下的折旧费属于变动成本。

固定成本的特点是：

（1）固定成本总额在一定范围内是固定不变的，一般不受业务量的增减影响。其表达式为：

$$y=a$$

式中：a为固定成本总额。

（2）单位固定成本是变动的，一般会随着业务量的增减而呈反比例变动。因为随着业务量的增加，单位产品分摊的固定成本会不断减少，因此单位产品的固定成本就下降了。

固定成本性态模型如图2-4和图2-5所示。

在实际工作中，为加强固定成本管理，可进一步把固定成本细分为约束性固定成本和酌量性固定成本。

约束性固定成本是指通过企业的决策行为不能改变其数额的固定成本。它主要表现为企业为进行生产经营活动所必须承担的最低限度的固定费用，如设备折旧费、管理人员工资等。约束性固定成本的特点为：第一，支出的长期性。它会长期制约企业的生产经营活动。第二，支出的均衡非零性。即使企业暂停生产经营，约束性固定成本仍将均衡发生。为了降低此类成本，企业应充分利用现有生产能力，提高效率，降低单位产品中此类成本的比重。

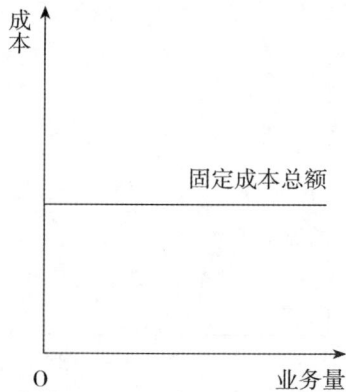

图2-4　固定成本总额性态模型图

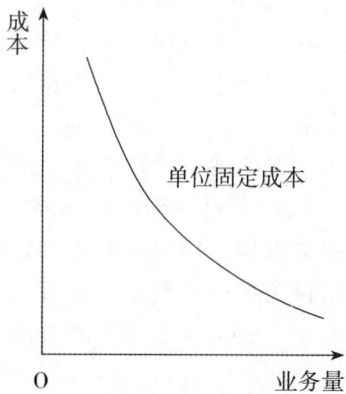

图2-5　单位固定成本性态模型图

酌量性固定成本是指通过企业的决策行为能改变其数额的固定成本，如广告费、研发费、培训费等。酌量性固定成本的特点为：第一，不是企业生产经营活动的必需费用。第二，开支与否取决于企业的决策行为。企业在酌量性固定成本管理中，应当进行开支预算分析，精打细算，减少酌量性固定成本的绝对额。

3.固定成本和变动成本的相关范围

按成本性态研究固定成本、变动成本，必须与一定时期和一定业务量范围相联系，即要考虑相关范围。

变动成本的相关范围是指变动成本总额与业务量成呈比例变动关系（即完全的线性关系）和单位变动成本保持固定不变的一定的业务量范围。在相关范围之外，变动成本总额不一定与业务量保持正比例变动关系，单位变动成本也可能发生变动。

固定成本的相关范围是指固定成本总额不受业务量增减变动的影响而保持固定不变，单位固定成本呈现与业务量反比例变动关系的一定业务量范围。

4.管理会计的总成本公式及总成本性态模型

总成本=固定成本总额+变动成本总额

　　　=固定成本总额+单位变动成本×业务量

上述总成本公式可表示为：

y=a+bx

式中：y为总成本；a为固定成本总额；b为单位变动成本；x为业务量。

从数学模型来看，y=a+bx是直线方程式。x是自变量；y是因变量；a是常数，即截距；b是直线的斜率。在坐标系中描述此方程式的总成本性态模型如图2-6所示。

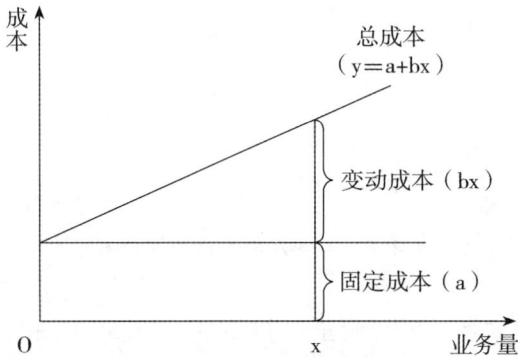

图2-6　总成本性态模型图

三、混合成本

混合成本的特点是：混合成本不是完全固定不变的，也不随业务量呈正比例变动；不能简单地把混合成本列入固定成本或变动成本。

在管理会计中，混合成本可进一步细分为半变动成本、半固定成本、曲线变动成本和延期变动成本四类。

1.半变动成本

半变动成本的总额虽然随着业务量的增减而有所变动，但不保持严格的正比例关系，如水电费、电话费、煤气费等。半变动成本性态模型如图2-7所示。

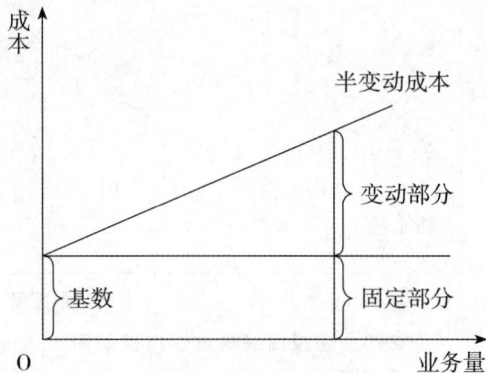

图2-7　半变动成本性态模型图

2.半固定成本

半固定成本在相关范围内的发生额是固定的，但当业务量增长到一定限度时，其发生额就突然跳跃到一个新的水平上，然后在业务量增长的一定限度内，发生额又保持不变，直到产生另一个新的跳跃为止，如检验员工资、机器设备的修理费等。半固定成本性态模型如图 2-8 所示。

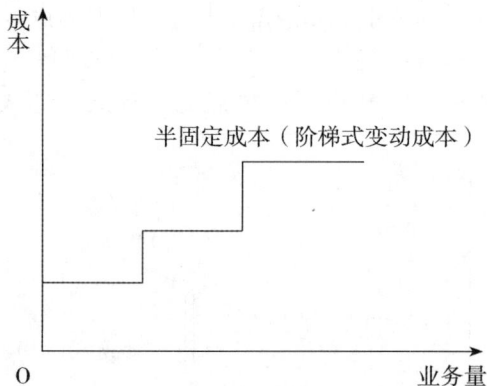

图 2-8　半固定成本性态模型图

3. 曲线变动成本

曲线变动成本通常有一个初始量，初始量一般不变，相当于固定成本。在这个初始量的基础上，随着业务量的增加，成本也逐步增加，不过两者不成正比例的直线关系，而成非线性的曲线关系。曲线变动成本又可进一步细分为以下两种类型：

（1）递减曲线成本

递减曲线成本如热处理的电炉设备使用成本，每班使用电炉设备时，都需要预热，预热成本（初始量）具有固定成本性质；在预热后进行热处理时，耗电成本随着处理量的增加而逐步呈抛物线上升，但上升幅度越来越小，其变化率是递减的。递减曲线成本性态模型如图 2-9 所示。

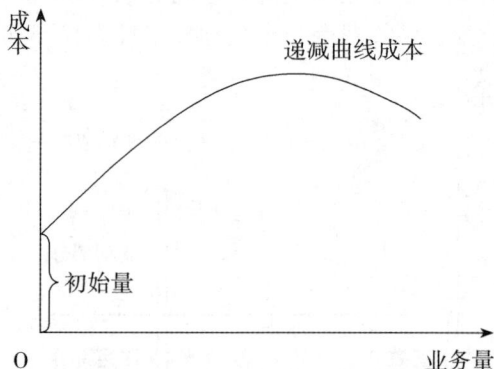

图 2-9　递减曲线成本性态模型图

（2）递增曲线成本

递增曲线成本的支付数额随着业务量的增加而逐步增加，并且增加幅度是递增的。递增曲线成本性态模型如图 2-10 所示。各种违约金、罚金和累进计件工资等都属于递增曲线成本。

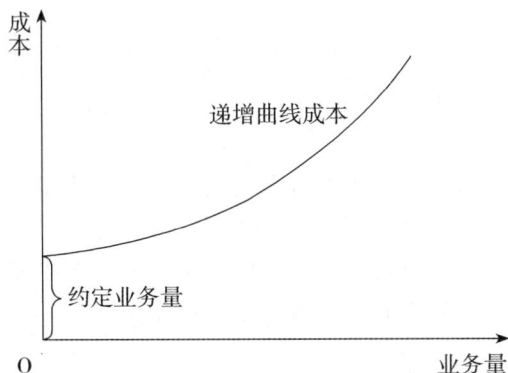

图 2-10　递增曲线成本性态模型图

4.延期变动成本

延期变动成本是指在一定业务量范围内成本总额保持稳定，但超过该业务量后，则随着业务量按比例增加的成本。如在正常工作时间内，企业支付给工人的月（日）工资固定不变，当工作时间超过正常工作时间时，按加班时间长短支付的加班工资或津贴等就是延期变动成本。延期变动成本性态模型如图 2-11所示。

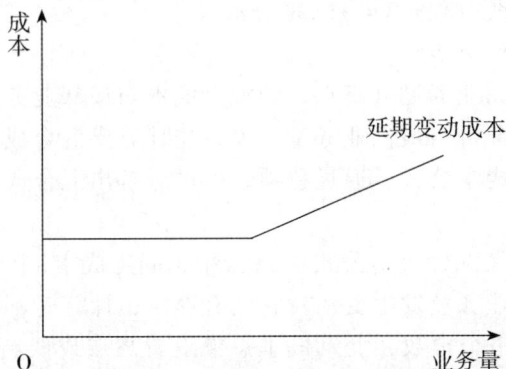

图 2-11　延期变动成本性态模型图

四、混合成本的分解

混合成本的分解原理是：采用专门方法将其中变动和固定两个因素分解出来，再分别纳入变动成本和固定成本两大类中。

常用的分解混合成本的方法有以下四种：

（一）账户分析法

账户分析法就是根据各个成本项目及明细项目的账户性质，通过经验判断，把那些与变动成本较为接近的，划入变动成本；把那些与固定成本较为接近的，划入固定成本。至于不宜简单地划入变动成本或固定成本的，则可通过一定比例将它们分解为变动和固定两部分。账户分析法的优点是简便易行，在使用时要注意把在会计期间发生的一切不正常的或无效的支出都排除在外。

（二）合同确认法

合同确认法就是根据企业与供应单位所订立的合同中关于支付费用的规定，来确认并估算哪些属于变动成本、哪些属于固定成本。

（三）技术测定法

技术测定法就是根据生产过程中各种材料和人工成本消耗量的技术测定来划分固定成本和变动成本。其基本点就是把材料、工时的投入量和产量进行对比分析，用来确定单位产量的原材料消耗定额和工时定额，并把与产量相关的成本项目汇集为变动成本，把与产量无关的成本项目汇集为固定成本。

（四）数学分解法

数学分解法就是根据过去一定期间的成本与业务量数据，采用适当的数学方法分解混合成本，来确定其中固定成本总额和单位变动成本的平均值。在实际操作中，高低点法、布点图法、回归直线法是数学分解法中比较常用的三种方法。

1.高低点法

（1）高低点法的基本原理

任何混合成本都包含变动和固定两个因素，因而它的数学模型同总成本的数学模型类似，亦可用直线方程式 $y=a+bx$ 来表示。

（2）高低点法的计算步骤

以一定期间的最高业务量（高点）的混合成本与最低业务量（低点）的混合成本之差，除以最高业务量与最低业务量之差，先计算出混合成本变动率，然后再代入高点或低点的混合成本公式，通过移项，即可分解出混合成本中的固定成本和变动成本。

根据成本性态，在混合成本公式 $y=a+bx$ 中，固定成本 a 在相关范围内是固定不变的，高点或低点的业务量发生变动对它没有影响，计算时不用考虑。混合成本变动率 b 在相关范围内是个常数，变动成本总额随着高点或低点的业务量 x 的变动而变动。若以 Δy 表示高点混合成本与低点混合成本的差额，以 Δx 表示高点与低点的业务量的差额，则可得出混合成本变动率 b 的计算公式为：

$$b=\frac{\Delta y}{\Delta x}$$

然后将 b 的值代入高点或低点的混合成本公式，再移项，即可求得固定成本 a 的值，即：

$$a=y_{高}-bx_{高}$$

或 $a=y_{低}-bx_{低}$

（3）高低点法的使用范围和优缺点

高低点法适用于混合成本的变动部分与业务量基本保持正比例关系的情况。

该方法的优点是简便；缺点是只采用历史成本资料中的高点和低点两组数据，没有考虑其他数据的影响，有一定的片面性，故代表性较差。

2.布点图法

（1）布点图法的基本原理及方法

布点图法亦称散点图法，是把过去一定期间混合成本的历史数据逐一标在坐标图上，一般以横轴表示业务量（x），以纵轴表示混合成本总额（y）。这样，各个历史成本数据就形成了若干个成本点散布在坐标图上，然后通过目测，在各个成本点之间画一条反映成本变动的平均趋势直线，并据以确定混合成本中的固定成本和变动成本的数额。

（2）布点图法的优缺点

布点图法的优点是使用方便，容易理解；其缺点是要通过目测画出成本变动的平均趋势直线，而这条线往往因人而异，带有一定的主观性，一般很难准确。

3.回归直线法

（1）回归直线法的基本原理

先按布点图法把过去一定期间的混合成本历史数据逐一在坐标图上标明；然后通过目测，在各个成本点之间画一条能反映 x 与 y 关系的趋势直线；全部观测数据（即成本点）与直线的误差平方和最小的直线能最准确地反映 x 与 y 的关系，这条直线在数学中称为回归直线。正因为这种方法要使所有成本点的误差平方和达到最小值，故亦称最小平方法。

（2）回归直线法的计算方法

根据过去一定期间的业务量（x）和混合成本（y）的历史资料，用回归直线法算出代表 x 与 y 关系的回归直线，借以确定混合成本中的固定成本和变动成本。

回归直线法的数学推导仍以混合成本的直线方程式为基础，即：

$$y=a+bx \tag{2-1}$$

式中：y 为混合成本总额；x 为业务量；a 为混合成本中的固定成本总额；b 为混合成本中的单位变动成本。

根据上述混合成本的基本方程式及实际所采用的一组 n 个观测值，即可建立回归直线的联立方程式：

$$y_i=a+bx_i \quad (i=1, 2, \cdots, n) \tag{2-2}$$

对式（2-2）求和得：

$$\sum y=na+b\sum x \tag{2-3}$$

将式（2-2）的左右两边同乘以 x_i 并求和得：

$$\sum yx=a\sum x+b\sum x^2 \tag{2-4}$$

把式（2-4）移项化简，即得：

$$a=\frac{\sum y - b\sum x}{n} \tag{2-5}$$

把式（2-5）代入式（2-4），得：

$$b=\frac{n\sum yx - \sum x\sum y}{n\sum x^2 - (\sum x)^2} \tag{2-6}$$

根据式（2-5）和式（2-6），将有关数据代入，先求 b，后求 a，最终就可把混合成本分解为固定成本和变动成本。

（3）回归直线法的优缺点

从数学观点来看，回归直线法利用了离差平方和最小的原理，故较为准确，但工作量较大。

综上所述，在三种数学分解法中，若混合成本的变动部分与业务量基本上保持正比例关系，则采用高低点法最为简便。若混合成本中的变动部分与业务量的关系并不按一定的变动率进行增减，同时最高与最低业务量的混合成本有忽高忽低现象，那么就应采用布点图法或回归直线法。需要指出的是：上述三种数学分解法均包含估计的成分，带有一定程度的假定性，故其分解结果均不可能绝对准确，只能求得近似值。正因为如此，一些中小型企业的混合成本在相关范围内数额变动不大时，为了简化计算手续，也可把混合成本全部视作固定成本处理。

【思政小课堂】

余绪缨教授是我国著名的会计学家、中国现代管理会计学科的开拓者和奠基人。余教授从 20 世纪 70 年代末开始，披荆斩棘，竭尽全力，不断面对并回应各种质疑或误解，从无到有，在中国率先致力于管理会计学科的引进与创建、发展，取得了一系列重要的富有开拓性的研究成果，为具有中国特色的管理会计学科的创建与发展作出了不可磨灭的贡献。余教授从事会计学（尤其是管理会计学）教育与研究 60 余载，为中国会计学界留下了一笔宝贵的财富。余教授在多年的教学和学术研究生涯中，始终与时俱进，适应时代发展要求，在会计基础理论、管理会计理论体系、新经济背景下管理会计创新发展等方面提出了许多在今天仍具有现实指导意义的学术观点。

思政元素： 家国情怀，工匠精神

第二部分　实例分析

【例 2-1】 假设信华发电厂 2023 年上半年的车间维修费数据见表 2-1。

表 2-1　　　　　　　　信华发电厂 1—6 月份的车间维修费

月　份	1	2	3	4	5	6
业务量（千机时）	6	8	4	7	9	5
维修费（元）	100	105	75	95	110	90

要求：采用高低点法将混合成本车间维修费分解为变动成本和固定成本。

【解】 根据上述车间维修费的历史资料，找出最高业务量与最低业务量实际发生的车间维修费数据，见表2-2。

表2-2 高低点的有关数据

项 目	高 点	低 点	差额（Δ）
业务量（x）	9千机时	4千机时	Δx=5千机时
维修费（y）	110元	75元	Δy=35元

b=Δy÷Δx=35÷5=7（元/千机时）

将b代入高点的混合成本公式，移项得：

a=$y_{高}$-$bx_{高}$=110-7×9=47（元）

车间维修费混合成本分解公式为：

y=a+bx=47+7x

【例2-2】利用例2-1中信华发电厂2023年上半年的车间维修费数据，采用回归直线法进行混合成本的分解。

【解】首先，对信华发电厂2023年上半年的车间维修费资料进行处理，计算求a与b的值所需要的有关数据，见表2-3。

表2-3 信华发电厂维修费回归分析计算表

月 份	业务量（x）（千机时）	维修费（y）（元）	xy	x^2
1	6	100	600	36
2	8	105	840	64
3	4	75	300	16
4	7	95	665	49
5	9	110	990	81
6	5	90	450	25
n=6	$\sum x$=39	$\sum y$=575	$\sum xy$=3 845	$\sum x^2$=271

其次，将表2-3最后一行的合计数代入回归直线公式，分别确定混合成本变动率b和固定成本a的值。

$$b=\frac{n\sum xy-\sum x\sum y}{n\sum x^2-(\sum x)^2}=\frac{6\times3\,845-39\times575}{6\times271-39^2}=6.14（元/千机时）$$

$$a=\frac{\sum y-b\sum x}{n}=\frac{575-6.14\times39}{6}=55.92（元）$$

这样，车间维修费的混合成本分解公式就可确定为：

y=a+bx=55.92+6.14x

【案例2-1】天腾服装公司的利润计划完成情况评价

基本情况

天腾服装公司的生产能力为年产12.5万件服装。2022年度该公司固定成本总额为300万元，计划利润为100万元。2022年度计划销售某型号西服10万件，实际产销12万件，成本与销售价格均无变动，实现利润120万元。

问题

请对该公司2022年度的利润计划完成情况作出评价。

分析要点

固定成本总额在一定时期及一定产量范围内保持固定不变，不受产量变动的影响。但按照成本性态，单位产品成本中所含固定成本随着产量的增加呈反比例降低。由于成本与销售价格均无变动，故每件产品中单位固定成本的降低数即为利润的增加数额。将每件西服单位固定成本的降低数及产量增加所引起的应该增加的利润数额与实际情况对比，即可评价天腾服装公司2022年度利润计划完成情况。

分析过程

（1）按财务会计观点进行评价

每件西服的计划利润为10元（1 000 000÷100 000），实际产销12万件（超产20 000件），实现利润120万元（10×120 000），增加利润20万元，即超额20%完成利润计划，实现了利润与产销量（产值）同步增长。

（2）按管理会计观点进行评价

2022年度西服实际产销量为12万件，比计划产销量增长20%。由于固定成本总额不变，因此：

计划每件西服的固定成本=3 000 000÷100 000=30（元/件）

实际每件西服的固定成本=3 000 000÷120 000=25（元/件）

也就是说，每件西服实际降低产品成本（固定成本）5元/件，天腾服装公司2022年度可增加利润80万元。其中：

由于每件西服固定成本降低而增加的利润=5×120 000=600 000（元）

由于产量增加而增加的利润=10×20 000=200 000（元）

以上分析表明，该公司实际实现利润应比计划增加80万元，即达到180万元，才能同该公司的产销量相适应。实际上，该公司只实现了120万元利润，相差60万元。

结论：该公司2022年度利润计划的完成情况不理想，其生产经营管理存在一定的问题，需加大管理力度。

问题探讨

企业的产品成本在管理过程中，只有按成本性态进行分类才能真正评价企业的经营管理水平。

财务会计对成本按经济职能分类，不能在真正意义上反映成本对经营所作的贡献。如某公司耗用间接材料，该项支出以制造费用来记录，而非以固定成本或变动成本来记录，那就不利于管理人员了解各种作业水平下各类成本项目的成本性态。成本如果随着作业量的变动而变动，则管理人员必须了解其变动的幅度才能有效地对成本进行规划、分析和管理。

本案例说明，管理会计对成本按成本性态进行分类，可以对企业的产品成本进行深层次的分析，能有效评价企业的业绩，控制现在，规划未来。

第三部分　实训练习

一、填空题

1. 企业成本按经济职能划分为（　　）和（　　）两类。制造成本包括（　　）、（　　）和（　　）；非制造成本包括（　　）和（　　）。

2. 企业成本按成本性态可分为（　　）和（　　）两大类。

3. 混合成本主要形式有（　　）、（　　）、（　　）和（　　）。

4. 混合成本分解的数学方法有（　　）、（　　）和（　　）。

二、单项选择题

1. 在相关范围内，单位固定成本是（　　）。

A. 固定的　　　　　　　　　　　　B. 变动的

C. 无规律性　　　　　　　　　　　D. 有时固定有时变动

2. 管理人员工资属于（　　）。

A. 变动成本　　　　　　　　　　　B. 酌量性固定成本

C. 约束性固定成本　　　　　　　　D. 酌量性变动成本

3. 下列分解混合成本的方法中，（　　）方法最为准确。

A. 高低点法　　　　　　　　　　　B. 布点图法

C. 回归直线法　　　　　　　　　　D. 合同确认法

4. 在管理会计中，为排除业务量的影响，反映变动成本水平的指标一般是（　　）。

A. 变动成本率　　　　　　　　　　B. 变动成本总额

C. 单位变动成本　　　　　　　　　D. 变动成本总额与单位额

三、多项选择题

1. 固定成本的特征有（　　）。

A. 总额的不变性　　　　　　　　　B. 总额的可变性

C. 单位固定成本反比例变动性　　　D. 单位固定成本的不变性

2. 下列项目中属于固定成本的有（　　）。

A. 管理人员工资　　　　　　　　　B. 定期支付的广告费

C. 计时工资　　　　　　　　　　　D. 按产量计提的折旧

3. 下列属于变动成本的有（　　）。

A.产品包装费 　　　　　　　　B.按产量计提的折旧

C.计件工资 　　　　　　　　　D.计时工资

4.下列属于半变动成本的有（　　　）。

A.电费 　　　　　　　　　　　B.水费

C.煤气费 　　　　　　　　　　D.电话费

四、实训业务

【习题2-1】表2-4是爱华公司2021年度和2022年度的有关成本资料，假设没有期初、期末存货，两年的销售单价和成本水平没有变动。

表2-4　　　　　　　　　　　　　爱华公司成本资料　　　　　　　　单位：元

项　目	2021年度	2022年度
销售收入	200 000	300 000
减：销售成本		
直接材料	40 000	?
直接人工	50 000	?
变动制造费用	20 000	?
固定制造费用	?	?
销售毛利	40 000	?
减：销售及管理费用		
变动部分	?	?
固定部分	14 000	?
利润	10 000	?

要求：根据已知资料，结合成本性态原理，填写表2-4中的问号处。

【习题2-2】某企业生产的甲产品2022年7—12月份的产量及成本资料见表2-5。

表2-5　　　　　　　　　　　　甲产品的产量和成本资料

月　份	7	8	9	10	11	12
产量（件）	40	42	45	43	46	50
总成本（元）	8 800	9 100	9 600	9 300	9 800	10 500

要求：（1）采用高低点法进行成本性态分析；

（2）采用回归直线法进行成本性态分析。

【习题2-3】天宇汽车维修厂2023年前9个月维修成本和维修工时的有关数据见表2-6。

表2-6　　　　　　　　　　天宇汽车维修厂的维修成本和维修工时资料

月　份	维修工时	维修成本（元）
1	220	2 200
2	230	2 600
3	190	2 000
4	120	1 700
5	120	2 000
6	90	1 300
7	110	1 700
8	110	1 400
9	140	1 600

要求：采用回归直线法对天宇汽车维修厂的维修成本进行分解，并写出维修成本的计算公式。

【习题2-4】神州电器厂5月份投产一批新型电风扇，产量为800台，单位成本为360元。由于消费者对该型号电风扇不太了解，当月生产的电风扇70%没有销售出去；于是6月份的产量降为400台，而单位成本上升到403元，升幅超过10%。该厂厂长对电风扇生产车间的所有员工提出批评，并扣发了所有人的当月奖金。生产车间主任感到十分委屈，他向厂长提供了相关的生产数据，表明该车间6月份的实际成本比5月份还要低些。厂长因此质疑财务科提供的成本资料是否准确，财务科科长却提供了充足的证据，说明这些电风扇的单位成本信息是准确的。

请结合成本性态原理对此情况给予合理解释并回答下列问题：
（1）电风扇生产过程的成本项目中，哪些是变动成本？哪些是固定成本？
（2）单位变动成本与产量的关系如何？
（3）单位固定成本与产量的关系如何？
（4）在直角坐标系中画出电风扇的成本性态模型。

【习题2-5】请判断以下各成本项目是变动成本、固定成本还是混合成本：
（1）构成产品实体的原材料费用；
（2）生产产品的工人工资；
（3）车间管理人员工资；
（4）行政管理人员工资；
（5）生产设备按直线法计提的折旧费；
（6）广告费；

（7）燃料及动力费；

（8）房屋租金；

（9）外购半成品费用；

（10）销售人员的基本工资。

【习题 2-6】为以下情形选出相应的成本性态模型图解（如图 2-12 所示）：

（1）动力成本：每月 500 元的固定费用加上 0.12 元/千瓦时的运行费用。

（2）销售人员的佣金：年销售额小于 500 000 元时按 5% 支付，大于 500 000 元的部分按 7% 支付。

（3）零件外购成本：批量购买 5 000 个以下时单价为 50 元，大于 5 000 个时单价为 40 元。

（4）以 50 个为一箱购进的门铰链成本。

（5）某绘画培训班的学费：每学时收费 200 元，大于 10 学时的按 10 学时计算。

（6）某职业培训班的学费：在 10~14 学时之间的，按固定价格收费；多于 14 学时的，在每学期 4 500 元的基础上，每增加 1 学时多收费 200 元。

（7）黏合剂成本：每瓶 502 胶水在失效之前大约可使用 20 次。

（8）某企业购买的用于车间生产加工的专用设备。

（9）医院里普通病房使用的住院服装。

（10）家政服务公司人工成本：10 个全日制雇员，外加高峰期间的一些钟点工。

（11）重型机器的维修成本与该机器的使用年限有关，随着机器已使用年限的增长，其维修成本也按一定比率增加。

（12）某机械加工企业的高级质量检验员和初级质量检验员的工资。

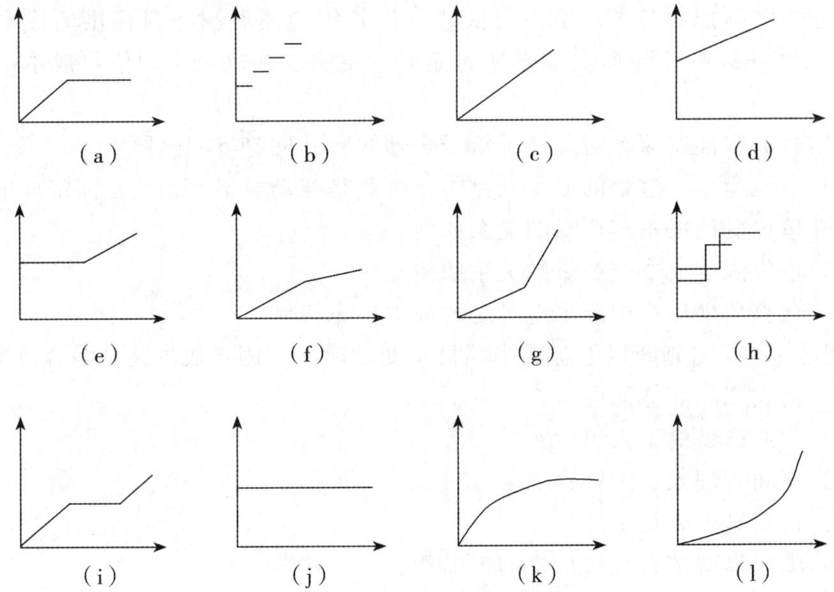

图 2-12　成本性态模型图解

第二章在线测试

第二章实训练习参考答案

变动成本法

第一部分　基础知识

　　传统的产品成本采用完全成本法计算，是按照经济职能将所有的制造费用全部归集、分配到产品上，归集到生产成本中，把非生产成本（包含财务费用、销售费用和管理费用）作为期间费用处理，进而计算企业的期间损益。在这种成本计算法下，在产品未售出之前，生产成本是以存货（在产品存货、产成品存货）形式予以递延的，并反映在资产负债表中；只有当产品售出之后，才将存货转入销售成本，并与期间费用一起影响税前利润，反映在利润表中。

　　随着市场竞争的加剧，企业要求会计提供更广泛、更有用的会计信息，满足内部经营管理决策与考核的需要。按成本性态，产品成本可分为变动成本和固定成本两部分。这使日常的会计核算资料既能满足财务会计的需要，也能满足规划与决策、控制与业绩评价的需要。1936年美国会计学者哈里斯首先提出了变动成本计算方法，随后被世界各国广泛采用，成为管理会计的一项重要内容。

一、完全成本法概述

　　研究变动成本法之前必须熟悉完全成本法。完全成本法又称全部成本法，是传统上实务中应用最广的一种成本计算方法。它并未区分变动制造费用与固定制造费用，而是把全部制造费用都归集到生产成本中，生产成本包括直接材料、直接人工和制造费用（包括变动和固定制造费用），非生产成本作为期间费用处理。完全成本法的成本分配流程如图3-1所示。

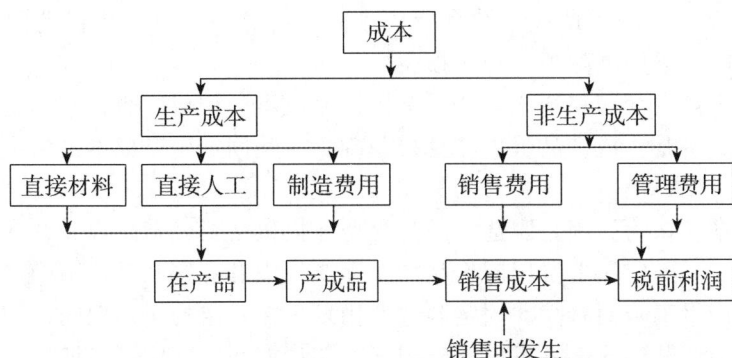

图 3-1　完全成本法的成本分配流程

（1）从产品成本构成看，完全成本法下制造费用没有从成本性态角度加以分解，因此，在每单位产品成本中，不仅包括直接材料、直接人工和变动制造费用，而且包括一部分固定制造费用。这样，固定制造费用与产品生产过程中消耗的直接材料和直接人工以及变动制造费用一起汇集于产品，并随产品流动，从而使当期已售出产品和期末未售出产品具有完全相同的成本构成。

（2）在完工产品销售时，全部成本还需要在已售出产品和未售出产品之间进行分配。这样，已售出产品、未售出的库存产品和在产品均"吸收"了一定份额的固定制造费用，也就是说，会计期末的产成品与在产品都是按全部成本计价的。

由于以上两点，完全成本法对分期损益有重大影响，主要表现为产品销售量和利润之间的变动趋向不一致。按完全成本法编制的利润表是把有关成本项目按生产、销售、管理等不同经济职能进行排列，主要是为了满足企业外部有经济利害关系的团体或个人的需要，所以也称职能式利润表。其格式为：

销售收入

　　减：已销售的生产成本总额

　　其中：期初存货成本

　　加：本期生产成本

　　减：期末存货成本

销售毛利总额

　　减：销售费用

　　　　管理费用

息税前利润

二、变动成本法概述

变动成本法又称直接成本法、边际成本法，是以成本性态分析为基础，把全部成本划分为固定成本和变动成本，在计算产品成本时，只将产品生产过程中直接消耗的直接材料、直接人工、变动制造费用作为当期完工产品成本和存货成本的成本项目构成内容，而将固定制造费用和非生产成本作为期间费用在当期全额从收入中扣除。它改变了完全成本法中把固定制造费用在本期销货与存货之间进行分配的老传统，在计算产品的生产成本和存货成本时，把这一部分费用以期间费用方式处理，作为贡献毛益的减除项，列入损益。

变动成本法改变了完全成本法中关于产品成本的构成内容，其理论依据为：一是变动生产成本是构成产品价值的直接基础；二是固定生产成本是与会计期间密切相关的费用。

变动成本法认为，固定制造费用是为企业提供必要经营条件，并保持准备状态而发生的成本。固定制造费用同产品的实际产量没有直接联系，不随产量提高而增加，也不随产量下降而减少。固定制造费用发生在一定的会计期间，随着时间的消逝而消失，因此其组成部分不应递延到下一会计期间，而应把当期发生的费用金额列在利润表内，作为期间费用扣除。采用变动成本法求得的单位变动成本、贡献毛益以及其他有关信息，能揭示业务量与成本变动之间的内在规律，找出生产、销售、成本和利润之间的依存关系，提供各种产品的盈利能力、经营风险等重要信息，帮助企业深度预测前景、规划未来，如预测保本点，规划目标利润、目标销售量或销售额、目标成本，编制弹性预算等。变动成本法的成本分配流程如图3-2所示。

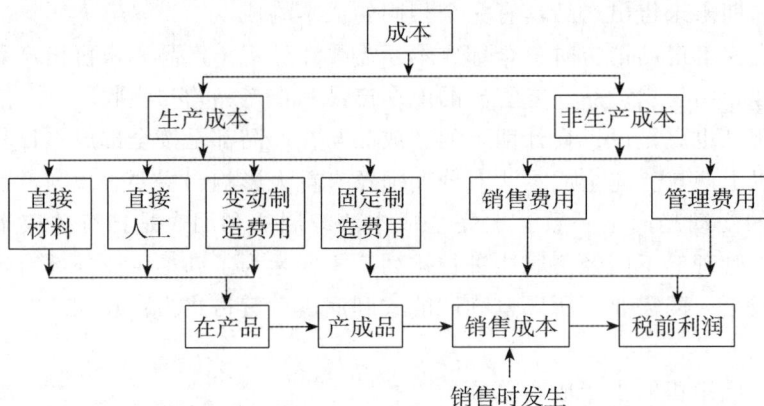

图3-2　变动成本法的成本分配流程

按照变动成本法编制的利润表是把所有成本项目按成本性态分为变动和固定两大类进行排列，主要是为了方便地取得贡献毛益信息，以适应企业生产经营活动的需要，所以也称贡献式利润表。其格式为：

销售收入

　　减：变动销售成本

贡献毛益

　　减：期间费用

　　息税前利润

按照变动成本法计算企业利润时，在给定会计期间和相关范围假设下，所有固定费用（期间费用）保持不变，即它不受产销量水平变化的影响。因此，当增加一个单位的产品销售时，也会增加一个单位的销售收入，并增加单位变动成本。因此，利润的增加额等于该产品所提供的贡献毛益。如果减少一个单位产品的销售，则利润的减少额也等于该产品所提供的贡献毛益。

三、变动成本法与完全成本法的比较

（一）产品成本构成内容不同

变动成本法下的产品成本由直接材料、直接人工、变动制造费用三个项目构成；完全成本法下的产品成本由直接材料、直接人工、变动制造费用、固定制造费用四个项目构成。

（二）对存货的计价不同

在完全成本法下，各会计期末的产成品和在产品都是按照全部成本计价的，既包括变动成本，也包括一部分固定制造费用。在变动成本法下，产品成本只包括变动成本，即无论是在产品、库存产成品还是已销产品，其成本都只包含变动成本。

（三）分期损益不同

1.在变动成本法下

税前利润=贡献毛益−期间费用

式中，期间费用包括全部固定费用，即固定制造费用与固定销售和管理费用。

贡献毛益=销售收入−变动成本

式中，变动成本包括变动生产成本与变动销售和管理费用。至于变动生产成本的计算，无须考虑期初、期末存货的增减变动，只需以单位变动生产成本乘以销售量即可求得。

2.在完全成本法下

销售毛利=销售收入−已销售的生产成本

已销售的生产成本=期初存货成本+本期生产成本−期末存货成本

税前利润=销售毛利−销售费用

式中，销售费用包括全部变动与固定销售和管理费用。

上述区别可见表3−1。

表3−1　　　　　　　　　　　　两种成本计算法的差异

区别的标志	变动成本法			完全成本法	
成本划分标准	按照成本性态			按照经济职能	
成本划分类型	变动成本	变动生产成本	直接材料	生产成本	直接材料
			直接人工		直接人工
			变动制造费用		制造费用
		变动销售费用		非生产成本	销售费用
		变动管理费用			
	固定成本	固定制造费用			
		固定销售费用			管理费用
		固定管理费用			
产品成本包含内容	变动生产成本	直接材料		生产成本	直接材料
		直接人工			直接人工
		变动制造费用			制造费用

（四）计算税前利润不同

（1）如果期末存货中所包含的固定生产成本等于期初存货中的固定生产成本，则两种方法扣除的固定成本总额相等，它们算出来的税前利润也必然相等。

（2）如果期末存货中所包含的固定生产成本大于期初存货中的固定生产成本，则完全成本法所扣除的固定成本总额要大于变动成本法所扣除的固定成本总额，按完全成本法算出的税前利润要大于按变动成本法算出的税前利润。其差额=期末存货中的单位固定生产成本×期末存货量−期初存货中的单位固定生产成本×期初存货量。

（3）如果期末存货中所包含的固定生产成本小于期初存货中的固定生产成本，则完全成本法所扣除的固定成本总额要小于变动成本法所扣除的固定生产成本总额，按完全成本法算出的税前利润要小于按变动成本法算出的税前利润。其差额=期初存货中的单位固定生产成本×期初存货量−期末存货中的单位固定生产成本×期末存货量。

四、两种方法的优点和局限性

（一）变动成本法的优点和局限性

1.优点

（1）这种方法最符合"费用与收益相配合"这一公认会计原则的要求；

（2）能提供有用的管理信息，为预测前景、参与决策和规划未来服务；

（3）便于分清各部门的经管责任，有利于进行成本控制和业绩评价；

（4）能促使企业重视销售环节，防止盲目生产；

（5）有利于简化成本计算，便于加强日常管理。

2.局限性

（1）不符合传统的成本概念的要求；

（2）不能满足长期经济决策和定价决策的需要；

（3）从传统的完全成本法过渡到变动成本法时，会影响有关方面的利益。

（二）完全成本法的优点和局限性

1.优点

产量愈大，单位固定生产成本愈低，于是整个单位产品成本也随之降低了。这会大大刺激企业提高产品产量的积极性。

2.局限性

（1）采用完全成本法计算出来的单位产品成本不仅不能反映生产部门的真实业绩，反而会掩盖或夸大其生产实绩。

（2）按照经济学原理，商品只有销售出去，其价值才算得到社会的承认，企业才能获得收入和利润。按照完全成本法所确定的息税前利润往往会使管理人员看不清企业的真实情况，甚至会促使企业片面追求高产量、高产值，盲目生产社会不需要的产品。

【思政小课堂】

2023年1月，为贯彻落实党中央、国务院关于加强社会信用体系建设的决策部署，推进会计诚信体系建设，提高会计人员职业道德水平，财政部制定印发了《会计人员职业道德规范》。该规范的具体内容如下：

一、坚持诚信，守法奉公。牢固树立诚信理念，以诚立身、以信立业，严于律己、心存敬畏。学法知法守法，公私分明、克己奉公，树立良好职业形象，维护会计行业声誉。

二、坚持准则，守责敬业。严格执行准则制度，保证会计信息真实完整。勤勉尽责、爱岗敬业，忠于职守、敢于斗争，自觉抵制会计造假行为，维护国家财经纪律和经济秩序。

三、坚持学习，守正创新。始终秉持专业精神，勤于学习、锐意进取，持续提升会计专业能力。不断适应新形势新要求，与时俱进、开拓创新，努力推动会计事业高质量发展。①

思政元素： 职业道德，诚信建设

第二部分　实例分析

【例3-1】 天宁公司2022年全年只产销A产品，其产销量及有关成本资料见表3-2。

表3-2　　　　　　　　　　**天宁公司产销量及有关成本资料**　　　　　　金额单位：元

基本资料		成本资料			
本年生产量（件）	5 000	直接材料		20 000	
期初存货量（件）	0	直接人工		15 000	
本年销售量（件）	4 000	制造费用	40 000	变动制造费用	20 000
				固定制造费用	20 000
期末存货量（件）	1 000	销售费用	5 000	变动销售费用	2 000
				固定销售费用	3 000
单价	25	管理费用	5 000	变动管理费用	2 000
				固定管理费用	3 000

要求： 根据资料分别计算两种不同成本计算方法下的产品成本。

【解】 根据资料，分别对产品成本进行计算并编制产品成本计算单，见表3-3。

① 财政部. 关于印发《会计人员职业道德规范》的通知［EB/OL］.［2023-12-18］. https://www.gov.cn/zhengce/zhengceku/2023-02/01/content_5739504.htm.

表3-3　　　　　　　　　　　　　天宁公司产品成本计算单　　　　　　　　　　　　单位：元

成本项目	变动成本法		完全成本法	
	总成本	单位成本	总成本	单位成本
直接材料	20 000	4	20 000	4
直接人工	15 000	3	15 000	3
变动制造费用	20 000	4	20 000	4
变动生产成本	55 000	11		
固定制造费用			20 000	4
产品成本			75 000	15

　　从表3-3可以看出，天宁公司如采用变动成本法，其单位产品成本为11元；若采用完全成本法，其单位产品成本为15元。

　　【例3-2】根据例3-1的资料，编制以两种成本计算方法计价的产成品存货计算单。

　　【解】根据资料，分别编制以两种成本计算方法计价的产成品存货计算单，见表3-4。

表3-4　　　　　　　　　　　　　　产成品存货计算单

项　　目	变动成本法	完全成本法
单位产品成本（元）	11	15
期末存货数量（件）	1 000	1 000
期末存货成本（元）	11 000	15 000

　　【例3-3】根据例3-1天宁公司的资料，分别采用变动成本法、完全成本法计算损益。

　　【解】（1）采用变动成本法计算

　　贡献毛益=销售收入-变动成本

　　　　　　=25×4 000-（11×4 000+2 000+2 000）=52 000（元）

　　税前利润=贡献毛益-固定成本

　　　　　　=52 000-（20 000+3 000+3 000）=26 000（元）

　　（2）采用完全成本法计算

　　销售毛利=销售收入-已售产品的生产成本

　　　　　　=25×4 000-15×4 000=40 000（元）

　　税前利润=销售毛利-销售费用

　　　　　　=40 000-（5 000+5 000）=30 000（元）

　　【例3-4】根据例3-1天宁公司的资料，分别按完全成本法、变动成本法编制利润表。

　　【解】按完全成本法编制职能式利润表，见表3-5；按变动成本法编制贡献式利润表，见表3-6。

表3-5

天宁公司职能式利润表

2022年度   单位：元

项 目	金 额
销售收入（25×4 000）	100 000
销售成本：	
期初存货成本	0
本期生产成本（按产量计算）	75 000
可供销售的生产成本	75 000
减：期末存货成本	15 000
销售成本总额	60 000
销售毛利	40 000
减：期间费用	
销售费用	5 000
管理费用	5 000
期间费用总额	10 000
税前利润	30 000

表3-6

天宁公司贡献式利润表

2022年度   单位：元

项 目	金 额
销售收入（25×4 000）	100 000
变动成本：	
变动生产成本（按销量计算）	44 000
变动销售费用	2 000
变动管理费用	2 000
变动成本总额	48 000
贡献毛益	52 000
减：固定成本	
固定制造费用	20 000
固定销售费用	3 000
固定管理费用	3 000
固定成本总额	26 000
税前利润	26 000

【例3-5】假定远洋公司最近三年只产销一种产品，有关资料见表3-7。

表3-7　　　　　　　　　　远洋公司产品产销情况　　　　　　　金额单位：元

项　目	第一年	第二年	第三年
期初存货量（件）	0	0	2 000
当年生产量（件）	6 000	8 000	4 000
当年销售量（件）	6 000	6 000	6 000
期末存货量（件）	0	2 000	0

基本资料	完全成本法				变动成本法			
单价：10	项目	第一年	第二年	第三年	项目	第一年	第二年	第三年
生产成本：	单位变动生产成本	4	4	4	单位变动生产成本	4	4	4
单位变动生产成本：4								
固定生产成本：24 000	单位固定生产成本	4	3	6				
销售及管理费用：								
变动费用：0	单位产品成本	8	7	10	单位产品成本	4	4	4
固定费用：6 000								

要求：根据上述资料，分别按两种成本计算方法编制三年的利润表，见表3-8。

表3-8　　　　　　　　　　　远洋公司利润表　　　　　　　　　　单位：元

项　目	第一年	第二年	第三年	合　计
按完全成本法编制				
销售收入	60 000	60 000	60 000	180 000
销售成本：				
期初存货成本	0	0	14 000	
生产成本（按产量计算）	48 000	56 000	40 000	144 000
可供销售的生产成本	48 000	56 000	54 000	158 000
减：期末存货成本	0	14 000	0	
销售成本总额	48 000	42 000	54 000	144 000
销售毛利	12 000	18 000	6 000	36 000
减：销售及管理费用	6 000	6 000	6 000	18 000
税前利润	6 000	12 000	0	18 000

项 目	第一年	第二年	第三年	合 计
按变动成本法编制				
销售收入	60 000	60 000	60 000	180 000
变动成本:				
变动生产成本（按销量计算）	24 000	24 000	24 000	72 000
变动成本总额	24 000	24 000	24 000	72 000
贡献毛益	36 000	36 000	36 000	108 000
减：固定成本				
固定生产成本	24 000	24 000	24 000	72 000
固定销售及管理费用	6 000	6 000	6 000	18 000
固定成本总额	30 000	30 000	30 000	90 000
税前利润	6 000	6 000	6 000	18 000

我们从这个实例可以看出：采用变动成本法时，不论三个会计年度的产量有无变动、存货量有无增减，只要各年度销售量相同，其税前利润就保持不变（在例3-5中，每年的税前利润均为6 000元），这是完全符合经济学原理的。换句话说，若采用变动成本法，产量高低或存货量增减对税前利润毫无影响，决定税前利润大小的主要因素就是销售量（这里要假定单价与单位变动生产成本不变）。

【案例3-1】甲工艺制品有限公司业绩考核

基本情况

甲工艺制品有限公司宣布业绩考核报告后，第二车间主任杨晓林情绪非常低落。原来，杨晓林自担任第二车间主任以来，积极开展降低成本活动，严格管控成本支出，但业绩考核时却没有完成责任任务，这严重挫伤了他的工作积极性。财务负责人了解情况后，召集有关成本核算人员查找原因，以便采取进一步行动。

甲工艺制品有限公司自2014年成立并从事工艺品加工和销售以来，一向"重质量、守信用"，在同行中经济效益较好且管理水平较高。近期，该公司决定实行全员责任制，以便创造更佳的经济效益。该公司根据最近三年的实际成本资料，制定了较详尽的成本控制方法。

材料消耗实行定额管理。产品耗用优质木材，单件定额6元；工人工资实行计件工资，计件单价3元；在制作过程中需用专用刻刀，每件工艺品限领1把，单价1.3元；劳保手套每生产10件工艺品领用1副，单价1元。

考核当月，固定资产折旧费8 200元，营销和办公费800元，保险费500元，租赁仓库费500元，当期计划产量为5 000件。

第二车间根据当月订单组织生产了2 500件工艺品，第二车间主任杨晓林充分调动生产人员的工作积极性，改善加工工艺，严把质量关，减少了废品，最终使材料消耗由定额的每件6元降到每件4.5元；领用专用刻刀2 400把，合计3 120元。但在业绩考核中，第二车间没有完成责任任务，这是令人困惑的结果。

问题

试用管理会计的相关内容分析出现这一考核结果的原因。

分析过程

1.定性分析

产品成本计算有两种方法，即完全成本法和变动成本法。完全成本法所提供的会计信息可以揭示成本与产品在质的方面的归属问题，被外界所广泛接受。变动成本法能满足强化企业内部管理的要求，有助于加强成本管理，它是实行成本责任管理的基础。采用变动成本法，有助于将固定成本和变动成本指标分解落实到各个责任单位，分清各部门的责任。就该案例而言，第二车间主任杨晓林的责任成本应是产品的变动生产成本部分，该公司在改变成本管理模式——实行成本责任管理来确认和考核杨晓林的责任成本时，应采用变动成本法。

2.定量分析

（1）采用完全成本法，定额成本和实际成本分别是：

①定额成本：

直接材料：30 000（6×5 000）

直接人工：15 000（3×5 000）

制造费用：17 000

其中：

工具：6 500（1.3×5 000）

劳保用品：500（1×5 000÷10）

折旧费：8 200

营销和办公费：800

保险费：500

租赁仓库费：500

定额总成本：62 000

定额单位成本：12.4

按实际产量2 500件计算定额成本：31 000（12.4×2 500）

②实际成本：

直接材料：11 250（4.5×2 500）

直接人工：7 500（3×2 500）

制造费用：13 370

其中：

工具：3 120（1.3×2 400）

劳保用品：250（1×2 500÷10）

折旧费：8 200

营销和办公费：800

保险费：500

租赁仓库费：500

实际总成本：32 120

从上面的计算结果看，实际总成本32 120元大于定额成本31 000元，得出结论：第二车间主任杨晓林没有完成责任成本。

（2）采用变动成本法，定额成本与实际成本如下：

先将制造费用划分成固定费用和变动费用两部分，只有变动生产成本才是第二车间主任杨晓林能够控制的，是其责任成本。

①定额成本：

单位变动生产成本：

直接材料：6

直接人工：3

变动制造费用：1.4

其中：

工具：1.3

劳保用品：0.1

单位变动生产成本合计：10.4

按实际产量2 500件计算变动生产成本：26 000（10.4×2 500）

②实际成本：

直接材料：11 250（4.5×2 500）

直接人工：7 500（3×2 500）

变动制造费用：3 370

其中：

工具：3 120（1.3×2 400）

劳保用品：250（1×2 500÷10）

实际总成本：22 120

从上面的计算结果看，实际总成本22 120元比杨晓林的责任成本26 000元少，说明实际总成本比责任成本降低了3 880元（26 000−22 120），所以杨晓林完成了责任成本，而且比责任成本低了不少。此前的考核结果扭曲了事实。

问题探讨

确定生产部门的责任成本是将该部门的制造费用划分为变动费用和固定费用两部分，只有变动生产成本才是该生产部门能控制的，固定成本则不被其所控制。

第三部分 实训练习

一、填空题

1.变动成本法下，贡献毛益总额=（　　　）-（　　　）；税前利润=（　　　）-（　　　）。

2.完全成本法下，销售毛利=（　　　）-（　　　）；税前利润=（　　　）-（　　　）。

3.变动成本法的理论依据是（　　　）和（　　　）。

4.完全成本法与变动成本法的差异来自对（　　　）的处理不同，它们共同的期间成本是（　　　），它们共同的产品成本是（　　　）。

二、单项选择题

1.变动成本法下的产品成本是指（　　　）。

A.固定生产成本　　　　　　　　　　B.变动生产成本

C.固定非生产成本　　　　　　　　　D.变动非生产成本

2.完全成本法下的期间成本是指（　　　）。

A.直接材料　　　　B.直接人工　　　　C.制造费用　　　　D.非生产成本

3.在变动成本法下，固定制造费用应列作（　　　）。

A.非生产成本　　　　B.期间成本　　　　C.产品成本　　　　D.变动成本

4.完全成本法下，期末存货成本的构成项目应为（　　　）。

A.直接材料、直接人工、固定成本

B.直接材料、直接人工、制造费用

C.直接材料、直接人工、变动制造费用

D.直接材料、直接人工、固定制造费用

三、多项选择题

1.在管理会计中，变动成本法又称为（　　　）。

A.直接成本法　　　　B.边际成本法　　　　C.吸收成本法　　　　D.全部成本法

2.在变动成本法下，变动生产成本可包括（　　　）。

A.变动制造费用　　　　　　　　　　B.直接材料

C.直接人工　　　　　　　　　　　　D.变动销售、管理费用

3.变动成本法下，税前利润计算公式可以是（　　　）。

A.销售收入-变动成本-固定成本

B.边际贡献-固定成本

C.边际贡献-变动成本

D.销售收入-变动生产成本-变动非生产成本

4.完全成本法和变动成本法共同的产品成本是（　　　）。

A.直接材料　　　　B.直接人工　　　　C.变动制造费用　　D.制造费用

四、实训业务

【习题3-1】上特维公司只生产一种产品，第一年、第二年、第三年的产销量及有关成本资料见表3-9。

表3-9　　　　　　　　　　　　**上特维公司产品资料**　　　　　　金额单位：元

项　目	第一年	第二年	第三年
本年度生产量（件）	9 000	7 000	8 000
本年度销售量（件）	8 000	8 000	8 000
单价	12	12	12
单位变动生产成本：			
直接材料	2	2	2
直接人工	2	2	2
变动制造费用	1	1	1
单位变动生产成本合计	5	5	5
固定制造费用	24 000	24 000	24 000
单位固定制造费用	2.67	3.43	3
变动销售费用	0	0	0
固定销售费用	15 000	15 000	15 000
变动管理费用	0	0	0
固定管理费用	10 000	10 000	10 000

要求：分别采用变动成本法、完全成本法计算上特维公司在上述三年的产品成本。请将计算结果填入表3-10、表3-11和表3-12中。

表3-10　　　　　　　　　　**上特维公司第一年产品成本表**　　　　　　单位：元

成本项目	变动成本法		完全成本法	
	总成本	单位成本	总成本	单位成本
直接材料				
直接人工				
变动制造费用				
变动生产成本				
固定制造费用				
产品成本				

表3-11　　　　　　　　　　　　上特维公司第二年产品成本表　　　　　　　　　　单位：元

成本项目	变动成本法		完全成本法	
	总成本	单位成本	总成本	单位成本
直接材料				
直接人工				
变动制造费用				
变动生产成本				
固定制造费用				
产品成本				

表3-12　　　　　　　　　　　　上特维公司第三年产品成本表　　　　　　　　　　单位：元

成本项目	变动成本法		完全成本法	
	总成本	单位成本	总成本	单位成本
直接材料				
直接人工				
变动制造费用				
变动生产成本				
固定制造费用				
产品成本				

【习题3-2】依习题3-1上特维公司的资料，分别编制按照两种成本计算方法计价的产成品存货计算单，将有关数据填入表3-13和表3-14的空格中。

表3-13　　　　　　　　　上特维公司第一年期末存货计算单　　　　　　　金额单位：元

项　目	变动成本法	完全成本法
单位产品成本		
期末存货数量		
期末存货成本		

表3-14　　　　　　　　　上特维公司第二年期末存货计算单　　　　　　　金额单位：元

项　目	变动成本法	完全成本法
单位产品成本		
期末存货数量		
期末存货成本		

【习题3-3】依习题3-1和习题3-2上特维公司的资料，分别采用变动成本法、完全成本法计算损益，将计算结果填入表3-15和表3-16中。

表3-15　　　　　上特维公司职能式利润表（按照完全成本法编制）　　　　　单位：元

项　目	第一年	第二年	第三年
销售收入			
销售成本：			
期初存货成本			
本期生产成本（按产量计算）			
可供销售的生产成本			
减：期末存货成本			
销售成本总额			
销售毛利			
减：期间费用			
销售费用			
管理费用			
期间费用总额			
税前利润			

表3-16　　　　　上特维公司贡献式利润表（按照变动成本法编制）　　　　　单位：元

项　目	第一年	第二年	第三年
销售收入			
变动成本：			
变动生产成本（按销量计算）			
变动销售费用			
变动管理费用			
变动成本总额			
贡献毛益			
减：固定成本			
固定制造费用			
固定销售费用			
固定管理费用			
固定成本总额			
税前利润			

第三章在线测试

第三章实训练习参考答案

本量利分析

第一部分　基础知识

一、本量利分析的基本公式

本量利分析（Cost-Volume-Profit Analysis）简称CVP分析，是管理会计"成本–业务量–利润"分析方法的简称，是研究企业在一定期间成本、业务量、利润三者之间关系的一种专门方法。本量利分析的基本公式是：

利润=销售收入–（固定成本+变动成本）

或　　　=单价×销售量–（固定成本+单位变动成本×销售量）

设单价为p，销售量为x，固定成本为a，单位变动成本为b，利润为P，则上式可以化为：

$P=(p-b)x-a$

注意：上式中的利润是指未扣除利息和所得税以前的"营业利润"。

利用CVP分析的基本公式，我们可以通过移项求得其他四个因素，即p、a、b、x，形成CVP分析的四个变形公式：

$$预计单价=\frac{固定成本 + 单位变动成本 × 销售量 + 预计利润}{销售量}$$

即　　$p=\dfrac{a + bx + P}{x}$

固定成本=单价×销售量–单位变动成本×销售量–预计利润

即　　$a=px-bx-P$

$$单位变动成本=单价-\frac{预计利润 + 固定成本}{销售量}$$

即 $\quad b=p-\dfrac{P+a}{x}$

$$预计销售量=\dfrac{固定成本 + 预计利润}{单价 - 单位变动成本}$$

即 $\quad x=\dfrac{a+P}{p-b}$

二、贡献毛益

贡献毛益又称边际贡献、创利额，是指产品的销售收入与变动成本的差额。

1.单位贡献毛益和贡献毛益总额

单位贡献毛益（Unit Contribution Margin，UCM）是指产品的单价减去它的单位变动成本后的余额。其计算公式如下：

单位贡献毛益=单价-单位变动成本

即 $\quad UCM=p-b$

单位贡献毛益反映了产品的盈利能力，也就是每增加一个单位产品销售可提供的毛益。

贡献毛益总额（Total Contribution Margin，TCM）是指产品的销售收入总额减去它的变动成本总额后的余额。贡献毛益总额反映产品将为企业的营业利润作出多大贡献。其计算公式如下：

贡献毛益总额=销售收入-变动成本

即 $\quad TCM=px-bx=（p-b）x=UCM\cdot x$

2.贡献毛益率和变动成本率

贡献毛益率（Contribution Margin Rate，CMR）反映每百元销售额中能提供的毛益金额。贡献毛益率有两种计算方法：

$$贡献毛益率=\dfrac{单位贡献毛益}{单价}\times100\%$$

或 $\qquad =\dfrac{贡献毛益总额}{销售收入}\times100\%$

即 $\quad CMR=\dfrac{UCM}{p}\times100\%$

或 $\qquad =\dfrac{TCM}{px}\times100\%$

变动成本率（BR）反映每百元销售额中变动成本所占的金额。变动成本率有两种计算方法：

$$变动成本率=\dfrac{单位变动成本}{单价}\times100\%$$

或 $\qquad =\dfrac{变动成本}{销售收入}\times100\%$

即 $\quad BR=\dfrac{b}{p}\times100\%$

或 $\qquad =\dfrac{bx}{px}\times100\%$

通过上述计算公式，可以得出贡献毛益率与变动成本率之间的关系：

贡献毛益率（CMR）+变动成本率（BR）=1

贡献毛益率（CMR）=1–变动成本率（BR）

变动成本率（BR）=1–贡献毛益率（CMR）

从上述公式中还可以看出，变动成本率是一个越小越好的指标。当企业变动成本率高时，贡献毛益率低，创利能力弱；当企业变动成本率低时，贡献毛益率高，创利能力强。

三、保本点分析

保本点又称损益平衡点和盈亏临界点，是指企业经营处于不盈不亏的状态。保本点分析也可称均衡分析和盈亏临界点分析，是专门研究恰好不盈利不亏损状态时，成本与业务量之间存在的特殊关系的一种定量分析方法。企业的销售收入扣减变动成本以后得到的贡献毛益总额首先要补偿固定成本，如有余额则企业盈利，补偿不足就会发生亏损。企业的贡献毛益总额刚好等于固定成本，那企业就处于不盈不亏的保本点状态，此时的销售量或销售额即为保本销售量或保本销售额。

（一）单一产品的保本点

1.保本点的基本模型

保本点通常有两种表现形式：一种用数量来表现，叫作保本销售量（BE_u，简称保本量）；另一种用货币金额来表现，叫作保本销售额（BE_d，简称保本额）。其计算公式分别为：

$$保本量=\frac{固定成本}{单价－单位变动成本}=\frac{固定成本}{单位贡献毛益}$$

即　　$$BE_u=\frac{a}{p-b}=\frac{a}{UCM}$$

$$保本额=单价×保本量=\frac{固定成本}{贡献毛益率}$$

即　　$$BE_d=p \cdot BE_u=\frac{a}{CMR}$$

2.贡献毛益率分解

贡献毛益率实质上包含两个部分：一部分是用来补偿固定成本的，叫作贡献毛益保本率；另一部分是用来创利的，叫作贡献毛益创利率。其计算公式分别为：

$$贡献毛益保本率=\frac{固定成本}{贡献毛益}×100\%$$

$$贡献毛益创利率=1–贡献毛益保本率$$

（二）多产品的保本点

1.加权平均法

在企业产销多种产品的情况下，保本点就不能用实物单位计算，而只能计算保本点的销售额。由于企业生产的各种产品盈利能力不同，即其贡献毛益率有所差异，因此，公式中的贡献毛益率应为各种产品的加权平均数，即在各种产品的贡献毛益率的基础上，以各种产品的销售比重为权数进行加权平均。加权平均法的关键在于求出各种产品的贡献毛益率和各自的销售比重。

加权平均法是计算多产品企业保本点最常用的方法，其计算步骤如下：

（1）计算全部产品的销售收入，计算公式为：

$$销售收入=\sum(每种产品的单价 \times 该种产品的预计销售量)$$

（2）计算各种产品的销售比重，计算公式为：

$$某种产品的销售比重=\frac{该种产品的销售额}{销售收入}\times100\%$$

（3）计算各种产品的贡献毛益率，计算公式为：

$$某种产品的贡献毛益率=\frac{该种产品的单价 - 该种产品的单位变动成本}{该种产品的单价}\times100\%$$

（4）计算企业产品的加权平均贡献毛益率，计算公式为：

$$加权平均贡献毛益率=\sum(每种产品的贡献毛益率 \times 该种产品的销售比重)$$

（5）计算整个企业的综合保本额，计算公式为：

$$综合保本额=\frac{固定成本}{加权平均贡献毛益率}$$

（6）计算各种产品的保本额及保本量，计算公式为：

$$某种产品的保本额=综合保本额\times该种产品的销售比重$$

$$某种产品的保本量=\frac{该种产品的保本额}{该种产品的单价}$$

2.联合单位法

产销多种产品的企业也可以使用"联合单位"作为盈亏临界点销售量的计量单位。其计算步骤如下：

（1）求出各种产品销售量的比例，计算公式为：

$$产品1：产品2：产品3：\cdots：产品n=x_1：x_2：x_3：\cdots：x_n$$

（2）求出联合单位贡献毛益，计算公式为：

$$联合单位贡献毛益 = \sum 每种产品的联合单位贡献毛益$$

$$= \sum(每种产品的单位贡献毛益 \times 该种产品的销售量比例)$$

（3）求出达到保本点的联合单位，计算公式为：

$$保本点联合单位=\frac{固定成本}{联合单位贡献毛益}$$

（4）求出达到保本点的联合单位单价，计算公式为：

$$联合单位单价=\sum(每种产品的单价 \times 该种产品的销售量比例)$$

（5）求出联合单位保本额，计算公式为：

$$联合单位保本额=保本点联合单位\times联合单位单价$$

（三）保本点的图示模型

1.基本式保本图

基本式保本图（如图4-1所示）的绘制方法如下：

第一步，在直角坐标系中，以横轴表示销售量，以纵轴表示成本和销售收入。

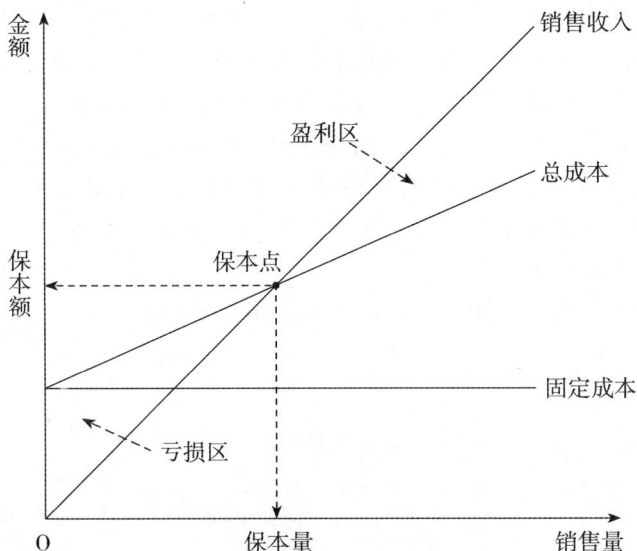

图4-1　基本式保本图

第二步，绘制固定成本线。在纵轴上确定固定成本的数值，并以此为起点，绘制一条平行于横轴的直线，即为固定成本线。

第三步，绘制销售收入线。以原点为起点，在横轴上任取一整数销售量数值使得利润为正数，计算其销售收入的数值，在坐标系上找出与之相对应的销售收入点（取整数销售量数值，计算出销售收入数值），连接这两点，就可画出销售收入线。

第四步，绘制总成本线。在横轴上任取一整数销售量数值，计算出变动成本与固定成本数值加总后的总成本的数值，在坐标系上标出表示该总成本的点（取整数销售量数值，计算出总成本数值），然后将纵轴上的固定成本点作为起点，与该总成本点连接，便可画出总成本线。

第五步，销售收入线与总成本线的交点即为保本点，由保本点分别向横轴和纵轴做垂线，得到的两个垂足交点即为保本量和保本额。

基本式保本图形象地反映了产品销售数量、成本与利润的相互关系。从图4-1中可以直观地看到销售收入、固定成本、变动成本、利润、盈亏平衡点，还可得到如下规律性认识：

（1）保本点不变，销售量越大，该产品能实现的利润越多，或亏损越少；反之，销售量越小，该产品能实现的利润越少，或亏损越多。

（2）销售量不变，成本越低，保本点越低，该产品能实现的利润就越多，或亏损越少；反之，保本点越高，该产品能实现的利润就越少，或亏损越多。

（3）在总成本既定的条件下，保本点受单价变动的影响而变动。产品单价越高，销售收入线的斜率就越大，保本点就越低，该产品的盈利能力就越强；反之，产品单价越低，销售收入线的斜率就越小，保本点就越高，该产品的盈利能力就越弱。

（4）在销售收入既定的条件下，保本点的高低取决于固定成本和单位变动成本。固定成本越高，或单位变动成本越高，保本点就越高，该产品能实现的利润就越少；反之，固定成本越低，或单位变动成本越低，保本点就越低，该产品能实现的利润就越多。其中，单位变动成本的变动对于保本点的影响是通过总成本线的斜率的变动而表现出来的，斜率小则单位变动成本低，总成本也相应低，保本点就低；斜率大则单位变动成本高，总成本也相应高，保本点就高。

2.贡献毛益式保本图

贡献毛益式保本图（如图4-2所示）的绘制方法如下：

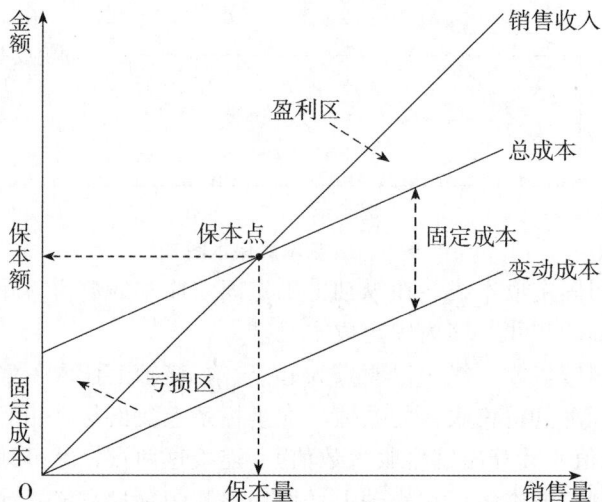

图4-2　贡献毛益式保本图

第一步，在直角坐标系中，以横轴表示销售量，以纵轴表示成本和销售收入。

第二步，绘制变动成本线。在横轴上任取一整数销售量数值计算出变动成本数值，在坐标系上标出该变动成本点（取整数销售量数值，计算出变动成本数值），然后以原点作为起点，与该变动成本点连接，便可画出变动成本线。

第三步，绘制销售收入线。以原点为起点，在横轴上任取一整数销售量数值，计算其销售收入值，在坐标系上找出与之相对应的销售收入点（取整数销售量数值，计算出销售收入数值），连接这两点，就可画出销售收入线。

第四步，绘制总成本线。在纵轴上确定固定成本的数值点，以此为起点，绘制一条平行于变动成本线的直线，即为总成本线。

第五步，销售收入线与总成本线的交点即为保本点，由保本点分别向横轴和纵轴做垂线，得到的两个垂足交点即为保本量和保本额。

贡献毛益式保本图也形象地反映了产品销售数量、成本与利润的相互关系。从图4-2中可以直观地看到销售收入、固定成本、变动成本、利润、盈亏平衡点、贡献毛益，也能得到和基本式保本图相同的规律性认识。

贡献毛益式保本图与基本式保本图的主要区别在于：前者将固定成本线置于变

动成本线之上，形象地反映贡献毛益的形成过程和构成，即产品的销售收入减去变动成本以后就是贡献毛益，贡献毛益再减去固定成本便是利润；后者将固定成本线置于变动成本线之下，表明固定成本在相关范围内稳定不变的特征。

3.量利式保本图

量利式保本图有两种：适用于单一产品的基本量利式保本图和适用于多产品的联合单位量利式保本图。

（1）基本量利式保本图

基本量利式保本图（如图4-3所示）的绘制方法如下：

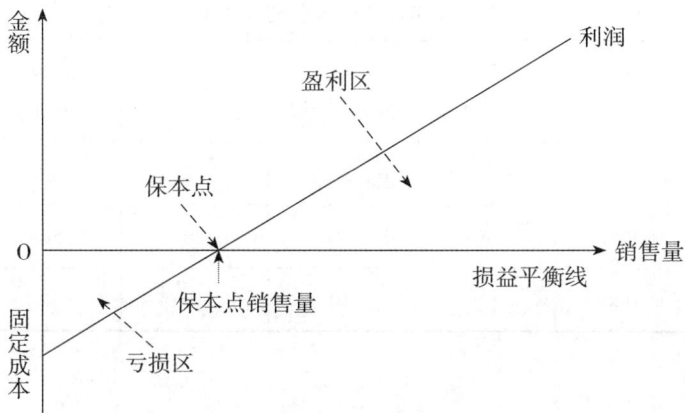

图4-3　基本量利式保本图

第一步，在直角坐标系中，以横轴表示销售量，以纵轴表示利润。

第二步，在纵轴上利润等于零的点画一条水平线，代表损益平衡线（此线与横轴重合）。

第三步，在纵轴上标出固定成本点，该点即销售量为零时的亏损额。

第四步，在横轴上任取一整数销售量数值，然后计算在该销售量下的利润数值，依此在坐标系中确定利润点（取整数销售量数值，计算出利润数值），连接利润点与固定成本点，便可画出利润线。

第五步，利润线与损益平衡线的交点即为保本点，保本点对应的销售量及销售额即为保本量和保本额。

从基本量利式保本图中可得到以下规律性认识：

① 当销售量为零时，企业的亏损额等于固定成本。

② 当产品的单价及成本水平不变时，销售量越大，利润就越多，或亏损越少；反之，销售量越小，利润就越少，或亏损越多。

③ 利润线的斜率为该种产品的单位贡献毛益。在固定成本既定的条件下，保本点受单位贡献毛益变动的影响而变动。产品单位贡献毛益越高，利润线的斜率越大，保本点离原点越近，产品的盈利能力越强；反之，保本点离原点越远，产品的盈利能力就越弱。

基本量利式保本图也称利润图，因为纵坐标的销售收入及变动成本因素均被忽略，整个保本图反映了销售量与利润之间的依存关系。这是一种简化的保本图，简明扼要，易于理解，深受企业高级管理人员的喜爱。

（2）联合单位量利式保本图

联合单位量利式保本图适用于生产多种产品的企业，我们举例说明其绘制方法。

假设天强公司的年固定成本为 500 000 元，生产 A、B、C 三种产品，有关资料见表 4-1。根据表 4-1 的数据绘制联合单位量利式保本图，如图 4-4 所示。

表 4-1　　　　　　　　　　天强公司产品成本的相关资料

项目 产品	销售量 （件）	单价 （元）	单位变动 成本（元）	单位贡献 毛益（元）	销售收入 （万元）	贡献毛益 （万元）
A	20 000	50	20	30	100	60
B	10 000	50	30	20	50	20
C	10 000	50	40	10	50	10

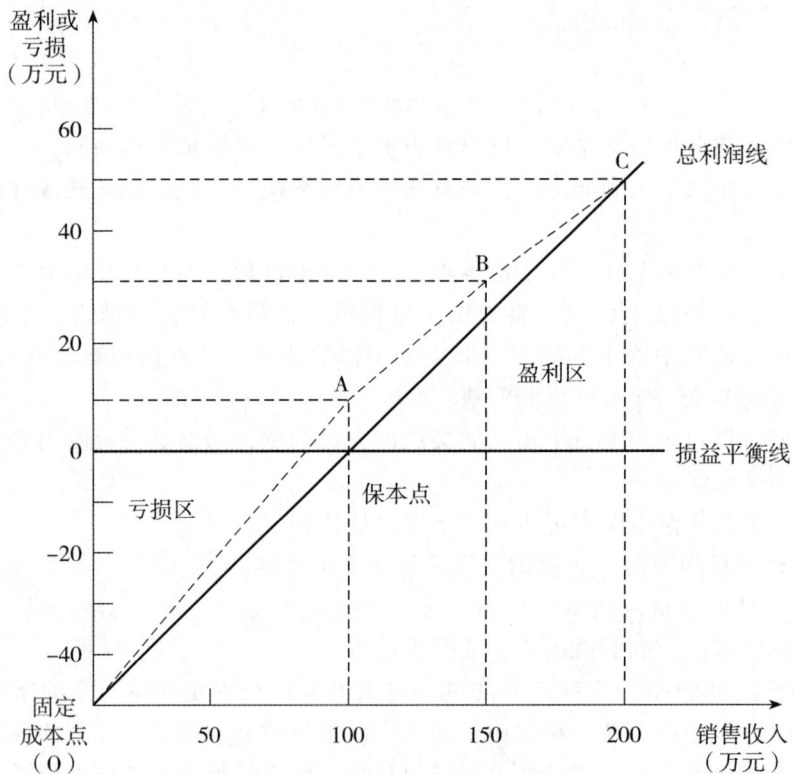

图 4-4　联合单位量利式保本图

第一步，在直角坐标系中，以固定成本负数值点为原点（O 点），以横轴表示销售收入，以纵轴表示盈利或亏损。

第二步，以纵轴上数值是 0（即利润为 0）的点为起点画一条水平线，代表损益平衡线。

第三步，以 A 产品的销售额为横坐标，以 A 产品的贡献毛益补偿固定成本后的累计贡献毛益值为纵坐标标出 A 点（A 产品销售额，累计贡献毛益值）；连接纵轴上 O 点与 A 点，可画出 A 产品的利润线 OA（或按 A 产品的贡献毛益率画出该线段）。

第四步，以 A 和 B 产品的联合销售额为横坐标，以 A 和 B 产品的贡献毛益之和补偿固定成本后的累计值为纵坐标标出 B 点（A、B 产品联合销售额，累计贡献毛益值）；连接 A 点与 B 点，可画出 B 产品的利润线 AB（或按 B 产品的贡献毛益率画出该线段）。

第五步，以 A、B 和 C 产品的联合销售额为横坐标，以 A、B 和 C 产品的贡献毛益之和补偿固定成本后的累计值为纵坐标标出 C 点（A、B、C 产品联合销售额，累计贡献毛益值）；连接 B 点与 C 点可画出 C 产品的利润线 BC（或按 C 产品的贡献毛益率画出该线段）。

第六步，连接 O 点与 C 点，可绘制出该企业的总利润线。总利润线与损益平衡线的交点即为保本点，保本点对应的联合销售额即为保本额。

四、安全边际

安全边际是指实际（或预计）销售量超过盈亏临界点销售量的差额，这个差额标志着从实际（或预计）销售量到盈亏临界点有多少距离，或者说，实际（或预计）销售量再降低多少，才会发生亏损。安全边际主要用于企业分析经营的安全程度。企业处于不盈不亏的保本点状态时，当期的贡献毛益已全部被固定成本抵销。企业的销售量只有超过保本量，超出部分所提供的贡献毛益才能形成企业的最终利润。显然，企业的销售量超过保本量越多，企业发生亏损的可能性就越小，企业的经营就越安全。由此，安全边际是与保本点有关的指标。

安全边际既可以用实物量表示，称为安全边际量；也可以用货币金额表示，称为安全边际额。其计算公式分别为：

安全边际量（MS_u）= 实际（或预计）销售量（S_u）- 保本量（BE_u）

安全边际额（MS_d）= 实际（或预计）销售额（S_d）- 保本额（BE_d）

安全边际量或安全边际额的数值越大，企业发生亏损的可能性就越小，企业的经营就越安全。

企业生产经营的安全性还可以用安全边际率来表示。其计算公式为：

$$安全边际率（MSR）= \frac{安全边际量（MS_u）}{实际（或预计）销售量（S_u）} \times 100\%$$

或

$$= \frac{安全边际额（MS_d）}{实际（或预计）销售额（S_d）} \times 100\%$$

安全边际率属于相对数指标，便于在不同企业和不同行业之间进行比较。安全边际率数值越大，企业发生亏损的可能性就越小，企业的业务经营越安全。

另外，企业生产经营的安全性还可以用保本作业率来表示。其计算公式为：

$$保本作业率（BER）=\frac{保本量或保本额（BE）}{实际（或预计）销售量或销售额（S_u）}×100\%$$

安全边际率+保本作业率=1

1.安全边际率与保本量的关系

安全边际量是实际（或预计）销售量与保本量的差额，如果安全边际率为已知，就可求保本量或保本额。其计算公式如下：

$$安全边际率（MSR）=\frac{MS_u}{S_u}×100\%=\frac{S_u-BE_u}{S_u}=1-\frac{BE_u}{S_u}$$

或

$$=\frac{MS_d}{S_d}×100\%=\frac{S_d-BE_d}{S_d}=1-\frac{BE_d}{S_d}$$

保本量（BE_u）$=S_u$（1－MSR）

= 实际（或预计）销售量×（1－安全边际率）

保本额（BE_d）$=S_d$（1－MSR）

= 实际（或预计）销售额×（1－安全边际率）

2.安全边际率与销售利润率的关系

销售利润率=贡献毛益率（CMR）×安全边际率（MSR）

$$=\frac{营业利润（P）}{销售收入（px）}×100\%$$

$$=\frac{(p-b)x-a}{px}×100\%$$

3.安全边际率与经营杠杆的关系

利润（P）=（实际（或预计）销售量－保本量）×单位贡献毛益

= 安全边际量（MS_u）×单位贡献毛益（UCM）

或 =（实际（或预计）销售额－保本额）×贡献毛益率

= 安全边际额（MS_d）×贡献毛益率（CMR）

$$经营杠杆（DOL）=\frac{贡献毛益（TCM）}{利润（P）}=\frac{TCM}{MS_d·CMR}$$

$$=\frac{TCM}{MS_d×\frac{TCM}{px}}=\frac{1}{MS_d×\frac{TCM}{px}×\frac{1}{TCM}}$$

$$=\frac{1}{MS_d×\frac{1}{S_d}}=\frac{1}{MSR×S_d×\frac{1}{S_d}}=\frac{1}{MSR}$$

经营杠杆与安全边际率之间存在互为倒数的关系，即企业的经营杠杆越高，安全边际率越低，经营风险越大；反之，企业的经营杠杆越低，安全边际率越高，经营风险越小。达到保本额以上的销售额（即安全边际额）才能为企业提供利润，所以利润可按下列公式计算：

利润=安全边际量×单位贡献毛益

利润率=安全边际率×贡献毛益率

五、利润敏感性分析

敏感性分析是一种因果分析技术，表现为"如果……会……"模式。对于确定性模型，这是一种经常被使用的方法，在许多领域中得到了广泛的应用。

在本量利关系中，影响利润的某个因素发生变动，对利润产生的影响程度就是利润对该因素变动的敏感程度。如果该因素较小幅度的变动就会引起利润大幅度的变动，就表明利润对该因素的变动很敏感；反之，如果该因素发生较大幅度的变动只引起利润小幅度的变动，则表明利润对该因素的变动不敏感。

利润的敏感性可从以下三个方面进行研究：

1.利润影响因素的保本点研究

某个影响因素的保本点是指在其他因素既定的条件下，为了实现盈亏平衡，该因素要达到的数值。它是该因素影响盈亏的变动界限。运用本量利分析的基本公式 $P=(p-b)x-a$，令公式中的利润 P 为零，即可给出某个影响因素的保本点数值公式。

影响利润的主要因素有单价、销售量、单位变动成本和固定成本。

保本单价（p_0）$=\dfrac{a}{x}+b$

$$=\dfrac{固定成本}{销售量}+单位变动成本$$

保本销售量（x_0）$=\dfrac{a}{p-b}$

$$=\dfrac{固定成本}{单价-单位变动成本}=\dfrac{固定成本}{单位贡献毛益}$$

保本单位变动成本（b_0）$=p-\dfrac{a}{x}$

$$=单价-\dfrac{固定成本}{销售量}$$

保本固定成本（a_0）$=(p-b)x$

$$=贡献毛益$$

$$=销售收入-变动成本$$

单价和销售量是利润的正指标，是与利润同向变动的；保本单价（p_0）和保本销售量（x_0）是单价和销售量的最小允许值，即变动下限。单位变动成本和固定成本是利润的逆指标，是与利润反向变动的；保本单位变动成本（b_0）和保本固定成本（a_0）是单位变动成本和固定成本的最大允许值，即变动上限。当影响利润的四个主要因素的数值超过 p_0、x_0、b_0 和 a_0 这些保本点数值时，企业就由盈利变为亏损。

2.利润影响因素的目标值

影响利润的某个因素的目标值是指在其他因素既定的条件下，为实现目标利润所要求该因素达到的数值。它是该影响因素能否实现目标利润的变动界限。计算确定影响利润的各个因素的目标值时，可运用本量利分析的基本公式 $P=(p-b)x-a$，令公式中的利润 P 为目标利润 P_T，即可分别表示利润影响因素的目标值公式。

设 p_t、x_t、b_t、a_t 分别为单价、销售量、单位变动成本和固定成本的目标值，则：

$$单价的目标值（p_t）=\frac{a+P_T}{x}+b$$

$$=\frac{固定成本+目标利润}{销售量}+单位变动成本$$

$$销售量的目标值（x_t）=\frac{a+P_T}{p-b}=\frac{固定成本+目标利润}{单价-单位变动成本}$$

$$=\frac{固定成本+目标利润}{单位贡献毛益}$$

$$单位变动成本的目标值（b_t）=p-\frac{a+P_T}{x}$$

$$=单价-\frac{固定成本+目标利润}{销售量}$$

$$固定成本的目标值（a_t）=（p-b）x-P_T$$

$$=贡献毛益-目标利润$$

单价和销售量是利润的正指标，所以 p_t 和 x_t 是单价和销售量的最小允许值，即变动下限；单位变动成本和固定成本是利润的逆指标，b_t 和 a_t 是单位变动成本和固定成本的最大允许值，即变动上限。当影响利润的四个因素的数值超过 p_t、x_t、b_t、a_t 这些目标值时，企业就不能完成目标利润了。

3.敏感系数分析

敏感系数是反映利润随某影响因素变动而相应变动的敏感程度的指标。单价、销售量、单位变动成本和固定成本的变化都会引起利润的变化。确定各利润影响因素的敏感系数的目的是使企业明确掌握影响利润的四个因素对利润影响的程度，分清主次，综合协调，科学制定目标利润并确保目标利润的实现。

（1）敏感系数的计算公式

$$敏感系数=\frac{影响因素变动引起的目标值变动率}{影响因素变动率}$$

该指标反映在影响目标值的其他因素不变的条件下，某一因素单独变动1%所引起的目标值变动的百分比。敏感系数的正负号反映某一因素变动方向与目标值变动方向的关系，正号表示同向关系，负号表示反向关系。

$$单价的敏感系数=\frac{单价变动引起的利润变动率}{单价变动率}$$

$$销售量的敏感系数=\frac{销售量变动引起的利润变动率}{销售量变动率}$$

$$单位变动成本的敏感系数=\frac{单位变动成本变动引起的利润变动率}{单位变动成本变动率}$$

$$固定成本的敏感系数=\frac{固定成本变动引起的利润变动率}{固定成本的变动率}$$

（2）敏感系数计算的扩展公式

$$单价的敏感系数=\frac{销售收入}{利润}$$

$$=\frac{px}{P}$$

$$销售量的敏感系数=\frac{贡献毛益}{利润}$$

$$=\frac{(p-b)x}{P}$$

$$单位变动成本的敏感系数=\frac{-变动成本}{利润}$$

$$=\frac{-bx}{P}$$

$$固定成本的敏感系数=\frac{-固定成本}{利润}$$

$$=\frac{-a}{P}$$

上述计算公式简洁明了，不必计算各个因素的变动率，只要根据各个因素的原有基数就可计算出敏感系数。若单位变动成本大于单位贡献毛益，影响利润的四个因素按其敏感系数的绝对值由大到小排序为单价、单位变动成本、销售量、固定成本；若单位变动成本小于单位贡献毛益，影响利润的四个因素按其敏感系数的绝对值由大到小排序为单价、销售量、单位变动成本、固定成本。也就是说，对利润影响最大的因素是单价，对利润影响最小的因素是固定成本。

六、经营杠杆

1.经营杠杆的含义

由于固定成本的存在，销售有较小幅度的变动就会引起利润有较大幅度的变动（即利润变动率大于销售变动率）的现象，称为经营杠杆。

2.经营杠杆的定量

$$经营杠杆（DOL）=\frac{利润变动率}{销售变动率}$$

3.经营杠杆的用途

（1）能反映企业的经营风险

若企业的经营杠杆有所增加，就意味着该企业在销售量增加时，利润将以DOL倍数的幅度增加；反之，当销售量减少时，利润也将以DOL倍数的幅度下降。由此可见，经营杠杆扩大了市场、生产和成本等不确定因素对利润的影响。经营杠杆越大，利润的变动越剧烈，企业的经营风险也就越大。一般说来，在销售情况多变的企业内，保持较低水平的经营杠杆是有利的。

（2）能帮助企业进行科学的预测

求得经营杠杆以后，即可结合计划期的销售变动率来预测计划期的利润。其计算公式如下：

预计利润=基期利润×（1+销售变动率×经营杠杆）

本量利分析这部分的相关概念体系如图4-5所示。

七、本量利分析的用途

（1）主要用于对处于保本点的相关因素进行预测；

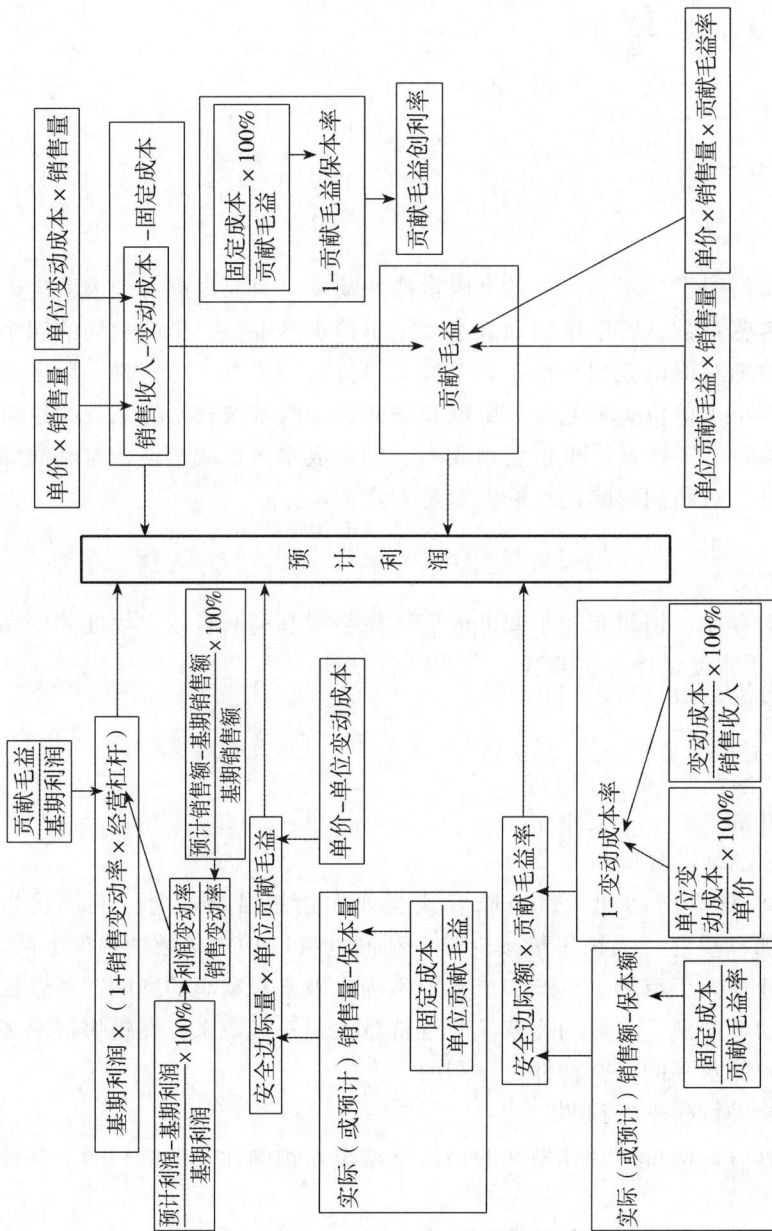

图4-5 本量利分析相关概念体系图

（2）对与目标利润实现相关的目标销售量和目标销售额进行预测；

（3）通过对利润的敏感性分析，估计单价、销售量和成本水平的变动对目标利润的影响；

（4）在制定最优的生产决策和定价决策时起至关重要的作用；

（5）规划目标利润，编制利润预算和责任预算；

（6）对全面预算和责任预算的执行情况进行评价。

【思政小课堂】

2020 年 7 月 31 日，财政部公布瑞幸咖啡财务造假事件调查结果。调查显示，自 2019 年 4 月起至 2019 年末，瑞幸咖啡通过虚构商品券业务增加交易额 22.46 亿元（人民币，下同），虚增收入 21.19 亿元（占对外披露收入 51.5 亿元的 41.16%），虚增成本费用 12.11 亿元，虚增利润 9.08 亿元。9 月，国家市场监管总局及上海、北京市场监管部门，对包括瑞幸咖啡（中国）有限公司、瑞幸咖啡（北京）有限公司、北京车行天下咨询服务有限公司、北京神州优通科技发展有限公司、征者国际贸易（厦门）有限公司 5 家公司在内的，与瑞幸咖啡造假相关的 45 家公司作出行政处罚决定，处罚金额共计 6 100 万元。2020 年 12 月 17 日，美国证券交易委员会发布消息称，与瑞幸咖啡达成和解，后者同意针对造假指控支付 1.8 亿美元（约合人民币 11.8 亿元）罚款。

瑞幸咖啡事件是典型的财务造假事件，其高管蓄意伪造交易，虚增收入和利润，诱导投资者作出错误的预测和决策，导致股价上升，相关持股人员高位套现，谋取不当利益。这个案例让我们清楚地看到真实财务会计信息的价值，也让我们看到虚假的财务信息给投资者带来的损失，给资本市场带来的危害。[①]

思政元素：诚实守信，求真务实

第二部分　实例分析

【例 4-1】华夏公司计划生产一批 A 产品，经过成本估算，已知每件 A 产品的单位变动成本为 30 元、固定成本为 50 000 元，每件产品售价为 70 元。现通过市场调查，预计明年可售出 7 000 件。明年出售 A 产品可获得多少利润？

【解】已知 $p=70$，$x=7\ 000$，$a=50\ 000$，$b=30$，将其代入公式得：

预计利润（P）$=px-(a+bx)$

$=70\times7\ 000-(50\ 000+30\times7\ 000)=230\ 000$（元）

【例 4-2】根据例 4-1，华夏公司生产 A 产品的成本水平和销售量不变，但该公

---

① ［1］监督评价局. 财政部完成对瑞幸咖啡公司境内运营主体会计信息质量检查［EB/OL］.［2023-12-18］. http：//jdjc.mof.gov.cn/gongzuodongtai/202007/t20200731_3560072.htm.［2］綦宇. 11.8 亿"天价罚单"！美国出手，瑞幸造假案达成和解［EB/OL］.［2023-12-18］. https：//cj.sina.com.cn/articles/view/5617133817/14ecea8f900100qnvg.

司拟将 A 产品的目标利润定为 300 000 元。为了保证目标利润的实现，该产品售价应定为多少？

【解】由于 a、b、x 不变，又给定了目标利润，因此，将有关数据代入公式，即可求得预计单价 p 的值：

$$p=\frac{a+bx+P}{x}=\frac{50\,000+30\times7\,000+300\,000}{7\,000}=80（元）$$

【例 4-3】根据例 4-1 的资料，华夏公司明年销售 A 产品的单价、固定成本、销售量不变，目标利润定为 160 000 元。为了保证目标利润的实现，该产品的单位变动成本应为多少？

【解】由于 p、a、x 不变，又给定了目标利润，因此，将有关数据代入公式，即可求得预计单位变动成本 b 的值：

$$b=\frac{px-a-P}{x}=\frac{70\times7\,000-50\,000-160\,000}{7\,000}=40（元）$$

【例 4-4】根据例 4-1 的资料，华夏公司明年销售 A 产品的单价、单位变动成本和销售量不变，为了保证实现 160 000 元的目标利润，该产品明年的固定成本应为多少？

【解】由于 p、b、x 不变，又给定了目标利润，因此，将有关数据代入公式，即可求得预计固定成本 a 的值：

$$a=px-bx-P=70\times7\,000-30\times7\,000-160\,000=120\,000（元）$$

【例 4-5】根据例 4-1 的资料，华夏公司明年销售 A 产品的单价和成本均无变动，目标利润定为 160 000 元，该公司明年应销售多少产品？

【解】由于 p、a、b 不变，现又给定了目标利润，因此，将有关数据代入公式，即可求得预计销售量 x 的值：

$$x=\frac{a+P}{p-b}=\frac{50\,000+160\,000}{70-30}=5\,250（件）$$

【例 4-6】大华公司 B 产品的单价为 200 元，单位变动成本为 120 元，固定成本为 80 000 元，销售量为 1 250 件。大华公司 B 产品的贡献毛益、保本量、保本额、安全边际、安全边际率、利润及利润率分别是多少？

【解】B 产品的贡献毛益=销售收入-变动成本

$$=200\times1\,250-120\times1\,250=100\,000（元）$$

$$B产品的保本量=\frac{固定成本}{单位贡献毛益}$$

$$=\frac{80\,000}{200-120}=1\,000（件）$$

$$B产品的贡献毛益率=\frac{贡献毛益}{销售收入}\times100\%$$

$$=\frac{100\,000}{200\times1\,250}\times100\%=40\%$$

$$B产品的保本额=\frac{固定成本}{贡献毛益率}$$

$$=\frac{80\,000}{40\%}=200\,000（元）$$

B产品的安全边际量=实际销售量-保本量

$$=1\,250-1\,000=250（件）$$

B产品的安全边际额=实际销售额-保本额

$$=200\times1\,250-200\,000=50\,000（元）$$

B产品的安全边际率=$\dfrac{安全边际量}{实际销售量}\times100\%$

$$=\frac{250}{1\,250}\times100\%=20\%$$

B产品的利润=销售收入-变动成本-固定成本

$$=200\times1\,250-120\times1\,250-80\,000=20\,000（元）$$

或　B产品的利润=安全边际量×单位贡献毛益

$$=250\times（200-120）=20\,000（元）$$

或　B产品的利润=安全边际额×贡献毛益率

$$=50\,000\times40\%=20\,000（元）$$

B产品的利润率=$\dfrac{利润}{销售收入}\times100\%$

$$=\frac{20\,000}{200\times1\,250}\times100\%=8\%$$

或　B产品的利润率=安全边际率×贡献毛益率

$$=20\%\times40\%=8\%$$

本例说明，大华公司B产品可提供贡献毛益100 000元，保本量为1 000件，保本额为200 000元，安全边际量为250件，安全边际额为50 000元，安全边际率为20%，利润为20 000元，利润率为8%。

【例4-7】环城公司生产销售甲、乙、丙三种产品，产销平衡，固定成本为1 720 000元，相关资料见表4-2。

表4-2　　　　　　　　　　　　**环城公司销售资料**

产品 项目	甲	乙	丙
产销量（件）	5 000	10 000	1 250
单价（元）	400	100	160
单位变动成本（元）	250	60	80

要求：进行多产品保本点分析。

【解】（1）计算加权平均贡献毛益率保本点。

第一步：计算环城公司全部产品的销售收入。

销售收入=$\sum$（每种产品的单价 × 该种产品的预计销售量）

$$=400\times5\,000+100\times10\,000+160\times1\,250=3\,200\,000（元）$$

第二步：计算环城公司各种产品的销售比重。

$$甲产品的销售比重=\frac{甲产品的销售额}{企业销售收入}\times100\%$$

$$=\frac{400\times5\,000}{3\,200\,000}\times100\%=62.5\%$$

$$乙产品的销售比重=\frac{乙产品的销售额}{企业销售收入}\times100\%$$

$$=\frac{100\times10\,000}{3\,200\,000}\times100\%=31.25\%$$

$$丙产品的销售比重=\frac{丙产品的销售额}{企业销售收入}\times100\%$$

$$=\frac{160\times1\,250}{3\,200\,000}\times100\%=6.25\%$$

第三步：计算环城公司各种产品的贡献毛益率。

$$甲产品的贡献毛益率=\frac{甲产品的单价-甲产品的单位变动成本}{甲产品的单价}\times100\%$$

$$=\frac{400-250}{400}\times100\%=37.5\%$$

$$乙产品的贡献毛益率=\frac{乙产品的单价-乙产品的单位变动成本}{乙产品的单价}\times100\%$$

$$=\frac{100-60}{100}\times100\%=40\%$$

$$丙产品的贡献毛益率=\frac{丙产品的单价-丙产品的单位变动成本}{丙产品的单价}\times100\%$$

$$=\frac{160-80}{160}\times100\%=50\%$$

第四步：计算环城公司产品的加权平均贡献毛益率。

$$加权平均贡献毛益率=\sum(每种产品的贡献毛益率\times该种产品的销售比重)$$

$$=37.5\%\times62.5\%+40\%\times31.25\%+50\%\times6.25\%=39.06\%$$

第五步：计算环城公司整个企业的综合保本额。

$$综合保本额=\frac{固定成本}{加权平均贡献毛益率}$$

$$=\frac{1\,720\,000}{39.06\%}=4\,403\,481.82（元）$$

第六步：计算环城公司各种产品保本点的销售额及销售量。

某种产品的保本额=综合保本额×该种产品的销售比重

甲产品的保本额=4 403 481.82×62.5%=2 752 176.14（元）

乙产品的保本额=4 403 481.82×31.25%=1 376 088.07（元）

丙产品的保本额=4 403 481.82×6.25%=275 217.61（元）

$$某种产品的保本量=\frac{该种产品保本额}{该种产品单价}$$

$$甲产品的保本量=\frac{2\,752\,176.14}{400}=6\,880（件）$$

乙产品的保本量=$\dfrac{1\,376\,088.07}{100}$=13 761（件）

丙产品的保本量=$\dfrac{275\,217.61}{160}$=1 720（件）

（2）结合表4-3，计算联合单位保本点。

表4-3 　　　　　　　　　　　**环城公司贡献毛益计算表** 　　　　　　　　　金额单位：元

产品	销量（件）	销售量比例	单价	单位变动成本	单位贡献毛益	联合单位贡献毛益
甲	5 000	4	400	250	150	600
乙	10 000	8	100	60	40	320
丙	1 250	1	160	80	80	80
联合单位贡献毛益						1 000

第一步：计算各种产品销售量的比例。

甲：乙：丙=5 000：10 000：1 250=4：8：1

第二步：计算联合单位的贡献毛益。

甲产品的单位贡献毛益=400-250=150（元）

乙产品的单位贡献毛益=100-60=40（元）

丙产品的单位贡献毛益=160-80=80（元）

联合单位贡献毛益=$\sum$ 每种产品的联合单位贡献毛益

　　　　　　　　=$\sum$（每种产品的单位贡献毛益 × 该种产品的销售量比例）

　　　　　　　　=150×4+40×8+80×1=1 000（元）

第三步：计算达到保本点的联合单位。

保本点联合单位=$\dfrac{\text{固定成本}}{\text{联合单位贡献毛益}}=\dfrac{1\,720\,000}{1\,000}$=1 720（单位）

第四步：计算达到保本点的联合单价。

联合单价=$\sum$（每种产品的单价 × 该种产品的销售量比例）

　　　　=400×4+100×8+160×1=2 560（元）

第五步：计算联合单位保本额。

联合单位保本额=保本点联合单位×联合单位单价

　　　　　　　=1 720×2 560=4 403 200（元）

【例4-8】华隆企业生产针织背心，单价为10元，单位变动成本为6元，全年固定成本为200 000元，全年正常情况下的销售量为500 000件。请计算影响利润的各因素的保本点数值。

【解】企业实现利润（P）=（p-b）x-a=（10-6）×500 000-200 000=1 800 000（元）

保本单价（p_0）=$\dfrac{a}{x}$+b=$\dfrac{200\,000}{500\,000}$+6=6.4（元）

单价不可低于6.4元这个最小允许值，或单价的最大降幅为36%（$\dfrac{10-6.4}{10}$×

100%）。单价为6.4元时，企业的利润为0；单价低于6.4元时，企业就会发生亏损。

保本销售量（x_0）=$\dfrac{a}{p-b}$=$\dfrac{200\,000}{10-6}$=50\,000（件）

销售量的最小允许值为50\,000件，或者说，实际销售量只要完成计划销售量的10%（$\dfrac{50\,000}{500\,000}\times100\%$），企业就可保本。

保本单位变动成本（b_0）=$p-\dfrac{a}{x}$=$10-\dfrac{200\,000}{500\,000}$=9.6（元）

单位变动成本的最大允许值为9.6元，或其最大升幅为60%（$\dfrac{9.6-6}{6}\times100\%$），这时企业的利润为0；当单位变动成本超过9.6元时，企业就会发生亏损。

保本固定成本（a_0）=（p-b）x=（10-6）×500\,000=2\,000\,000（元）

固定成本的最大允许值为2\,000\,000元，是原来水平的10倍，超过这个最大值，企业就会亏损。

【例4-9】在例4-8中，华隆企业可实现利润1\,800\,000元。现将目标利润定为1\,900\,000元，请计算影响利润的所有因素的目标值。

【解】单价的目标值（p_t）=$\dfrac{a+P_T}{x}$+b=$\dfrac{200\,000+1\,900\,000}{500\,000}$+6=10.2（元）

在销售量、单位变动成本和固定成本不变的情况下，若要实现目标利润1\,900\,000元，单价的下限为10.2元，即单价至少要提高2%（$\dfrac{10.2-10}{10}\times100\%$），否则就无法实现目标利润。

销售量的目标值（x_t）=$\dfrac{a+P_T}{p-b}$=$\dfrac{200\,000+1\,900\,000}{10-6}$=525\,000（件）

在其他因素不变的情况下，若要实现目标利润1\,900\,000元，销售量的下限为525\,000件，即销售量至少要提高5%（$\dfrac{525\,000-500\,000}{500\,000}\times100\%$）；若不能增加销售量25\,000件，企业就无法实现目标利润。

单位变动成本的目标值（b_t）=$p-\dfrac{a+P_T}{x}$=$10-\dfrac{200\,000+1\,900\,000}{500\,000}$=5.8（元）

在其他因素不变的情况下，若要实现目标利润1\,900\,000元，单位变动成本的上限为5.8元，即单位变动成本至少要降低3.33%（$\dfrac{6-5.8}{6}\times100\%$）；若单位变动成本高于5.8元，企业就无法实现目标利润。

固定成本的目标值（a_t）=（p-b）x-P_T=（10-6）×500\,000-1\,900\,000=100\,000（元）

在其他因素不变的情况下，若要实现目标利润1\,900\,000元，固定成本的上限为100\,000元，即固定成本至少要降低50%（$\dfrac{200\,000-100\,000}{200\,000}\times100\%$）才能达到目的。

【例4-10】在例4-8中，在华隆企业单价、销售量和成本资料以及可实现利润1\,800\,000元的基础上，将单价、销售量、单位变动成本和固定成本各自单独提高

10%，请计算影响利润的所有因素的敏感系数。

【解】（1）敏感系数的常规计算。

$$敏感系数=\frac{影响因素变动引起的利润变动率}{影响因素变动率}$$

$$单价提高10\%的利润增长率=\frac{(10 \times 1.1 - 6) \times 500\,000 - 200\,000 - 1\,800\,000}{1\,800\,000}\times100\%=27.78\%$$

$$单价的敏感系数=\frac{单价提高的利润变动率}{单价的变动率}=\frac{27.78\%}{10\%}=2.78$$

在影响利润的其他因素不变的情况下，单价单独变动10%，可使利润同方向变动27.78%。

$$\begin{matrix}销售量提高10\% \\ 的利润增长率\end{matrix}=\frac{(10 - 6) \times (500\,000 \times 1.1) - 200\,000 - 1\,800\,000}{1\,800\,000}\times100\%=11.11\%$$

$$销售量的敏感系数=\frac{销售量提高的利润变动率}{销售量的变动率}=\frac{11.11\%}{10\%}=1.11$$

在影响利润的其他因素不变的情况下，销售量单独变动10%，可使利润同方向变动11.11%。

$$\begin{matrix}单位变动成本提高10\% \\ 的利润增长率\end{matrix}=\frac{(10 - 6 \times 1.1) \times 500\,000 - 200\,000 - 1\,800\,000}{1\,800\,000}\times100\%=-16.67\%$$

$$单位变动成本的敏感系数=\frac{单位变动成本提高的利润变动率}{单位变动成本的变动率}=\frac{-16.67\%}{10\%}=-1.67$$

在影响利润的其他因素不变的情况下，单位变动成本单独变动10%，可使利润反方向变动16.67%。

$$\begin{matrix}固定成本提高10\% \\ 的利润增长率\end{matrix}=\frac{(10 - 6) \times 500\,000 - 200\,000 \times 1.1 - 1\,800\,000}{1\,800\,000}\times100\%=-1.11\%$$

$$固定成本的敏感系数=\frac{固定成本提高的利润变动率}{固定成本的变动率}=\frac{-1.11\%}{10\%}=-0.11$$

在影响利润的其他因素不变的情况下，固定成本单独变动10%，可使利润反方向变动1.11%。

（2）敏感系数按原有基数计算。

$$单价的敏感系数=\frac{px}{P}=\frac{10 \times 500\,000}{1\,800\,000}=2.78$$

$$销售量的敏感系数=\frac{(p - b)x}{P}=\frac{(10 - 6) \times 500\,000}{1\,800\,000}=1.11$$

$$单位变动成本的敏感系数=\frac{-bx}{P}=\frac{-6 \times 500\,000}{1\,800\,000}=-1.67$$

$$固定成本的敏感系数=\frac{-a}{P}=\frac{-200\,000}{1\,800\,000}=-0.11$$

将影响利润的因素按其敏感系数的绝对值排序，依次是：单价（2.78）、单位变动成本（-1.67）、销售量（1.11）、固定成本（-0.11）。由此可见，对利润影响较大的因素是单价和单位变动成本，然后才是销售量和固定成本。

【例4-11】保康日用品工厂今年生产并销售剃须刀30 000个，单价为30元，单位变动成本为 18 元，固定成本为 65 000 元。计划期准备销售剃须刀 35 000 个，单价及成本水平不变。请为保康日用品工厂计算销售剃须刀的经营杠杆。

【解】（1）编制计算表，见表 4-4。

表 4-4 计算表 金额单位：元

项目	基期	计划期	变动额	变动率（%）
销售收入	900 000	1 050 000	+150 000	+16.67
变动成本	540 000	630 000	+90 000	+16.67
贡献毛益	360 000	420 000	+60 000	+16.67
固定成本	65 000	65 000	0	0
营业利润	295 000	355 000	+60 000	+20.34

（2）将计算表的有关数据代入经营杠杆公式：

$$剃须刀经营杠杆（DOL）=\frac{利润变动率}{销售变动率}=\frac{20.34\%}{16.67\%}=1.22$$

或

$$=\frac{基期贡献毛益}{基期利润}=\frac{900\,000-540\,000}{295\,000}=1.22$$

【例 4-12】根据例 4-11，保康日用品工厂的单价和成本水平不变，假定计划期的剃须刀销售量将从基期的 20 000 个增加到 32 000 个，请预测计划期的利润。

【解】基期利润（P）=（p-b）x-a=（30-18）×20 000-65 000=175 000（元）

$$计划期的销售变动率（R）=\frac{32\,000-20\,000}{20\,000}\times100\%=60\%$$

$$经营杠杆（DOL）=\frac{基期贡献毛益}{基期利润}=\frac{(p-b)x}{P}=\frac{(30-18)\times20\,000}{175\,000}=1.37$$

计划期的利润（P'）=P（1+R×DOL）=175 000×（1+60%×1.37）=318 850（元）

【例 4-13】依前例，保康日用品工厂计划期销售剃须刀的目标利润将从基期的 200 000 元增加到 350 000 元，而该剃须刀的单价和成本水平不变，请预测保证目标利润实现的预期销售变动率。

$$【解】基期销售量（x）=\frac{a+P}{p-b}=\frac{65\,000+200\,000}{30-18}=22\,083（个）$$

$$利润变动率=\frac{350\,000-200\,000}{200\,000}\times100\%=75\%$$

$$经营杠杆（DOL）=\frac{(p-b)x}{P}=\frac{(30-18)\times22\,083}{200\,000}=1.32$$

$$保证目标利润实现的预期销售变动率（R'）=\frac{利润变动率}{DOL}=\frac{75\%}{1.32}=56.82\%$$

【案例 4-1】瑧瑧食品加工有限公司贡献毛益分析

基本情况

2023 年年初，瑧瑧食品加工有限公司（以下简称瑧瑧公司）的财务副经理接到公司财务报告，报告显示，食品销量下降，收益下滑。在即将召开的董事会上，该公司将讨论下一步的行动方案。

瑧瑧公司设在长春市市中心,从事多种食品的生产和销售,主要经营主食面包、老式酸面包和热狗面包,且分别由三个车间独立加工制作。该公司是长春市优质食品生产商之一,自2016年年初成立并生产和销售以来,一直受到广大消费者的信赖与好评,市场占有率和盈利水平一直很好。

自2022年上半年以来,瑧瑧公司的销量开始下滑,而且有继续下滑的势头,尤其是热狗面包的销售市场几乎丧失殆尽。究其原因,主要有四个方面:(1)消费者购买食品,往往在注意质量、口感的同时,更关心价格,因而他们常常选择价格低的品种;(2)从消费者的需求来看,随着生活水平和消费观念的变化,人们对食品的需求日益多样化;(3)市场竞争不断加剧,新的生产商不断出现,由于消费者的"猎奇"心理,瑧瑧公司丧失了一些顾客;(4)从销售渠道上看,该公司的食品主要面向商场、食杂店和普通超市,它们的销售逐渐受到冲击,自然也使瑧瑧公司失去了一部分市场。近些年来,长春市内出现了多家仓储超市。这些商家打出类似"天天低价,日日省钱"的销售口号,在多个方面冲击了原有的商场、食杂店和普通超市,主要原因有:第一,仓储超市货物品种全,选择方便;第二,大多数仓储超市都有"现场制作,现场出售"的食品,花样繁多,价格低廉,且消费者亲眼看到干净卫生的操作过程,增加了购买欲。

瑧瑧公司董事会研究决定,由于原有的热狗面包车间的设备暂时无法转作他用,拟将原有设备转产"瑧瑧面点糕",这样既能充分利用原有的设备,又不必重新聘请面点师(面点师实行计件工资制)。经过市场调查,"瑧瑧面点糕"的相关资料见表4-5和表4-6。

表4-5   **"瑧瑧面点糕"成本费用的相关资料**   单位:元

1.按月支付下列费用	
折旧费	2 000
管理人员工资	12 000
设备维修费	850
办公费	2 500
2.每筐"瑧瑧面点糕"费用	
面粉	12
鲜鸡蛋	9
白砂糖	2.5
面点师工资	3
水、电费	2
包装袋等其他	2

表4-6   "瑧瑧面点糕"销量预测   单位：筐

月份	4	5	6	7	8	9	10	11	12
销量	6 050	6 000	5 650	5 580	5 020	5 480	5 820	6 100	6 050

根据市场平均价位，"瑧瑧面点糕"定价为39元/筐。同时，董事会掌握了2023年3月份其余两种食品的相关资料（见表4-7）。

表4-7   2023年3月份瑧瑧公司销售及成本资料

项目	主食面包	老式酸面包
销售量（袋）	100 000	80 000
单价（元）	3.0	2.6
销售收入（元）	300 000	208 000
费用（元）		
面粉	100 000	78 000
白砂糖	50 000	35 000
鲜奶	—	10 000
鲜鸡蛋	60 000	—
其他	30 000	33 000
面点师工资	10 000	10 000
折旧费（车间）	8 000	8 000
维修费	1 600	1 600
管理人员工资	4 000	4 000
办公费	2 500	2 500
⋮	⋮	⋮

问题

（1）瑧瑧公司转产"瑧瑧面点糕"可行吗？

（2）试计算2023年3月份其他两种食品的贡献毛益。

（3）瑧瑧公司如何才能使销售量上升？

分析过程

（1）瑧瑧公司转产"瑧瑧面点糕"的可行性。

由于瑧瑧公司原有的热狗面包销售市场几乎丧失殆尽，且原有设备又暂时无法处置，因此，只要转产的"瑧瑧面点糕"贡献毛益大于固定成本就可行，这样至少可缓解该公司目前的困境。

第一步，根据市场调查，将"瑧瑧面点糕"的成本分解成固定成本和变动成本。

根据表4-5，可以确定"瑧瑧面点糕"固定成本是：

折旧费 2 000

设备维修费 850

管理人员工资 12 000

办公费 2 500

合计：17 350（元）

每筐"瑧瑧面点糕"的变动成本是：

面粉 12

鲜鸡蛋 9

白砂糖 2.5

面点师工资 3

水、电费 2

包装袋等其他 2

合计：30.5（元）

第二步，计算单位贡献毛益。

单位贡献毛益=单价-单位变动成本=39-30.5=8.5（元/筐）

第三步，计算贡献毛益。

贡献毛益=单位贡献毛益×销售量

各月贡献毛益见表4-8。

表4-8 **瑧瑧公司贡献毛益计算表**

月 份	销售量（筐）	单位贡献毛益（元/筐）	贡献毛益（元）
4	6 050	8.5	51 425
5	6 000	8.5	51 000
6	5 650	8.5	48 025
7	5 580	8.5	47 430
8	5 020	8.5	42 670
9	5 480	8.5	46 580
10	5 820	8.5	49 470
11	6 100	8.5	51 850
12	6 050	8.5	51 425
合计	51 750	8.5	439 875

第四步，结论。

通过上面的定量分析可以看到，每个月的贡献毛益都大于当月的相关固定成本17 350元；4—12月可得贡献毛益439 875元，超过固定成本283 725元（439 875-17 350×9），因此是可行的。

（2）计算2023年3月份主食面包和老式酸面包的贡献毛益。

这属于多产品贡献毛益的计算，可以先分别计算各种产品的贡献毛益，然后再汇总；也可以综合计算，即：

贡献毛益=$\sum$（每种产品销售收入 - 该种产品变动成本）

或　　　　　　=产品销售收入总额-产品变动成本总额

2023年3月份贡献毛益见表4-9。

表4-9　　　　　　　　　　瑧瑧公司2023年3月份贡献毛益计算表　　　　　　　　单位：元

项目	主食面包	老式酸面包	合计
销售收入	300 000	208 000	508 000
减：变动成本	250 000	166 000	416 000
其中：面粉	100 000	78 000	178 000
白砂糖	50 000	35 000	85 000
鲜奶		10 000	10 000
鲜鸡蛋	60 000		60 000
其他	30 000	33 000	63 000
面点师工资	10 000	10 000	20 000
贡献毛益	50 000	42 000	92 000

（3）分析如何使销量上升。

瑧瑧公司面临激烈的市场竞争，应在保证质量的前提下，降低成本，从而降低价格（因为消费者在关心质量的同时，也关心价格）。另外，消费者的生活水平在提高、消费观念在变化，他们追求生活质量的提高、寻求消费的多样化，因此瑧瑧公司应该根据市场需求的变化，生产受消费者欢迎的食品，在保住原有市场份额的同时，扩大新产品的市场份额。由于缺少相关资料，这里不做定量分析。

　问题探讨　

在本案例中，由于固定资产不可转作他用，所以贡献毛益大于相关固定成本即可行。

是否所有方案都是贡献毛益大于固定成本（或相关固定成本）即可行？这值得进一步探讨。当贡献毛益大于固定成本（或相关固定成本）时，还要考虑该种产品与企业其他产品是否互补。如果这种产品排斥其他产品，那么还应做进一步分析，视其对其他产品的影响程度来决策。

【案例4-2】金辉建材商店多产品本量利分析

基本情况

金辉建材商店自1996年开始营业以来，一直经营各种建材和日杂用品。该商店因货真价廉、服务热情颇受当地消费者的信赖。近几年来，该商店销售量占整个市场销售量的70%，经济效益在周边同业中位于首位，多年来与各厂家建立了固定的协作关系，赢得了各厂家的信任。2022年年初，几个大的厂家派人找到该商店的经理金辉，欲将金辉建材商店作为其指定的代卖店。欲与金辉建材商店合作的厂家有：长岭石棉瓦厂，该厂的石棉瓦质量好，价位合理，近几年一直是老百姓的首选品种；A市第二玻璃厂，该厂的玻璃在当地很畅销；鼎鹿水泥厂，该厂的鼎鹿牌水泥是优质水泥，年年热销。这些厂家均可先将货物送上门，待销售后付款，如果有剩余，还可由厂家将货物取回，这样连周转资金都可节省下来。该商店的经理金辉开始进行市场调研。

金辉建材商店位于镇政府所在地，交通便利，近几年来，本镇及周围村民的生活水平不断提高，生活观念和消费意识不断转变，人们都想将原有的砖瓦房重建成楼房，以改善居住条件。据统计，在过去的两年中，本镇每年就有400余户兴建房屋，而且有上升趋势。同时，本镇最近才由乡转变成镇，镇里决定，在5年内，对本镇原有企业的办公场所，包括办公楼和生产车间、仓库进行改、扩建，同时还要新建几家企业。此外，还有外镇的需求，加在一起，预测每年需石棉瓦45 000块、水泥18 000袋、玻璃9 000平方米，而且它们的需求是呈比例的，一般比例为5∶2∶1。由厂家送货到镇上，一是货源得以保证；二是节约运费，降低成本；三是能树立良好的企业形象，在巩固原有市场占有率的同时，预计可扩大市场占有率5%以上。

厂家提供商品的进价是：石棉瓦12元/块、水泥14元/袋、玻璃8.5元/平方米；行业平均加价率为9.3%。金辉建材商店在市场平均价位以下制定的销售价为：石棉瓦13元/块、水泥15.2元/袋、玻璃9.2元/平方米。

如果将该商店作为代卖点，由厂家批量送货，还需租仓库两间，月租金为750元；招临时工一名，月工资为450元；每年需支付税金5 000元（估税）。

金辉经过一个月的调查，核算出过去几年经营石棉瓦、水泥、玻璃每年可获利润20 000元，他要重新预测代卖三种商品会带来多少利润，之后再做决定。

问题

（1）确定维持原有获利水平的销售量并进行决策。

（2）如果与厂家协作，年可获利多少？

（3）若想获利40 000元，代卖三种商品可行吗？

分析过程

此案例可采用多产品本量利分析法。在建筑过程中，石棉瓦、水泥、玻璃的耗用比例基本是稳定的，石棉瓦∶水泥∶玻璃=5∶2∶1，因此可以采用联合单位法分析。假定以玻璃为标准产品，具体分析如下：

将石棉瓦、水泥、玻璃三种商品作为联合产品，则：

联合单位变动成本=$\sum$每种产品的销售量比例×该种产品的单位变动成本

$$=5×12+2×14+1×8.5=96.5（元）$$

联合单价=$\sum$每种产品的销售量比例×该种产品的单价

$$=5×13+2×15.2+1×9.2=104.6（元）$$

固定成本=年租金+临时工年工资+年税金

$$=（750+450）×12+5\ 000=19\ 400（元）$$

（1）确定维持原有利润20 000元的联合单位销售量：

$$联合单位销售量的目标值=\frac{固定成本+目标利润}{联合单价-联合单位变动成本}$$

$$=\frac{19\ 400+20\ 000}{104.6-96.5}=4\ 864（联合单位）$$

实现原有利润20 000元的各种商品销售量：

石棉瓦销售量=石棉瓦销售量比例×联合单位变动成本

$$=5×4\ 864=24\ 320（块）$$

水泥销售量=水泥销售量比例×联合单位变动成本

$$=2×4\ 864=9\ 728（袋）$$

玻璃销售量=玻璃销售量比例×联合单位变动成本

$$=1×4\ 864=4\ 864（平方米）$$

根据调查，可预测金辉建材商店的年销售量为：

石棉瓦的年销售量=45 000×75%=33 750（块）

水泥的年销售量=18 000×75%=13 500（袋）

玻璃的年销售量=9 000×75%=6 750（平方米）

三种商品的销售量折合6 750联合单位，大于实现20 000元利润的销售量，所以可以与各厂家协作，将该商店作为厂家代卖店。

（2）预计年获利水平：

预计利润=（联合单价-联合单位变动成本）×预计销售量-固定成本

$$=（104.6-96.5）×6\ 750-19\ 400=35\ 275（元）$$

根据调查，可预计年获利润35 275元。

（3）若想实现40 000元利润，需要进行下列分析：

①降低单位变动成本。经与各厂家商议，单位变动成本即各厂家送货价格已不能再下降，所以降低单位变动成本不可行。

②降低固定成本。由于厂家集中送货，考虑到运输成本，只能批量送货，所以必须租仓库，且租金不能下调，工资不能下降，税金由税务机关依据相关法规核定，即降低固定成本不可行。

③提高价格。该商店现有定价低于市场平均价格，有一定的涨价空间，但必须保证提高价格后仍不超过市场平均价格或行业允许加价额度，否则将会影响市场销售。

单价的目标值=（固定成本+目标利润）÷预计销售量+单位变动成本

$$=（19\ 400+40\ 000）÷6\ 750+96.5=105.3（元）$$

单价的目标值低于市场平均价格 105.47 元（96.5×109.3%），不会影响销售量，所以将联合单价提高到 105.3 元就可实现目标利润 40 000 元，即：

石棉瓦单价=12×105.3÷96.5=13.09（元）

水泥单价=14×105.3÷96.5=15.28（元）

玻璃单价=8.5×105.3÷96.5=9.28（元）

④扩大销售量。该商店预计占有整个市场份额的 75%，这已经是比较乐观的占有率了，想达到更高的市场占有率，必须追加较高的费用，所以通过扩大销售量实现目标利润 40 000 元不可行。

通过上述分析，只有提高售价，才能实现目标利润 40 000 元。

第三部分　实训练习

一、填空题

1.本量利分析是管理会计研究企业在一定期间（　　）、（　　）和（　　）三者之间关系的一种专门方法。

2.损益均衡点是指（　　），其表现形式有（　　）和（　　）两种。

3.影响利润变动的因素主要有（　　）、（　　）、（　　）和（　　）；其中（　　）敏感性最大，（　　）敏感性最小。

4.超过保本点的安全边际所提供的贡献毛益额等于（　　），因为保本点业务量所提供的贡献毛益恰好能够补偿（　　）。

二、单项选择题

1.在本量利分析中，必须假定产品成本的计算基础是（　　）。

A.完全成本法　　　　　　　　B.制造成本法

C.变动成本法　　　　　　　　D.吸收成本法

2.我国管理会计中，本量利分析的目标利润通常指（　　）。

A.息税前利润　　　　　　　　B.营业利润

C.利润总额　　　　　　　　　D.净利润

3.超过保本点的（　　）即为利润。

A.销售额　　　　B.销售量　　　　C.安全边际　　　　D.边际贡献

4.在其他条件不变的情况下，单位变动成本的提高，将导致保本点的位置（　　）。

A.上升　　　　B.下降　　　　C.不变　　　　D.不确定

三、多项选择题

1.下列项目中，属于本量利分析研究的内容有（　　）。

A.销量与利润的关系　　　　　B.成本、销量与利润的关系

C.产量与成本的关系　　　　　D.产品质量与成本的关系

2.安全边际指标的表现形式有（　　　）。

A.安全边际量　　　　　　　　　　B.安全边际额

C.安全边际率　　　　　　　　　　D.贡献边际率

3.下列影响保本点的因素中，（　　　）将与保本点的变动呈同向变化趋势。

A.单价　　　　B.单位变动成本　　　C.固定成本总额　　　D.销售量

4.企业经营安全程度的评价指标包括（　　　）。

A.保本点　　　　B.安全边际　　　　C.安全边际率　　　　D.保本作业率

四、实训业务

【习题4-1】安华公司生产紫砂产品4 000件，单价为60元，单位变动成本为37.5元，固定成本为66 000元。

要求：计算该产品的单位贡献毛益、贡献毛益、营业利润、贡献毛益率和变动成本率。

【习题4-2】龙腾公司生产并销售紫砂产品"发财吼"，单价为50元，单位变动成本为30元，固定成本为30 000元。

要求：（1）用列式计算法计算保本量和保本额。

（2）用图示法绘制基本式保本图。

（3）用图示法绘制贡献毛益式保本图。

【习题4-3】完达公司计划生产甲、乙、丙三种产品，三种产品的固定成本为94 000元，产销相关资料见表4-10。长江公司计划生产A、B、C三种产品，三种产品的固定成本为94 000元，产销相关资料见表4-11。

表4-10　　　　　　完达公司甲、乙、丙三种产品产销相关资料　　　　　　金额单位：元

项　目	甲产品	乙产品	丙产品
产销量（件）	1 500	4 000	1 000
单价	48	37.5	28
单位变动成本	30	22.5	16.5

表4-11　　　　　　长江公司A、B、C三种产品产销相关资料　　　　　　金额单位：元

项　目	A产品	B产品	C产品
单价	75	56	40
单位变动成本	48	35	24.8
销售比重（%）	10	40	50

要求：根据完达公司和长江公司的资料，用加权平均贡献毛益率法计算各种产品的保本额和保本量。

【习题4-4】A、B、C、D四家公司在2022年只生产一种产品，并且产销平衡，产销情况见表4-12。

表4-12		A、B、C、D四家公司产品产销情况			金额单位：元	
公司	销售量（件）	销售收入	变动成本	单位贡献毛益	固定成本	营业利润
A		50 000		4	10 000	10 000
B	8 000		40 000	3		9 000
C	3 000	45 000			18 000	-3 000
D	9 000	81 000	45 000		20 000	

要求：根据本量利原理和贡献毛益原理，在表4-12中的空白处填写数据，并写出计算过程。

【习题4-5】假设中宇公司仅产销一种产品，每件售价为20元，正常产销量为500 000件，成本资料见表4-13。

表4-13	中宇公司成本资料	
项　目		金　额
生产成本	直接材料	5元/件
	直接人工	2元/件
	变动制造费用	2元/件
	固定制造费用	300 000元
销售费用	变动销售费用	1元/件
	固定销售费用	25 000元
管理费用	变动管理费用	0.5元/件
	固定管理费用	80 000元

要求：（1）计算贡献毛益率和变动成本率。

（2）计算保本量和保本额。

（3）计算安全边际率。

（4）计算验证：利润率=安全边际率×贡献毛益率。

（5）假定企业所得税税率为25%，如果要实现税后目标利润70 000元，计算所需实现的销售量及销售额。

【习题4-6】乾成公司生产甲、乙、丙、丁四种产品，产销计划分别为2 000台、3 000台、1 000台和5 000台，单价分别为100元、150元、80元和60元，单位变动成本分别是80、100元、40元和30元，计划期内固定成本为200 000元。

要求：分别用加权平均贡献毛益率法和联合单位法计算各种产品的保本额和保本量。

【习题4-7】宜兴紫砂摆件小金蟾的单价为4元，单位变动成本为2.4元，固定成本为80 000元，本年度实现销售量200 000件。

要求：计算所有利润影响因素的敏感系数。

【习题4-8】富华公司今年产销A产品10 000件，单价为26元，变动成本率为70%，固定成本为18 000元。假设计划期内A产品的售价和成本水平均无变动，经过市场调查，富华公司打算在计划期内使A产品的销售量增长18%。

要求：运用经营杠杆预测富华公司在计划期内将实现的经营利润。

【习题4-9】海椰股份有限公司今年准备生产一批装饰品，根据资料计算，每个装饰品的单位变动成本为80元，生产过程中应分担固定成本10 000元。假设每个装饰品的售价为150元。

要求：采用贡献毛益分析法预测海椰股份有限公司该批装饰品的保本点。

【习题4-10】华维公司计划生产和销售A、B、C三种产品（假设产销平衡），固定成本为22 000元。三种产品的产销量、单价、单位变动成本的资料见表4-14。

表4-14　　　　　　　　　　华维公司产品的产销资料

项　　目	A产品	B产品	C产品
产销量（台）	40	60	80
单价（元）	1 200	2 000	2 400
单位变动成本（元）	600	1 000	1 100

要求：（1）根据上述资料，编制加权平均贡献毛益率计算表（见表4-15）。

表4-15　　　　　　　　华维公司加权平均贡献毛益率计算表

项目	A产品	B产品	C产品	合计
销售量（台）				
单价（元）				
单位变动成本（元）				
单位贡献毛益（元）				
贡献毛益率				
销售收入（元）				
销售比重				
加权平均贡献毛益率				

（2）计算华维公司全部产品的综合保本额。

（3）把华维公司全部产品综合保本额分解为A、B、C产品的保本额。

第四章在线测试　　　　　　　　　第四章实训练习参考答案

预测分析

第一部分 基础知识

一、预测分析概述

(一) 预测分析的含义

预测分析就是根据有关会计资料及其他资料,运用科学的方法,对企业生产经营的发展趋势作出预测。预测分析是为决策分析服务的,前者是后者的基础,是决策科学化的前提条件。决策分析是根据预测分析的各种结果,权衡利害得失,从两个或两个以上备选方案中作出最优抉择(即使备选方案只有一个,也要作出采纳或不采纳的决定)。很明显,若没有符合客观实际的预测,要作出令人满意的决策是不可能的。在实际工作中,为了合理地规划企业的经营活动,必须把预测分析与决策分析紧密联系起来,这样才能相得益彰。所以,企业生产经营预测是编制计划、作出决策的重要组成部分。

(二) 预测分析的理论依据

任何经济过程的发展都有一定的规律性,人们在认识和掌握规律性的基础上开展科学的预测,也就是说,科学的预测是有理论依据的。

1.可知性原理

任何事物的发展变化都有规律可循,这些规律是可以为人们所认识和掌握的。正是这种事物发展的可知性,才使人们可以进行生产经营预测。

2.可能性原理

作为预测对象的事物,其发展趋势具有多种可能性,而不是只有一种可能性。

3.连续性原理

未来是过去和现在的继续和延伸，了解过去和现在是预测未来生产经营的基础和出发点，是定量分析法的基本依据。

（三）预测分析遵循的基本原则

1.相关性原则

在企业生产经营过程中，某些经济变量之间存在相互依存、相互制约的关系。根据相关性原则，可以利用对某些经济变量的分析来推测受它们影响的另一个（或另一些）经济变量发展的规律。因果预测分析法就是基于这条原则而建立的。

2.延续性原则

在企业生产经营过程中，过去和现在的某种发展规律将会延续下去，而且决定过去和现在发展的条件同样适用于未来。根据这条原则，预测分析可以把未来视作历史的延伸进行推测。趋势预测分析法就是基于这条原则而建立的。

3.相似性原则

在企业生产经营过程中，不同的（一般是无关的）经济变量所遵循的发展规律有时会相似，因此，预测分析可以利用已知经济变量的发展规律类推出未知变量的发展趋势。判断分析法就是基于这条原则而建立的。

4.统计规律性原则

企业在生产经营过程中，对于某个经济变量所做的一次观测结果往往是随机的，但多次观测的结果会有某种统计规律性。根据这条原则，预测分析就可以利用概率分析及数理统计方法进行推测。回归分析法就是基于这条原则而建立的。

（四）预测分析的方法

预测分析的方法可分为定性分析法和定量分析法两大类。

1.定性分析法

定性分析法也称为非数量分析法，它是一种综合性的预测方法，即主要依靠具有丰富实践经验以及分析、推理能力都很强的专家或专业人员进行主观判断的方法。

2.定量分析法

定量分析法又叫数量分析法，主要运用数学方法对有关数据进行加工处理，建立预测分析的数学模型以揭示有关变量之间的规律性关系的一种定量分析方法。

（五）预测分析的一般程序

1.确定预测目标

确定预测的具体指标和内容，以及预测指标的范围、时间期限及数量单位等内容。

2.收集、分析信息

预测分析必须具备系统的、准确的相关信息及其他有关原始资料和数据。收集的信息既要完整、全面，又要具有可靠性。有些信息还需进行加工、整理、归纳、鉴别，"去伪存真，去芜存精"，找出各相关因素之间相互依存、相互制约的关系，并从中发现事物发展的规律，作为预测的依据。

3.选择预测方法

对于定性预测，要选定方法，建立逻辑思维模型，并拟定预测的调查提纲；对于定量预测，要选择预测分析的专门方法，建立数学模型。

4.实际进行预测

运用选定的预测方法和建立的模型，分别进行定量分析和定性分析，并得出实事求是的预测结果。

5.验证和评价预测结果

经过一段时间后，将实际数与预测数比较，检查过去预测的结果是否准确，并找出误差原因，以便及时对原来选择的预测方法加以修正。这是一个反复进行信息、数据处理和选择判断的过程，也是多次进行反馈的过程。

6.修正预测结果

原来用定量方法进行的预测常常由于某些因素的数据不充分或无法定量而影响预测的精度，这就需要用定性方法考虑这些因素的影响，并修正定量预测的结果。原来用定性方法预测的结果往往也需用定量方法加以修正、补充，使预测结果更接近实际。总之，这个过程是定量分析与定性分析相结合的过程。

7.报告最后预测结论

根据上一阶段的修正、补充，把最后的预测结论报告给有关人员。

二、销售预测分析

（一）趋势预测分析法

趋势预测分析法就是依据事物发展的延续性原则来预测事物的发展趋势。首先把企业的销售历史资料按时间顺序排列，然后运用数学方法来预计、推测计划期的销售量或销售额，所以也称时间序列预测分析法。这类方法的优点是收集信息方便、迅速；缺点是对市场供需情况的变动趋势未加以考虑。

趋势预测分析法根据所采用的具体数学方法的不同，又可分为算术平均法、移动加权平均法、指数平滑法、回归分析法和二次曲线法。

1.算术平均法

算术平均法是以过去若干期的销售量或销售额的算术平均数作为计划期的销售预测值。其计算公式为：

$$计划期销售预测值（\bar{x}）=\frac{各期销售量（额）之和}{期数}=\frac{\sum x_t}{n}$$

2.移动加权平均法

移动加权平均法是先根据企业所掌握的若干期销售量或销售额，按其距离预测期的远近分别进行加权（近期所加的权数大些，远期所加的权数小些），然后计算其加权平均数，并以此作为计划期的销售预测值。其计算公式为：

计划期销售预测值（$\bar{x}$）=各期销售量（额）分别乘其权数之和

$$=\sum w_i x_i$$

上述公式只代表预测期前一定期间的实际销售水平。有些统计学者认为，为了能反映近期的销售发展趋势，应在上述公式内再加上平均每月的销售变动趋势值（b），这样才能作为计划期的销售预测值。因此，上述公式可修订为：

计划期销售预测值（$\bar{x}$）= $\sum w_i x_i + b$

$$\frac{\text{平均每月销售}}{\text{变动趋势值}}（b）=\frac{\dfrac{\text{后一季度每月平均}}{\text{实际销售量（额）}}-\dfrac{\text{前一季度每月平均}}{\text{实际销售量（额）}}}{3}$$

3.指数平滑法

采用指数平滑法预测计划期销售量或销售额时，需要导入平滑系数α（它的值要求大于0且小于1，一般取值在0.3与0.7之间）进行测算。其计算公式为：

计划期销售预测值（$\bar{x}$）=平滑系数×上期实际销售数+（1-平滑系数）×上期预测销售数

$$=\alpha A+（1-\alpha）F$$

4.回归分析法

回归分析法是根据y=a+bx直线方程式，按照数学上最小平方法的原理来确定一条能正确反映自变量x与因变量y之间误差的平方和最小的直线。这条直线就是回归直线，它的常数项a与系数b的值可按下列公式计算：

$$a=\frac{\sum y - b\sum x}{n}$$

$$b=\frac{n\sum xy - \sum x \cdot \sum y}{n\sum x^2 - (\sum x)^2}$$

5.二次曲线法

当企业销售历史资料明显地呈现曲线趋势时，应按一元二次曲线方程建立销售预测的曲线回归数学模型，在管理会计中，这就叫作销售预测的二次曲线法。二次曲线的基本公式为：

$$y=a+bx+cx^2$$

用上述公式来预测销售，令y为销售额，x为观测值的间隔期，a为曲线的截距，b为x的系数，c为x^2的系数。

根据上述公式及实际所收集的一组观测值（n个），即可建立一组决定二次曲线的联立方程式：

$$\sum y = na + b\sum x + c\sum x^2 \tag{5-1}$$

$$\sum xy = a\sum x + b\sum x^2 + c\sum x^3 \tag{5-2}$$

$$\sum x^2 y = a\sum x^2 + b\sum x^3 + c\sum x^4 \tag{5-3}$$

采用二次曲线法与采用回归分析法一样，由于所有观测值是按时间顺序排列的，其间隔期（x）的间距是相等的，故可采用简捷的办法令$\sum x=0$，$\sum x^3=0$。这样，上述联立方程式就可简化为：

$$\begin{cases} \sum y = na + c\sum x^2 & \text{(5-4)} \\ \sum xy = b\sum x^2 & \text{(5-5)} \\ \sum x^2 y = a\sum x^2 + c\sum x^4 & \text{(5-6)} \end{cases}$$

式（5-5）移项，得：

$$b = \frac{\sum xy}{\sum x^2} \tag{5-7}$$

$$a = \frac{\sum x^4 \cdot \sum y - \sum x^2 \cdot \sum x^2 y}{n\sum x^4 - (\sum x^2)^2} \tag{5-8}$$

$$c = \frac{n\sum x^2 y - \sum x^2 \cdot \sum y}{n\sum x^4 - (\sum x^2)^2} \tag{5-9}$$

把 a、b、c 的值代入二次曲线的基本公式 $y=a+bx+cx^2$，即可进行销售预测。

在计算求解过程中，间隔期的排列与数值的确定均与回归分析法相同。

（二）因果预测分析法

因果预测分析法是利用事物发展的因果关系来推测事物发展趋势的方法。它一般是根据过去掌握的历史资料，找出预测对象的变量与其相关事物的变量之间的依存关系，建立相应的因果预测的数学模型，然后通过对数学模型的求解来确定预测对象在计划期的销售量或销售额。

因果预测所采用的具体方法最常用且最简单的是最小平方法，亦称回归分析法。

如前文所述，设 x 为影响预测对象的相关因素的销售量（或销售额），即自变量；y 为预测对象的销售量（或销售额），即因变量；根据直线方程式 y=a+bx，按照数学上最小平方法的原理来确定一条能正确反映自变量 x 与因变量 y 之间误差平方和最小的直线（即回归直线）。它的常数项 a 与系数 b 的值可按下列公式计算：

$$a = \frac{\sum y - b\sum x}{n}$$

$$b = \frac{n\sum xy - \sum x \cdot \sum y}{n\sum x^2 - (\sum x)^2}$$

求得 a 与 b 的值后，结合计划期自变量（x）的预计销售量或销售额的信息，代入计划期 y=a+bx 的公式，即可求得预测对象（y）的预计销售量或销售额。

（三）判断分析法

判断分析法就是邀请具有丰富实践经验的经济专家、经销商或本企业的经理人员、销售人员，对计划期产品的销售情况进行综合研究，并作出预测的方法。该方法一般适用于不具备完整可靠的历史资料、无法进行定量分析的企业。

1.专家判断法

它是指向学有专长、见识广博的经济专家（指本企业或同行企业的高级管理者、销售部门经理、经销商和其他外部专家，但不包括顾客和销售人员）进行咨询，并根据他们多年的实践经验和判断能力对计划期产品的销售量或销售额作出预测的方法。听取专家意见的方式多种多样，最主要的有以下几种：

（1）个人意见综合判断法，先向各位专家征求意见，要求他们对本企业产品销售的未来趋势和当前的状况作出个人判断，然后把各种不同意见加以综合，形成一个销售预测值。

（2）专家会议综合判断法，先把专家们分成若干预测小组，然后分别召开各种形式的会议共同商讨，最后把各小组意见加以综合，形成一个集体判断的销售预测值。

（3）模拟顾客综合判断法，先请各位专家模拟各种类型的顾客，通过比较本企业和竞争对手的产品质量、售后服务和销售条件等作出购买决策，然后把这些"顾客"准备购买本企业产品的数量加以汇总，形成一个销售预测值。

（4）德尔菲法，先通过函询方式分别向专家征求意见，然后把各位专家的意见汇集在一起，并采用背对背方式反馈给其他专家，请他们参考别人的意见修正本人原来的判断。如此反复4~5次，最后集各位专家之所长，对销售预测值作出综合判断。

2.销售人员意见综合判断法

这种方法就是先由本企业的销售人员根据他们的主观判断，把各个（或各类）顾客的销售预测值填入卡片或表格，然后由销售部门经理加以综合来预测企业产品在计划期的销售量或销售额。销售人员意见综合判断法一般适用于直接销售给数量不多的顾客，同时这些顾客又能事先告知未来需求量的产品，如机械产品。应该注意的是：这种方法在最后综合时，销售人员和销售部门经理的预测值可采用算术平均法或加权平均法来确定。

3.经理人员意见综合判断法

这种方法就是先由企业经理人员，特别是那些熟悉销售业务、能预测销售发展趋势的销售主管人员，以及各地经销商负责人，根据他们多年的实践经验和判断能力，对计划期销售量（或销售额）进行预估，然后博采众长，用加权平均法作出综合判断。该方法的优点是快捷、实用；其缺点是主观因素较多，所作出的估计和判断易受人们乐观或悲观心理状态的影响。在采用这种方法之前，必须向预测人员提供近期政治、经济形势和市场调查分析资料，并组织他们座谈讨论，然后把各种意见综合起来并作出判断。

三、成本预测分析

企业为了提高竞争力，实现目标利润，增加企业价值，必须重视降低产品成本的问题。成本的降低不仅要注重成本计算和事后的成本分析，更要在事前进行成本预测。成本预测与销售预测一样，必须有过去的和现在的本企业与其他企业同类产品的有关数据作为基础。

首先，成本预测需要提出目标成本草案。目标成本是指在一定时期内产品成本应达到的标准，其形式是标准成本、计划成本。在确定目标利润的基础上，通过市场调查，先确定一个适当的销售单价，然后减去按目标利润计算的单位产品利润和应交纳的税费，将结果作为该产品进行生产的目标成本。这样做有利于使目标成本与目标利润水平保持一致，在实际工作中多采用此法。此外，还可以将本企业基期的实际平均成本扣减成本降低率后的数据作为目标成本。这种做法的缺点是：目标成本没有与目标利润挂钩，两者的水平不能协调一致。

其次，根据本企业产品成本的历史资料，按照成本性态原理，应用数理统计方法推测成本的发展趋势。成本的发展趋势一般可用直线方程式来反映，即：

$y=a+bx$

只要求出 a 与 b 的值，就可根据方程式来预测在任何产量（x）下的产品总成本（y）。

必须注意的是：作为预测依据的历史资料所选的时期不宜过长，也不宜过短。因为经济形势发展很快，所选的时期过长则失去可比性，过短则不能反映成本变动的趋势，以最近 3~5 年的历史资料为宜。另外，对于历史资料中某些金额较大的偶然性费用（如意外的停工损失、材料或产品的盘盈或盘亏等），在引用时应予以剔除。

进行成本预测最常用的方法有高低点法、加权平均法、回归分析法三种。

1.高低点法

高低点法是选用一定时期历史资料中最高产量和最低产量的产品总成本之差（Δy）与两者产量之差（Δx）进行对比，先求出单位变动成本（b）的值，然后再求出固定成本（a）的值，并据此推算出在计划期一定产量下的总成本与单位成本。其计算公式如下：

$$b=\frac{\Delta y}{\Delta x}$$

再将 b 的值代入高点或低点的总成本公式，通过移项即可求得 a 的值：

$a=y_{高}-bx_{高}$

$a=y_{低}-bx_{低}$

b 与 a 的值求得后，再代入计划期的总成本公式 $y=a+bx$，即可求得计划期产品的总成本和单位成本的预测值。

高低点法是一种简便易行的预测方法。若企业产品成本的变动趋势比较稳定，采用此法比较适宜；若企业产品的各期成本变动幅度较大，采用该法则会出现较大的误差。

2.加权平均法

加权平均法根据过去若干期的单位变动成本和固定成本的历史资料，按其距计划期的远近分别进行加权。距计划期越近，对计划期的影响越大，故所加权数应大些；反之，距计划期越远，对计划期的影响越小，故所加权数应小些。另外，为了计算简便，加权时可令 $\sum w=1$，情况与销售预测相同。其计算公式如下：

$$y=\sum a_i w_i+\left(\sum b_i w_i\right)x$$

加权平均法一般适用于企业的历史成本资料具有详细的 a 和 b 数据的情况；否则，就只能采用高低点法或回归分析法。

3.回归分析法

回归分析法是应用数学上最小平方法的原理确定一条反映 y=a+bx 直线方程式中业务量 x 与成本 y 之间误差平方和最小的直线，即回归直线。如前文所述，a 与 b 的值可按下列公式确定：

$$a=\frac{\sum y - b\sum x}{n}$$

$$b=\frac{n\sum xy - \sum x \cdot \sum y}{n\sum x^2 - (\sum x)^2}$$

上述成本预测的三种最常用的方法，虽然都是根据成本的历史资料进行数学推导而来，在一定程度上能反映成本变动的趋势，但它们未考虑企业的外部条件（如市场的供需情况，国家的方针、政策，原材料的供应和运输条件，以及信贷利率等）的变动，这就必然会影响预测分析的准确性。为了使成本预测更加接近实际，在采用数学公式推导的同时，还必须与企业主管部门的经验判断结合起来，缜密地进行分析研究，才能从中得出实事求是的预测结论。此外，成本预测还应特别重视抓好产品的设计和研制环节，不仅要求技术上适宜，而且要讲究经济上合理。

四、利润预测分析

利润是一个综合性很强的经济指标。在市场经济条件下，利润是企业在一定会计期间的经营成果，是销售收入减去与其相配比的各项费用后的差额。企业在一定期间内财务活动和经营管理工作的好坏，最终都要在利润指标上反映出来。

（一）预测利润的常用方法

1.应用本量利分析的基本公式进行预测

预计利润（P′）=单价×销售量-（固定成本+单位变动成本×销售量）

　　　　　　　=px-（a+bx）

2.应用贡献毛益分析法进行预测

（1）预计利润（P′）=贡献毛益-固定成本

　　　　　　　　　=（单价×销售量-单位变动成本×销售量）-固定成本

　　　　　　　　　=TCM-a

　　　　　　　　　=px-bx-a

（2）预计利润（P′）=单位贡献毛益×销售量-固定成本

　　　　　　　　　=UCM·x-a

（3）预计利润（P′）=单价×销售量×贡献毛益率-固定成本

　　　　　　　　　=px·CMR-a

（4）预计利润（P′）=贡献毛益×贡献毛益创利率

　　　　　　　　　=贡献毛益×（1-贡献毛益保本率）

　　　　　　　　　=TCM（1-$\frac{a}{TCM}$×100%）

3.应用经营杠杆分析方法进行预测

预计利润（P'）=基期利润×（1+销售变动率×经营杠杆）

$$=P（1+R·DOL）$$

4.应用安全边际法进行预测

预计利润（P'）=安全边际量×单位贡献毛益

$$=MS_u·UCM$$

预计利润（P'）=安全边际额×贡献毛益率

$$=MS_d·CMR$$

（二）确定目标利润的常用方法

1.根据基期销售利润率确定目标利润

$$销售利润率=\frac{营业利润}{销售收入}×100\%$$

或 =贡献毛益率×安全边际率

目标利润=预计销售收入×基期销售利润率

2.根据基期资金利润率确定目标利润

$$资金利润率=\frac{营业利润}{资金平均占用额}×100\%$$

目标利润=预计资金平均占用额×基期资金利润率

3.根据基期产值利润率确定目标利润

$$产值利润率=\frac{营业利润}{工业总产值}×100\%$$

目标利润=预计工业总产值×基期产值利润率

上述三个公式中的"营业利润"通常是指息税前利润（EBIT）。

【思政小课堂】

党的二十大报告提出："高质量发展是全面建设社会主义现代化国家的首要任务。"高质量发展是宏观经济稳定性增强的发展。富有竞争力的企业是高质量发展的微观基础。管理会计与生俱来的管理属性能够帮助企业兼顾发展与风险平衡、质量与效益平衡、创新与韧性平衡。因此，构建以管理会计为核心的精细化管理体系是中国企业实现高质量发展的必要条件。企业高质量发展对管理会计体系提出了如下要求：

（1）高质量的数据基础。管理会计的本质是建立在数据收集、分析基础之上的量化管理。掌握丰富、高质量的基础数据是企业实现高质量发展对管理会计提出的第一个挑战。

（2）敏捷的响应能力。在VUCA时代，企业的商业模式和经营状况充满了变数，要求管理会计体系具备敏捷响应前端业务变化的能力，能够实时获取第一手的业务端信息并及时捕捉到变化中的管理需求。

（3）快速看透数据的能力。数字化时代管理会计的最大价值就是通过对数据的挖掘分析，找到数据背后的逻辑和规律，从而赋能企业业务发展。

（4）业务、财务、技术融合的能力。将管理会计高效运用到企业发展全过程，必须实现业务、财务和技术的融合和统一，做到以管理会计创新管理协同赋能企业具体业务场景，以业务发展丰富管理会计应用场景。[①]

思政元素：高质量发展，创新，融合

第二部分　实例分析

【例5-1】天红福业公司2022年7—12月份钢材销售的历史资料见表5-1，请用算术平均法预测2023年1月份钢材的销售量。

表5-1　　　　　　　　　天红福业公司钢材销售的历史资料

月　份	7	8	9	10	11	12
钢材（吨）	100	150	200	150	200	250

【解】把表5-1中的数据代入公式：

$$\bar{x}=\frac{\sum x_i}{n}=\frac{100+150+200+150+200+250}{6}=175（吨）$$

2023年1月份钢材销售量的预测值在175吨左右。

【例5-2】天红福业公司的资料同例5-1，请用移动加权平均法预测2023年1月份钢材的销售量（令$\sum w=1$（$w_1=0.2$，$w_2=0.3$，$w_3=0.5$））。

【解】（1）计算平均每月的销售变动趋势值（b）。

$$第三季度月平均实际销售量=\frac{100+150+200}{3}=150（吨）$$

$$第四季度月平均实际销售量=\frac{150+200+250}{3}=200（吨）$$

$$b=\frac{200-150}{3}≈17（吨）$$

（2）$\bar{x}=\sum w_i x_i+b=150×0.2+200×0.3+250×0.5+17=232（吨）$

2023年1月份钢材销售量的预测值在232吨左右。

【例5-3】假定南月煤矿2022年12月份煤炭的实际销售量为144吨，原来预测12月份的销售量为148吨。若平滑系数为0.7，请用指数平滑法预测2023年1月份煤炭的销售量。

【解】$\bar{x}=\alpha A+（1-\alpha）F=0.7×144+（1-0.7）×148$

$　　　　=145.2（吨）$

【例5-4】南月煤矿2022年后6个月煤炭销售的历史资料见表5-2，请用回归分

① 管理会计研究网.二十大报告留给中国管理会计的五大考问［EB/OL］.［2024-01-09］.https：//mp.weixin.qq.com/s?　__biz=MzIwNzY3NTk1MA==&mid=2247492382&idx=1&sn=106a155e32cc7c3db6da1f922d82ef69&chksm=970c145fa07b9d49682e0299cf97dfa1035568e2f4807c92f66736e62fff29ebf0f138f765f9&scene=27.

析法预测2023年1月份煤炭的销售量。

表5-2　　　　　　　南月煤矿2022年后6个月煤炭销售的历史资料

月　份	7	8	9	10	11	12
销售量（吨）	138	136	142	134	146	144

【解】（1）若观测期的历史资料为2022年后6个月（偶数），可编制计算表，见表5-3。

表5-3　　　　　　　南月煤矿2022年后6个月煤炭成本计算表

月　份	间隔期（x）	销售量（y）	xy	x^2
7	-5	138	-690	25
8	-3	136	-408	9
9	-1	142	-142	1
10	1	134	134	1
11	3	146	438	9
12	5	144	720	25
n=6	$\sum x=0$	$\sum y=840$	$\sum xy=52$	$\sum x^2=70$

$$a=\frac{\sum y-b\sum x}{n}=\frac{\sum y}{n}=840\div6=140$$

$$b=\frac{n\sum xy-\sum x\cdot\sum y}{n\sum x^2-(\sum x)^2}=\frac{\sum xy}{\sum x^2}=52\div70=0.74$$

预计2023年1月份的间隔期（x）=5+2=7

预计2023年1月煤炭的销售量（y）=a+bx=140+0.74×7=145.18（吨）

（2）若观测期的历史资料为2022年后5个月（奇数），可编制计算表，见表5-4。

表5-4　　　　　　　南月煤矿2022年后5个月煤炭成本计算表

月　份	间隔期（x）	销售量（y）	xy	x^2
8	-2	136	-272	4
9	-1	142	-142	1
10	0	134	0	0
11	1	146	146	1
12	2	144	288	4
n=5	$\sum x=0$	$\sum y=702$	$\sum xy=20$	$\sum x^2=10$

$$a=\frac{\sum y - b\sum x}{n}=\frac{\sum y}{n}=702\div5=140.4$$

$$b=\frac{n\sum xy - \sum x\cdot\sum y}{n\sum x^2-(\sum x)^2}=\frac{\sum xy}{\sum x^2}=20\div10=2$$

预计2023年1月份的间隔期（x）=2+1=3

预计2023年1月份煤炭的销售量（y）=a+bx=140.4+2×3=146.4（吨）

【例5-5】菲利普电器公司2017—2022年手机的实际销售额资料见表5-5，请用二次曲线法预测2023年手机的销售额。

表5-5　　　　　　　　　菲利普电器公司2017—2022年手机的销售额

年　度	2017	2018	2019	2020	2021	2022
销售额（百万元）	12	24	18	40	38	68

【解】（1）将上述6年的历史资料进行加工处理，并编制计算表，见表5-6。

表5-6　　　　　　　　　　菲利普电器公司产品成本计算表

年　度	间隔期（x）	销售额（y，百万元）	xy	x^2	x^2y	x^4
2017	−5	12	−60	25	300	625
2018	−3	24	−72	9	216	81
2019	−1	18	−18	1	18	1
2020	1	40	40	1	40	1
2021	3	38	114	9	342	81
2022	5	68	340	25	1 700	625
n=6	$\sum x=0$	$\sum y=200$	$\sum xy=344$	$\sum x^2=70$	$\sum x^2y=2\,616$	$\sum x^4=1\,414$

（2）将表5-6最后一行数据代入公式，分别求出a、b、c：

$$a=\frac{\sum x^4\cdot\sum y-\sum x^2\cdot\sum x^2y}{n\sum x^4-(\sum x^2)^2}$$

$$=（1\,414×200-70×2\,616）\div（1\,414×6-70^2）=27.81$$

$$b=\frac{\sum xy}{\sum x^2}=344\div70=4.91$$

$$c=\frac{n\sum x^2y-\sum x^2\cdot\sum y}{n\sum x^4-(\sum x^2)^2}$$

$$=（6×2\,616-70×200）\div（1\,414×6-70^2）=0.47$$

销售预测公式为：

$$y=a+bx+cx^2=27.81+4.91x+0.47x^2$$

（3）2023年的间隔期（x）为7，则：

2023年预计销售量=27.81+4.91×7+0.47×7²=85.21（百万元）

【例5-6】非山轮胎厂专门生产汽车轮胎，而汽车销售量是决定轮胎销售量的主要因素。该厂所在省的汽车工业联合会2018—2022年的汽车实际销售量统计资料及非山轮胎厂2018—2022年的轮胎实际销售资料见表5-7。假定根据该厂所在省的汽车工业联合会的预测，2023年汽车销售量为25万辆，非山轮胎厂的市场占有率为35%。请用回归分析法为非山轮胎厂预测2023年的轮胎销售量。

表5-7　　　　　　　　汽车和轮胎销售量的历史资料

年　度	2018	2019	2020	2021	2022
汽车销售量（万辆）	10	12	15	18	20
轮胎销售量（万只）	64	78	80	106	120

【解】（1）在y=a+bx中，设y为轮胎销售量，x为汽车销售量，a为原来社会上拥有的汽车对轮胎的每年需要量，b为销售每万辆汽车对轮胎的需要量。

（2）根据给定的资料进行加工计算，并编制计算表，见表5-8。

表5-8　　　　　　　　非山轮胎厂成本计算表

年　度	汽车销售量（x）	轮胎销售量（y）	xy	x^2
2018	10	64	640	100
2019	12	78	936	144
2020	15	80	1 200	225
2021	18	106	1 908	324
2022	20	120	2 400	400
n=5	$\sum x=75$	$\sum y=448$	$\sum xy=7\,084$	$\sum x^2=1\,193$

（3）将表5-8最后一行数据代入公式，分别求出b、a：

$$b=\frac{n\sum xy-\sum x\cdot\sum y}{n\sum x^2-(\sum x)^2}$$

=（5×7 084-75×448）÷（5×1 193-75²）=5.35

$$a=\frac{\sum y-b\sum x}{n}$$

=（448-5.35×75）÷5=9.35

（4）将a与b代入计划期y=a+bx的公式进行预测：

2023年预计轮胎市场销售量=9.35+5.35×25=143.1（万只）

非山轮胎厂2023年预计轮胎销售量=143.1×35%=50.1（万只）

【例5-7】浔庐机床厂只产销甲机床，其2018—2022年的产量及历史成本数据见表5-9。现假定该厂2023年产量为120台。

表5-9 浔庐机床厂2018—2022年甲机床产量及历史成本数据

年 份	2018	2019	2020	2021	2022
产量（x）（台）	20	80	60	40	100
单位变动成本（b）（元）	600	300	450	550	400
固定成本（a）（元）	4 000	5 200	5 400	4 800	6 000

要求：（1）采用高低点法预测浔庐机床厂2023年甲机床的总成本和单位成本。

（2）加权时，令 $\sum w=1$（$w_1=0.03$，$w_2=0.07$，$w_3=0.15$，$w_4=0.25$，$w_5=0.5$），采用加权平均法预测浔庐机床厂2023年甲机床的总成本和单位成本。

（3）采用回归分析法预测浔庐机床厂2023年甲机床的总成本和单位成本。

【解】（1）高低点法。

从资料中找出产量最高与最低年度的产量与总成本的数据，见表5-10。

表5-10 产量高低点的有关数据

项 目	高 点	低 点	差 额
产量（x）（台）	100	20	$\Delta x=80$
总成本（y）（元）	6 000+400×100=46 000	4 000+600×20=16 000	$\Delta y=30 000$

$b=\dfrac{\Delta y}{\Delta x}=30\ 000\div80=375$（元）

将b值代入高点总成本公式并移项，得：

$a=y_{高}-bx_{高}=46\ 000-375\times100=8\ 500$

总成本预测公式为：

$y=8\ 500+375x$

预测2023年成本：

2023年甲机床总成本=8 500+375×120=53 500（元）

2023年甲机床单位成本=53 500÷120=445.83（元）

（2）加权平均法。

预测期甲机床总成本预测值为：

$y=\sum a_iw_i+\left(\sum b_iw_i\right)x$

= （4 000×0.03+5 200×0.07+5 400×0.15+4 800×0.25+6 000×0.5）+ （600×0.03+300×0.07+450×0.15+550×0.25+400×0.5）×120

=58 774（元）

甲机床单位成本=58 774÷120=489.78（元）

（3）回归分析法。

根据有关资料编制计算表，见表5-11。

表5-11 　　　　　　　　　　　甲机床成本计算表

年 份	产量（x）	总成本（y）	xy	x^2
2018	20	16 000	320 000	400
2019	80	29 200	2 336 000	6 400
2020	60	32 400	1 944 000	3 600
2021	40	26 800	1 072 000	1 600
2022	100	46 000	4 600 000	10 000
n=5	$\sum x=300$	$\sum y=150\,400$	$\sum xy=10\,272\,000$	$\sum x^2=22\,000$

将表5-11最后一行数据代入公式，先求b，后求a：

$$b=\frac{n\sum xy-\sum x\cdot\sum y}{n\sum x^2-(\sum x)^2}$$

$$=\frac{5\times10\,272\,000-300\times150\,400}{5\times22\,000-300^2}=312$$

$$a=\frac{\sum y-b\sum x}{n}$$

$$=\frac{150\,400-312\times300}{5}=11\,360$$

总成本预测公式为：

y=11 360+312x

将a与b的值代入计划期总成本公式，得：

2023年甲机床总成本=11 360+312×120=48 800（元）

2023年甲机床单位成本=48 800÷120=406.67（元）

第三部分　实训练习

一、填空题

1.预测分析的基本方法分为（　　　）和（　　　）两大类。趋势预测分析法的基本方法主要包括（　　　）、（　　　）、（　　　）、（　　　）和（　　　）。

2.预测分析的程序可概括为（　　　）、（　　　）、（　　　）、（　　　）、（　　　）、（　　　）和（　　　）。

3.企业生产经营的关键是（　　　），而该关键的基础又是（　　　）。

4.平滑系数的取值范围是（　　　），平滑系数的取值越大，则近期实际数值对预测值的影响就越（　　　）。

二、单项选择题

1.下列各项中，属于因果预测分析法的是（　　　）。

A.趋势平均法　　　B.平滑指数法　　　C.本量利分析法　　　D.移动平均法

2.下列不属于定量分析法的有（　　　）。

A.判断分析法　　　B.平滑指数法　　　C.回归分析法　　　D.移动平均法

3.在企业的预测系统中，处于先导地位的是（　　　）。

A.利润预测　　　　B.成本预测　　　　C.销售预测　　　　D.资金预测

4.采用加权平均法预测销售量时，确定各期权数的数值应满足的要求是（　　　）。

A.近小远大　　　B.近大远小　　　C.前后一致　　　D.逐期递减

三、多项选择题

1.企业在进行销售预测时，应考虑影响销售的各种因素。下列影响销售的因素中，属于内部因素的有（　　　）。

A.市场占有率　　　　　　　　　B.产品价格

C.产品的功能和质量　　　　　　D.推销方法

2.具体的成本预测方法包括（　　　）。

A.高低点法　　　　　　　　　　B.加权平均法

C.回归分析法　　　　　　　　　D.历史资料分析法

3.预测分析应遵循的基本原则有（　　　）。

A.相关性原则　　　　　　　　　B.延续性原则

C.相似性原则　　　　　　　　　D.统计规律性原则

4.在下列成本预测方法中，通过建立总成本预测数学模型 y=a+bx 进行成本预测的是（　　　）。

A.因果分析法　　　B.高低点法　　　C.加权平均法　　　D.回归直线分析法

四、实训业务

【习题5-1】连胜电器公司今年1—6月销售冰箱的历史资料见表5-12。

表5-12　　　　　　　　　　连胜电器公司销售冰箱的历史资料

月　份	1	2	3	4	5	6
冰箱（台）	490	480	500	505	498	512

要求：采用算术平均法预测今年7月份冰箱的销售量。

【习题5-2】红关啤酒公司今年2—4月销售啤酒的历史资料见表5-13。

表5-13　　　　　　　　　　红关啤酒公司销售啤酒的历史资料

月　份	2	3	4
啤酒（吨）	200	220	280
权重	0.2	0.3	0.5

要求：采用移动加权平均法预测今年5月份啤酒的销售量。

【习题5-3】红关啤酒公司今年8月份啤酒的实际销售量为256吨，原来预测8月份的销售量为238吨。现假定平滑系数为0.7。

要求：用指数平滑法预测今年9月份啤酒的销售量。

【习题5-4】甲企业只生产A产品，今年的实际销售量为2 000件，单价为300元，单位变动成本为140元，获利200 000元。

要求：（1）计算经营杠杆。

（2）若明年计划增加销售6%，预测可实现的利润。

（3）若明年目标利润为230 000元，计算应达到的销售量。

【习题5-5】乙企业生产的A产品今年1—6月份的产量及成本资料见表5-14。

表5-14　　　　　　　　　　　A产品的产量及成本资料

月　　份	1	2	3	4	5	6
产量（件）	40	42	45	43	46	50
总成本（元）	8 800	9 100	9 600	9 300	9 800	10 500

要求：采用回归分析法预测成本模型。

【习题5-6】甲企业生产和销售A、B两种产品，产品的单价分别为2元和10元，贡献毛益率分别是20%和10%，全年固定成本为45 000元。

要求：（1）假设全年A、B两种产品分别销售了50 000件和30 000件，计算保本额、保本量、安全边际量、安全边际额和预计利润。

（2）如果增加广告费5 000元，则A产品的销售量将增至60 000件，而B产品的销售量会减少到20 000件。计算此时的盈亏平衡点销售额，并说明采取这一广告措施是否合理。

第五章在线测试　　　　　　　　　　第五章实训练习参考答案

短期经营决策

第一部分　基础知识

一、决策分析概述

（一）决策分析的意义和特征

决策是指为了达到预定的目标，对两个及两个以上备选方案进行比较、分析，选择一个最优方案的过程。

决策分析是企业管理的核心，决策的正确与否关系到企业的兴衰存亡。企业生产经营活动的各个环节、各个方面都处在不断变化之中，管理者面对这些变化和不断出现的问题，都要找到解决办法。正确的决策必然会为企业带来良好的经济效益、社会效益。决策是企业经营活动的前提，而企业经营活动的结果也是对决策的检查，决策是企业经营管理的核心。决策分析具有以下特征：

1.面向未来的决策

决策面向的是未来的事项，其不是对过去活动简单的重复，也不可能完全脱离过去活动的影响。企业未来的事项是可以判断、推测的，但很难精确地予以量化，它的发生受到多种不确定因素的影响。决策的这个特征决定了我们在决策分析中应采用定性分析与定量分析相结合的方法。

2.明确的目标

决策是为了解决具体的问题，达到明确的目标，没有目标的决策是毫无意义的。决策目标的确定既为确定备选方案提供了前提，也为决策结果的评价提供了标准。

3.多种方案

决策的核心是分析、比较、评价、选优。如果可供选择的方案只有一个，根本无须评价、选择。只有备选方案为两个或两个以上时，才存在比较、分析、选择最优方案的问题。

4.以人为本

决策的结果是有一个入选方案，而这个方案总是由人来选择的。这就要求在决策过程中，在考虑方案本身优劣的同时，还要关注备选方案实施过程中执行人员对备选方案的适应程度。

（二）决策分析的原则

1.满意性原则

现代决策理论认为，满意性原则比最优化原则更符合客观实际，因而也更具实践价值。

2.合理配置资源原则

现代企业的一切经营活动都离不开对人力、物力、财力等资源的利用，但物力资源，特别是不可再生资源，往往是稀缺的。一般情况下，资源条件是决策方案实施的客观制约因素。因此，在决策中必须强调合理配置和充分利用稀缺资源；否则，决策方案的实施就失去了坚实的基础。

3.反馈原则

由于经济活动的多样性和复杂性，原先按照满意性原则选定的方案在付诸实施以后，其赖以存在的主客观条件和环境往往会发生变化，甚至发生较大的变化。这就要求决策者按照反馈原则，根据反馈的信息所揭示的新情况，对原先选定的方案进行必要的修改与调整，使其更符合客观实际。

（三）决策过程

决策过程是一个完整的系统。在这个系统中，发现问题、提出问题、分析问题、解决问题组成了完整的体系。决策就是对这一系统进行逻辑分析和综合判断，作出科学决断的过程。要保证决策的科学性，就必须有合理的决策程序。合理的决策程序能够保证决策按照统一的规范，以格式化、标准化的方法作出，限制和缩小决策者的主观自由度。

第一步，借助会计的历史信息和会计系统外的其他信息，收集、整理决策所需要的相关信息。第一步中收集的信息有助于第二步中的预测公式化。需要注意的是：历史数据可以作为预测的依据，但它们本身与决策是不相关的。

第二步，利用第一步收集的信息将未来收入或成本的预测公式化。

第三步，将第二步中的预测信息输入决策模型。

第四步，实施和评价管理者借助决策模型作出的决策，收集反馈信息，以便对决策过程进行调整。

决策是面向未来的，而未来含有许多不确定因素，因此良好的预测是决策的基础，是决策科学化的前提；同时，决策是规划的基础，没有具体的决策结论，就无法作出相应的计划和预算，也无法进行相应的控制和考核。在决策过程中，主要的困难是预测每种选择下的收入和成本将受到什么因素的影响。不管面对什么样的决策情况，要问的关键问题始终是：它会使各种备选方案之间出现差异吗？

（四）决策分析的类型

1.按决策本身的重要程度分类

（1）战略决策

战略决策是指关系到企业未来发展方向、大政方针的全局性重大决策。例如，企业打算经营转型，主营业务将发生行业性改变。

（2）战术决策

战术决策是指为了达到预期的战略决策目标，对日常经营活动所采取的方法和手段的局部性决策。例如，为了实现经营转型，企业需引进什么样的生产线，人员需要做哪些调整等。

2.按决策的时期分类

（1）短期决策

短期决策也称短期经营决策，一般对一年之内的生产经营活动所要解决的问题作出决策。例如，企业零配件是自制还是外购，生产甲产品还是乙产品等。短期决策的主要目的是使企业开展生产经营活动时，现有资源条件能够得到合理的利用，决策实施所需资金由内部筹集。短期经营决策又可进一步分为生产决策和产品定价决策，这是本章所要研究的内容。

（2）长期决策

长期决策也称长期投资决策，它一般是指规划企业重大发展方向、有关企业全局、需要若干年实施才能完成的决策活动。例如，企业为扩大现有生产能力而进行的大规模固定资产投资、改变企业经营方向的基建投资等活动，所需投资金额比较大，见效时间比较长，资金一般靠外部筹集。有关长期投资决策的内容将在第八章介绍。

3.按决策条件是否确定分类

（1）确定型决策

确定型决策是指决策的有关条件是确定的，决策方案实施的结果也是确定的。这种决策只要比较不同方案的优劣，根据价值标准就可以作出。例如，某一方案的价格、销量、成本确定后，其盈亏情况也可以确定下来。这是管理会计重点研究的决策内容。

（2）不确定型决策

不确定型决策是指各种可行方案出现的结果是未知的，而且在自然状态下出现的概率也不清楚，或只能靠主观进行概率判断。

（3）风险型决策

风险型决策是指各种可行方案所需的条件大部分是已知的，但每种方案的执行都会出现两种以上不同结果，各种结果出现的概率是可预测的。由于无法控制某种状态，这种决策是在一定概率下作出的，要承担一定风险，因此称为风险型决策。与不确定型决策相比，风险型决策下最终出现各种结果有客观概率，而不确定型决策则没有这种概率作为决策条件。

4.按决策方案之间的关系分类

（1）接受或拒绝方案决策

接受或拒绝方案决策是指只需对一个备选方案作出接受或拒绝的决策，即采纳与否决策，如亏损产品是否停产的决策、是否接受特殊价格追加订货的决策等。

（2）互斥方案决策

互斥方案决策是指在两个或两个以上相互排斥的备选方案中选出唯一的最优方案的决策，如零配件是自制还是外购的决策、开发新产品的决策、产品是直接出售还是进一步加工的决策等。

5.按决策的重复程度分类

（1）程序化决策

程序化决策是指例行的或重复性的决策，其在很大程度上依赖以前的解决方法，只要按照事先规定的系统化程序、规则或政策去做就可以了。例如，正常生产情况下，每次存货的采购量可以事先确定的经济批量为准，而无须重新作决策。

（2）非程序化决策

非程序化决策是指复杂的或非例行的决策，当遇到新情况时，没有事先准备好的解决方法可循，需要按照决策程序一步步地进行决策。例如，是否生产一种新产品的决策就属于非程序化决策。

短期经营决策是涉及企业如何合理利用现有资源，以获得最大经济效益的决策。在市场经济中，企业处于优胜劣汰的竞争环境中，要生存和发展，就必须审时度势，抓住时机，果断决策。市场总是处于不断变化之中，企业在日常生产经营中面对的决策问题也层出不穷，但是不论事物如何变化，总有一定的发展规律可循，决策问题也不例外。在短期经营决策中，企业可以根据具体情况，灵活地运用短期经营决策的分析方法予以解决。

二、经营决策中的相关信息

经营管理者在进行决策时将面对很多信息，他们需要根据特定的决策问题，辨认哪些信息是相关的，哪些信息是无关的。确认相关信息能力的强弱通常决定了现代商业活动的成败。什么信息是相关的取决于所要作的决策。决策过程基本上是在几个方案中进行选择。可供选择的方案通常是通过耗时的正式或非正式的调查和甄别过程确定的，这些工作可能由一个包括工程师、会计师和管理者在内的小组来进行。会计师作为相关信息的收集者、报告者，而不是决策者，在决策过程中占据重要地位。在决策过程中，会计师的角色主要是充当财务分析方面的技术专家，帮助管理者把注意力放在导致最优决策的相关数据和信息上。

（一）相关性的定义

在决策的最后阶段，管理者要比较备选方案。决策的基础是各备选方案预计效益的差别。其关键问题是：选择将导致什么样的差别？相关信息是指预计的成本和收入，它们将因不同的选择方案而不同。

相关信息的得出是基于对未来的预测，而不是对过去的总结。历史数据对决策没有直接影响，但这些数据能够帮助预测未来，所以它们对决策有间接影响。不过，过去的数据本身与决策是不相关的，因为决策不会影响过去的数据，决策只影响未来，无论什么行动也改变不了已经发生的事情。

对于预计的数据，只有那些会随选择方案的改变而不同的数据才是与决策相关的，那些不随选择方案变化的数据与决策不相关。例如，如果不管存货情况如何，部门经理的工资都保持不变，那么部门经理的工资与产品的选择这项决策就是不相关的。

（二）准确性和相关性

在理想情况下，决策所用的信息应当相关并且准确，然而获取这种信息的成本往往超过它的收益。企业在进行经营管理时，应遵守成本效益原则。因此，会计师经常要在信息的相关性与准确性之间进行权衡。在管理会计中，信息的质量要求与财务会计有所区别。财务会计强调信息的准确性，主要是因为财务会计是对经济业务的事后反映，相关性的重要性排在准确性之后。管理会计更注重信息的相关性，当然在相关性的基础上，信息也要尽量准确。

信息的相关性或准确性经常取决于其定性或定量的程度。定性方面是指那些用货币计量很困难而且不准确的方面，定量方面是指那些易于用货币计量并且能够准确计量的方面。会计师、统计学家和数学家试图把尽可能多的决策因素用可行的量化方式表达出来，因为这样可以减少需要主观判断的定性因素。由于在管理会计中信息的相关性比准确性重要，因此在许多决策中，定性因素会比可计量的财务影响更有分量。例如，为了避免长期依赖某一家供应商，企业可能放弃从这家供应商购买零部件的机会，即使它的价格低于自己生产的成本。管理者有时会采用先进的技术，即使短期的量化结果不太理想，但管理者认为不能紧跟科学技术的发展迟早会导致更糟糕的财务状况。

三、决策中的相关成本

决策分析就是利用会计资料和其他有关资料，针对解决问题的各种方案的经济效益，运用专门的方法来测算、分析和比较，权衡利弊得失，从中选择最佳方案的过程。在各备选方案中，除了收入以外，影响经济效益的一个决定性因素是成本。相对收入来讲，成本是企业能控制的因素，因而在决策分析中要区分相关成本和无关成本，分清影响可供选择方案效益的无关因素和有关因素，抓住主要矛盾，作出正确的选择。这对决策分析至关重要。

相关成本，是指与特定决策有关、导致决策差别的成本项目；无关成本，是指对某一决策方案的选择没有影响、不能导致决策差别的成本项目。那些与决策方案无关、发生与否及发生频率都不受决策项目影响的成本属于无关成本。需要注意的是：相关与无关都是相对于决策方案而言的。对某个决策方案而言是相关的成本项目，对另外一个决策方案却可能是无关的成本项目。在实际决策中，经常遇到的成本有以下几种：

（一）重置成本与历史成本

一项资产的重置成本是指目前从市场上重新购置这样一项资产所需花费的成本。在财务会计中，资产主要是按历史成本入账的，但历史成本是购买资产时实际支付的成本，它已经发生，目前的决策无法改变它，因此它是无关成本。在管理会计决策分析中，要考虑的是资产的重置成本。

例如，某服装店的老板3个月前从广州以每条30元的价格购进一批牛仔裤，而目前该种牛仔裤的进价涨到每条50元。若老板在定价上遵循25%的毛利原则，那么一条牛仔裤能卖多少钱？

（二）付现成本与沉没成本

付现成本是指由于选择某一方案而需要立即或于最近时期支出现金的成本。当企业在经营活动中现金相对短缺、向市场筹集资金比较困难或借款利率过高时，企业决策部门应重视付现成本的大小，而非总成本的大小。这时，决策的取舍标准是付现成本，而不是总成本。

还有一类成本是过去已经支付，无法收回或得到补偿的成本，其存在与否和数额的大小都不是目前和未来决策所能改变的，这类成本称为沉没成本。

付现成本与沉没成本的相同点是都需要支付现金，但付现成本尚未发生且需要在今后支付现金，沉没成本则已经发生且已支付，在未来时期无须付现。在决策中，付现成本是相关成本，沉没成本是无关成本。

（三）机会成本

机会成本是指使用有限资源时，由于选择一个方案而放弃另一个方案所失去的可能的最大收益。机会成本不是一项现实的成本支出，只是用于计算各决策方案潜在的经济影响，因而在财务会计核算中不用入账。它是基于资源的稀缺性而产生的成本，为实现有限资源的效益最大化，使用这一资源所获得的收益必须能够弥补因此而放弃的其他收益。若忽视机会成本，可能会造成决策失误。

（四）专属成本与共同成本

专属成本是指可以明确直接归属于某个责任单位的固定成本。例如，生产某产品的专用设备的折旧费、保险费等均属于专属成本。专属成本为相关成本。与专属成本相对应的一个概念——共同成本，是指那些由若干产品的生产或若干部门的存在或若干项目的开展导致的固定成本。例如，一台设备用来制造两种或多种产品，那么该设备的折旧费、修理费对各种产品来讲均是共同成本。共同成本不会造成各备选方案之间的差别，因此是无关成本。

需要注意的是：一项成本是专属的还是共同的，取决于决策分析的对象及范围的变化。一般情况下，变动成本和具体分析对象直接相关，都属于专属成本，因此没有必要对变动成本的这一属性进行专门研究。

（五）可避免成本与不可避免成本

可避免成本是指与特定备选方案相关联的成本。其发生与否，取决于与其相关联的备选方案是否被选定。如果某个备选方案被选定，与其相关联的某项成本就会发生，否则该项成本就不会发生，则该项成本为可避免成本。不可避免成本是指在生产经营过程中必然发生的、其数额与决策活动无关的成本。

（六）可延缓成本与不可延缓成本

在企业财力有限的情况下，对已决定选用的某一方案如果推迟执行，还不至于影响企业全局，则与这一方案有关的成本即为可延缓成本。

有一些决策方案，即使在企业财务资源有限的情况下，也不能推迟执行，否则会对企业生产经营活动的正常进行产生重大不利影响。此时与决策有关的成本必须立即支出，而不能推延，这类成本即为不可延缓成本。

（七）可分成本与联合成本

可分成本是指联产品和半成品在进一步加工阶段所需要追加的变动成本和固定成本。联合成本是指联产品形成之前发生的由各联产品共同负担的成本。联产品是指一种原材料能够同时加工出两种以上的产品。如棉花，可以先加工成棉纱，棉纱经过纺织可以进一步加工成棉布，其过程为棉花-棉纱-棉布。在这个过程中，棉纱和棉布都可以作为商品出售。在联产品是否进一步加工的决策中，从棉花到加工成棉纱的过程中发生的成本为联合成本，其对棉纱进一步加工的决策无影响，为无关成本；从棉纱到加工成棉布的过程中发生的成本为可分成本，其对棉纱进一步加工的决策有影响，为相关成本。

（八）边际成本

边际成本是产量每增减一个单位所引起的成本总额的变动，在一定范围内，边际成本即单位变动成本。与边际成本相对应的收益概念是边际收益。边际收益是产量每增减一个单位所引起的总收益的变动，在一定范围内，边际收益就是单价。当某一项目的边际收益等于边际成本时，这一项目的收益最大。这一经济学原理在管理会计的生产决策和定价决策中有重要的作用。比如，当采用薄利多销方式扩大销售量时，其价格降低的最大限度是边际收益等于边际成本。

（九）差量成本与增量成本

差量成本是可供选择的方案之间预期成本的差额，它可以使决策者就可供选择的备选方案估计成本差异，评价备选方案经济效益的优劣。例如，在决定零部件是自制还是外购时，零部件自制成本和外购成本的差额就是该生产决策的差量成本。

在同一决策方案下，由不同产量或者生产能力的不同利用程度所引起的差量成本称为增量成本。一般来说，在相关范围内，增量成本等于变动成本的差额；但超出相关范围后，增量成本就是变动成本差额和固定成本差额之和。因此，不能简单地认为增量成本等于变动成本的差额。

与差量成本相对应的收入概念是差量收入。差量收入是可供选择的方案之间预期收入的差额。决策分析中常用的分析方法——差量分析法，即通过比较差量收入与差量成本的大小来判断方案的优劣。

综上所述，重置成本、付现成本、机会成本、专属成本、可避免成本、可延缓成本、可分成本、边际成本、差量成本、增量成本等属于相关成本，而历史成本、沉没成本、共同成本、不可避免成本、不可延缓成本、联合成本等属于无关成本。

四、决策中的相关收入

相关收入是指与特定决策方案相联系、能对决策产生重大影响、在短期经营决策中必须予以充分考虑的收入。如果某项收入只属于某个经营决策方案（若这个方案存在，就会发生这项收入；若这个方案不存在，就不会发生这项收入），那么这项收入就是相关收入。相关收入的计算要以特定决策方案的单价和相关销售量为依据。

五、短期经营决策的常用方法

从备选方案中选出最优方案是决策过程的一个重要步骤。为使方案的评价和比较建立在科学的基础上，需要运用相应的决策分析方法。短期经营决策的分析方法多种多样，这里我们介绍差量分析法、贡献毛益分析法、本量利分析法、最优生产批量法。

（一）差量分析法

差量是指短期经营决策中不同备选方案之间有关计量数据的差额。

差量成本是两个备选方案的预期成本的差额。差量收入是两个备选方案的预期收入的差额。差量分析法就是根据两个备选方案的差量收入与差量成本的比较来确定哪个方案较优的方法。若差量收入大于差量成本，则前一个方案较优；若差量收入小于差量成本，则后一个方案较优。

应用差量分析法进行短期经营决策的基本步骤是：首先，计算备选方案的差量收入；其次，计算备选方案的差量成本；再次，计算备选方案的差量利润；最后，根据差量利润的大小选取最优方案。

应该注意的是：计算差量收入和差量成本时的方案排列顺序必须保持一致。

采用差量分析法的关键在于，进行决策分析时，只考虑那些对备选方案的预期总收入和预期总成本产生影响的项目，不相关的因素一概予以剔除。另外，使用这个方法得出的结论只是从两个备选方案中选择一个较好的，当然不一定是最好的。如果有两个以上备选方案，可分别两个两个地进行比较，找出能提供最佳经济效益和社会效益的方案。

（二）贡献毛益分析法

贡献毛益分析法就是通过对比备选方案所提供的贡献毛益的大小来确定最优方案的专门方法。

由于企业的产品生产决策一般不改变生产能力，固定成本通常稳定不变，故只需对产品提供的贡献毛益进行分析，就可确定哪个方案最优。这里应注意的是：尽管单位贡献毛益是反映产品盈利能力的重要指标，但由于企业税前利润的大小取决于贡献毛益抵补固定成本后的余额，而贡献毛益=单位贡献毛益×销售量，因此在进行决策分析时，必须以备选方案提供的贡献毛益的大小，或单位工时（或机时）所创造的贡献毛益的大小为选优标准（越大越好），而不能根据产品提供的单位贡献毛益的大小来判断方案的优劣。

（三）本量利分析法

本量利分析法可以用于预测保本点、利润、目标销售量（或销售额），也可以用来解决短期经营决策中的某些问题。

在产品生产决策中应用本量利分析法，就是根据各个备选方案的成本、业务量、利润三者之间的依存关系来确定在什么情况下哪个方案较优。在生产决策中应用本量利分析法的关键在于确定成本分界点（或成本平衡点）。成本分界点，就是两个备选方案的预期成本相等情况下的业务量。找到了成本分界点，就可以确定在多大业务量范围内哪个方案较优。

（四）最优生产批量法

最优生产批量法主要用于解决在成批生产的企业里每批生产多少数量的产品，以及全年分几批生产产品最为经济的问题。

对最优生产批量进行决策分析，考虑的成本因素主要有调整准备成本和储存成本。调整准备成本是指在每批投产前的调整准备工作中发生的成本。这种成本与生产批数成正比，具有固定成本性质，与每批数量的多少没有直接联系。储存成本又称持有成本，是指仓库和机械设备的折旧费、维修费、通风照明费等（这部分在一定期间的发生额是固定不变的，属于固定成本性质），单位产品在储存过程中所发生的仓储费、搬运费、保险费、占用资金支付的利息等（这部分与储存量的多少呈正比例变动，属于变动成本性质）。

与最优生产批量有关的成本是每批投产前的调整准备成本和随储存量变动而变动的平均储存成本，而制造产品的直接材料、直接人工等无关成本是不需要考虑的。调整准备成本与批量无关，但与批数成正比。若要降低全年的调整准备成本，则应减少批数。减少批数就要增大批量，从而提高企业全年的平均储存成本。

假设 A 为零件的全年需要量；Q 为零件的每批产量；P 为零件的每天产量；d 为零件的每天领用量；S 为生产每批零件的调整准备成本；C 为每个零件的全年平均储存成本，则：

（1）全年批数 $=\dfrac{\text{全年需要量}}{\text{每批产量}}=\dfrac{A}{Q}$

（2）全年调整准备成本 = 每批零件的调整准备成本 × 全年批数 $=S\times\dfrac{A}{Q}$

（3）每批生产终了时的最高储存量 $=\dfrac{\text{每批产量}}{\text{每天产量}}\times(\text{每天产量}-\text{每天领用量})=\dfrac{Q}{P}\times(P-d)$

（4）平均储存量 $=\dfrac{1}{2}\times$ 每批生产终了时的最高储存量 $=\dfrac{Q}{2}\times\left(1-\dfrac{d}{P}\right)$

（5）全年平均储存成本 = 单位零件的全年平均储存成本 × 平均储存量 $=C\times\dfrac{Q}{2}\times\left(1-\dfrac{d}{P}\right)$

（6）全年总成本（T）= 全年调整准备成本 + 全年平均储存成本 $=S\times\dfrac{A}{Q}+C\times\dfrac{Q}{2}\times\left(1-\dfrac{d}{P}\right)$

六、生产决策

（一）生产决策涉及的范围

（1）生产什么产品或提供什么服务？

（2）生产多少数量的产品或提供多少数量的服务？

（3）如何组织和安排生产或提供服务？

（二）新产品开发的决策分析

1.不追加专属成本时的决策分析

这类决策分析一般采用贡献毛益分析法。当各备选方案只是利用剩余生产能力而不追加专属成本时，各备选方案的原有固定成本属于无关成本。

2.追加专属成本时的决策分析

当新产品开发的决策方案中涉及专属成本时，就不能采用贡献毛益分析法来评价方案的优劣，可以采用差量分析法。

（三）亏损产品的决策分析

1.生产能力无法转移时，亏损产品是否停产的决策分析

在这种情况下，只要亏损产品的贡献毛益大于零，就不应该停产，而应继续生产。因为如果停产亏损产品，只能减少其变动成本，并不能减少其固定成本。如果继续生产，亏损产品提供的贡献毛益就可以补偿一部分固定成本。因此在这种情况下，停产亏损产品不但不会减少亏损，反而会扩大亏损。

2.生产能力可以转移时，亏损产品是否停产的决策分析

如果转产产品所提供的贡献毛益大于原亏损产品所提供的贡献毛益，那么这项转产方案就是可行的；若情况相反，就是不可行的。

（四）半成品、联产品或副产品是否进一步加工的决策分析

对于这类决策问题，可采用差量分析法。应该注意的是：半成品或联产品进一步加工前所发生的成本，不论是变动成本还是固定成本，在决策分析中均属于无关成本，不必考虑。问题的关键在于半成品或联产品加工后所增加的收入是否超过在进一步加工过程中所追加的成本（可分成本）。若前者大于后者，则进一步加工的方案较优；若前者小于后者，则出售半成品或不加工联产品的方案较优。

七、定价决策

在市场经济条件下，任何企业都需要为其生产、经营的产品或服务制定适当的价格。价格是影响市场需求的主要因素，如果制定出的产品或服务价格适当、合理，就能提高销量，提高市场占有率，增加企业盈利。一般而言，在既定的销量下，销售单价越高，销售收入就越高，销售利润就越高。同时，产品售价的高低直接影响销售量的高低，从而决定生产量的高低，影响产品生产水平的高低，最终影响企业盈利水平的高低。

（一）定价目标及影响价格的因素

在生产经营活动中，企业要为其生产的产品或提供的服务作出合理的定价决策，以确保企业实现长远利益和最佳经济效益。在为产品制定价格之前，决策者首先应明确企业的定价目标，并考虑影响价格的各种因素。其通常以获得最大利润、提高市场占有率、适应或避免竞争为定价目标。制定定价目标时，一般要考虑产品的成本、市场的供求关系、产品的生命周期、市场的竞争类型及相应的价格政策法规等影响产品定价的因素。

（二）定价决策方法

在市场经济中由于供需规律的作用，企业在不断满足消费者需求的前提下，其销量、价格、成本和利润之间存在紧密的因果关系。由于每个企业自身的产品特点不同，影响定价的因素和定价的目标就会有所差异，企业的定价方法也千差万别，具体有成本加成定价法、目标成本定价法、保本定价法、新产品定价法、特殊订单定价法、市场基础定价法、保利定价法、极限定价法、心理定价法和折扣定价法等。下面主要介绍成本加成定价法和目标成本定价法。

1.成本加成定价法

以成本为导向的定价最常用的方法是成本加成定价法，其理论基础是：产品的价格必须首先补偿成本，然后再考虑为投资者提供合理的利润。成本加成定价法是在单位产品成本的基础上按预定的加成率计算相应的加成额，进而确定产品的目标售价的一种定价方法。其基本的计算公式如下：

单位产品价格＝单位产品成本×(1+加成率)

成本加成定价法分为完全成本加成定价法和变动成本加成定价法。

（1）完全成本加成定价法

完全成本加成定价法的基本计算公式为：

单位产品价格＝单位产品完全成本×(1+加成率)

以完全成本为基础的成本加成定价法具有以下两方面的优点：

一是从长远来看，产品或劳务的价格必须补偿全部成本，且应获正常利润，全部成本可以证明产品或劳务价格的正确性。

二是全部成本信息容易从会计部门获得，因此相应的单位产品价格计算就比较简单，易于理解。

但这种方法也存在如下两方面的缺陷：

一是由于全部成本中存在分配的间接固定制造费用，当产销存在严重不平衡时，企业以此为定价基础的预计单位产品完全成本就和实际数相差太远，从而导致确定的单位产品价格不合理。

二是完全成本加成定价法并未区分变动成本和固定成本，这就不便于进行本量利分析，不能预测价格和销售量的变动对利润真正的影响程度。因此，它不适用于短期定价决策。

（2）变动成本加成定价法

变动成本加成定价法的基本计算公式为：

单位产品价格＝单位产品变动成本×(1＋加成率)

以变动成本为基础的成本加成定价法具有以下两方面的优点：

一是变动成本注重的是与产品或劳务相关的成本，它不要求将共同的固定成本分配到各个产品或劳务上。在短期定价决策中，通常最低价格就是接受订单所增加的变动成本，所以它特别适用于短期定价决策。

二是由于变动成本加成定价法区分变动成本和固定成本，因此可以利用本量利分析来考查价格和销售量的变动对利润的影响，并有助于管理部门进行盈亏平衡分析和边际贡献分析，从而制定合理的单位产品价格。

以变动成本为基础的成本加成定价法的主要缺陷在于，如果将产品或劳务的变动成本作为定价的最低限额，而固定成本在企业成本中占很大比重，那么有可能将价格定得太低而不能弥补固定成本，最终给企业带来亏损。

2.目标成本定价法

目标成本定价法是指以顾客愿意支付的价格（目标价格）为基础确定产品或服务的成本的方法。目标成本定价法是一种由价格来推定成本的方法。销售部门先确定顾客最能接受的产品特性和价格，然后，工程师着手设计和开发产品，确保该价格能补偿成本并创造利润。

采用目标成本定价法要比采用成本加成定价法进行更多的准备工作。不过，请记住如果以成本为基础的价格超过顾客的承受能力，则还要进行额外的工作，把成本降到能维持一个较低价格的程度，否则企业就要承担推动市场的机会成本。在产品生命周期的设计和开发阶段，运用目标成本定价法特别有效。此时，调整产品的特性和成本都十分方便。将销售费用、管理费用和营业收益相加，除以产品销售成本，即可计算出产品销售成本的加成率：

产品销售成本加成率=（销售和管理费用+营业收益）/产品销售成本

产品销售成本加成包括利润及销售和管理费用，因而这一加成并非纯粹的利润。

也可运用直接材料来计算直接材料加成率：

直接材料加成率=（直接人工+制造费用+销售和管理费用+营业收益）/直接材料

因为直接材料成本比产品销售成本更容易确定，那么以直接材料成本作为基数可能更好。企业还可根据竞争对手的价格情况、用户需求及其他因素调整报价。

八、存货决策

（一）存货决策的意义和内容

存货一般是指企业从外界购入以供销售或经过一定加工过程才可出售的各种商品及材料物资。在任何企业中，存货都是名目繁多、占用金额比较大的流动资产项目之一。一般情况下，存货占流动资金总额的25%~50%；在商业企业中，其比重则更高。这方面资金能否利用好，对整个企业的财务状况和经营成果影响极大。正因为如此，加强存货管理，使存货始终保持在"最优化水平"上，是管理会计的一个重要课题。

必须指出的是：这里所说的"最优化水平"是指存量不能过高，也不能过低，要控制在一个"恰到好处"的水平。如果存量过高，就容易造成存货过时、损坏变质，以及利息、仓储费和保险费增多；若存量太低，就可能发生停工待料、丧失销货机会等不必要的损失。所以，要采用科学的方法作好存货决策。

存货决策的内容通常分为两大类：一类是研究怎样把存货的数量控制在"最优化水平"上，这叫作存货控制决策；另一类是探讨为了保持适当的存量，一年分几次订货，每次订购多少数量最经济，在什么情况下再订货比较合适，这叫作存货规划决策。总之，只有作好存货控制决策和存货规划决策，才能使企业存货所占用的资金得到最经济、最合理、最有效的使用。

（二）存货控制决策

企业的不同职能部门对于存货如何进行控制，由于所处的立场不同，观点往往迥异。例如，财务部门为了灵活调度流动资金，加速资金周转，总是希望存货占用的资金越少越好；销售部门为了能随时满足顾客的需要，增强竞争力，总是希望存货多多益善；采购部门为了享受大量购买的折扣和优惠的运费，大多希望尽量扩大每次的采购数量；生产部门为了使生产进度尽可能持续不变，总是力图建立较高的库存量，以便应付生产急需。正因为如此，企业对存货的控制必须在充分考虑各方面意见和需要的基础上，作出适当的决策。

存货控制决策最常用的方法有以下两种：

1.挂签制度

这是一种传统的存货控制方法，其基本要领是：针对库存的商品及材料物资的每一项目，均挂上一张带有编号的标签。当存货售出或发给生产单位使用时，将标签取下，记在"永续盘存记录"上，以便控制。在这种情况下，为了保证不发生停工待料或临时无货供应，必须在"永续盘存记录"上注明最低储存量（保险储备量），一旦实际结存余额达到最低水平，应立即提出购货申请。如果企业没有使用"永续盘存记录"，则应将每次取下的存货标签集中存放，到规定的订购日期，再就集中存放的标签分类统计各自的发出数量，并据以作为申请订购的依据。

必须指出的是：挂签制度虽然简便易行，但在一定时期，如商品销售量或材料物资发出量起伏不定、波动很大时，往往需要较高的保险储备量。这种存货控制制度盛行于服装和家庭用具等工商企业。

2.ABC分析法

当工商企业的存货品种异常繁杂、单价高低悬殊、存量又多寡不一时，对存货的控制就要突出重点、区别对待，采用ABC分析法较为简便易行。

ABC分析法本是一种统计分类的方法，其基本要领是：先把各种存货按其全年平均耗用量分别乘以各自的单位成本，并根据一定的金额标准把它们划分为A、B、C三类；再计算各类存货成本占耗用总成本的比重；最后根据具体情况对这三类存货分别采取不同的控制措施。实践证明，规模比较大的企业一经采用ABC分析法，对于商品及材料物资存货的控制就十分方便，而且效果异常显著。为了对上述三类存货进行有效的控制，必须根据它们的具体情况，分清主次，抓住重点，区别对待。

很明显，A类存货占用资金比重最大，举足轻重，故应将其作为控制的重点，严格把关。如果认真抓好这个环节，实际上就等于控制了全部存货的大部分成本。这对于整个企业加速资金周转、节约资金使用、降低产品成本，是大有好处的。

对A类存货的控制，首先需根据后面所讲的存货规划决策方法，计算出每个存货项目的"经济订货量"和"再订货点",千方百计地减少每次的订货量,适当增加全年的订货次数,使日常存量达到最优水平;其次要应用"永续盘存记录",及时登记每次订购、发出和结存的数据,当实际库存达到"再订货点"时,需立即发出请购信号,通知采购部门订购;最后还要经常对存货的动态进行对比分析、严格监督,如发现问题,应及时查明原因,迅速纠正。

对 B 类存货的控制,原则上也要事先为每个存货项目计算"经济订货量"和"再订货点",平时还要登记"永续盘存记录",但无须经常逐项进行对比分析、严格监督,只要定期进行概括性的检查即可。

对 C 类存货的控制,由于它们为数众多,单价很低,因而无须逐项计算"经济订货量"和"再订货点",可以酌情增大每次的订货量,减少每年的订货次数。这类存货即使存量较大,对于存货成本的影响也不大。另外,对 C 类存货也无须采用"永续盘存记录",可选择简易的"双货箱法"或"警告线法"进行日常控制。前者适用于铁钉、螺丝、螺母等小件项目,即先将材料物资分装在两个货箱中,然后就其中之一进行发放,等第一箱用完,开始取用第二箱时,就提出订货申请;后者适用于液体材料,先在贮存容器外面距底部一定距离处画一条红线,当领用量达到红线时即提出订货申请。这两种方法简便易行,既能满足生产的需要,也可实现一定的控制目的。

总之,在采用 ABC 分析法的情况下,对 A 类的全部项目和 B 类的大部分项目,由于它们的存货成本较高,故应严格按下述的存货规划决策方法,分别确定它们的"经济订货量"和"再订货点",然后据以控制。对于 C 类的全部项目以及 B 类的一小部分项目,由于它们的存货成本很低,可实事求是地建立较高的储存量。

(三)存货规划决策

根据 ABC 分析法,可以在存货管理中突出重点,区别对待,这是分类控制存货数量的有效手段。对 A 类和 B 类存货,每次究竟应该订购多少数量,在什么情况下再订货,这属于存货规划决策问题。

1.经济订货量的计算

经济订货量是指能使企业在存货上所花费的总成本最低的每次订货量。"企业在存货上所花费的总成本"从理论上说可分为以下四类:

(1)采购成本,是指由商品及材料物资的买价和运杂费所构成的成本。采购成本总额是采购单价与数量的乘积,但采购单价一般不随采购数量的变动而变动,因此在采购的经济订货量决策中,存货的成本大多属于无关成本。但如果供应商规定大批量购买可享受优惠折扣,采购成本就成为决策分析的相关成本了。

(2)订货成本,是指随每次订货业务而发生的文件处理和验收成本,如邮寄、电话、电报、电传、文件复印、验收、付款等方面支出的费用(这部分与订货次数的多寡成正比,属于变动成本性质,但与每次订货数量的多少无直接联系),以及采购部门的管理费、采购人员的工资和差旅费等(这部分是在一定期间维持采购部门开展正常活动所必需的,属于固定成本性质)。

（3）储存成本，在前面"最优生产批量法"部分已作介绍。

（4）缺货成本，是指由于未能保持足够的存货而给企业的生产和销售带来的一切损失，如因材料、零件的存量不足造成的停工待料的损失，由于缺乏资金不能大量购买而丧失的购货折扣损失，因临时增加购买造成的额外的运输费用，因延期交货而付出的罚金损失等。应该注意的是：缺货成本大多属于机会成本中的估算成本，计算比较麻烦，但为了满足某些企业在存货规划决策中的需要，还是应该算出单位缺货成本。例如，在商业企业中，由于存货不足、丧失销售机会而造成损失时，需要计算短缺一个单位商品存货给企业带来的平均损失。又如，在工业企业中，由于材料存量不足造成停工待料时，需计算短缺一个单位材料存货而造成的人工成本浪费，以及一个单位材料制成的产品潜在利润的损失等。

为了确定经济订货量及其最低成本，一般可采用逐次测试列表法、图示法和建立数学模型求解法。其基本原理与本章短期经营决策中最优生产批量法的决策分析相类似。下面介绍计算经济订货量的方法：

（1）订货次数 $= \dfrac{\text{全年需要量}}{\text{每次订货量}} = \dfrac{A}{Q}$

（2）全年订货成本 = 每次订货成本×订货次数 $= P \times \dfrac{A}{Q}$

（3）平均储存量 $= \dfrac{\text{每次订货量}}{2} = \dfrac{Q}{2}$

（4）全年平均储存成本 = 单位存货的全年平均储存成本×平均储存量 $= C \times \dfrac{Q}{2}$

（5）全年总成本（T）= 全年平均储存成本+全年订货成本 $= \dfrac{CQ}{2} + \dfrac{AP}{Q}$

2.再订货点的确定

再订货点是指企业发出订单时的储存量。前已述及，进行存货规划必须首先确定每次订购多少货最经济。这个问题通过经济订货量的计算已经解决了，接下来的问题就是：存货的储存量达到什么程度时需要提出订货申请。这在管理会计中就是确定再订货点。

要确定再订货点，必须掌握以下数据：

（1）平均每天（或每周）正常耗用量；

（2）预计每天（或每周）最大耗用量；

（3）订货提前期，是指从提出订货申请直至收到订货的正常天数（或周数）；

（4）安全存量，是指出于防止临时用量增大或交货误期等特殊原因而预计的保险储备量。

再订货点的计算公式如下：

（1）$\dfrac{\text{安全}}{\text{存量}} = \left(\dfrac{\text{预计每天(或每周)}}{\text{最大耗用量}} - \dfrac{\text{平均每天(或每周)}}{\text{正常耗用量}} \right) \times \dfrac{\text{订货}}{\text{提前期}}$

（2）再订货点 = 平均每天（或每周）正常耗用量×订货提前期+安全存量

九、风险型决策

（一）概率与概率分析

若决策者能根据过去的历史资料或多年来的实践经验估计出各种情况可能出现的机会或频率，那么借助概率论的知识就能作出决策分析。由于在该种情况下进行决策分析要冒一定的风险，故将其称为风险型决策。

从统计学角度来看，在一定条件下可能发生也可能不发生的事件称为随机事件。任何一个随机事件的发生都说明可能有某种机会，即概率。因此，一个随机事件的发生概率可定义为在一长串的试验中，出现该事件的相对频率。

概率通常必须符合以下两条规则：

（1）各个随机变量的概率最小为 0，最大为 1，即 $0<P_i<1$；

（2）全部概率之和应等于 1，即 $\sum P_i=1$。

概率一般可分为客观概率和主观概率两种。凡事件出现的概率可通过客观事实加以验证的，叫作客观概率。例如，将一枚硬币向空中一抛，落地后硬币不是花面向上就是字面向上。若抛币的次数（n）足够多，则出现花面与出现字面的概率（机会或频率）都是 0.5，具有持久的稳定性。在抛币这一特定事件中，出现花面的概率与出现字面的概率之和必为 1，因为花面与字面的出现是相互排斥的，它们不可能同时出现，而且抛币的概率可用观察法证实，故其属于客观概率。另外，在企业经营管理中，若一些情况出现的概率能根据大量的历史资料加以确定，其就属于客观概率。例如，按照过去多年来某种产品各月份的详细销售记录来确定该产品某月份或某季度销售数量的概率，就是客观概率。至于主观概率，则是人们根据个人的经验和积累的知识，对某一事件可能出现的机会或频率的主观判断。例如，在企业管理中，有许多事件往往没有历史资料或过去的经验可供参考，只能凭管理人员对该事件的认识、直觉或丰富的工作经验加以估计，如此确定下来的概率，就是主观概率。

概率分析是运筹学中专门针对风险型决策的不确定因素进行分析的一种方法。企业在日常经营管理中，经常会遇到一些风险型决策，而这类决策必然牵涉许多不确定因素。为了摸清它们的规律，首先要找出或估计它们发生的概率，不论这些概率是客观的还是主观的；然后再利用概率论的数学方法去分析问题，并寻求答案，这就是运筹学中的概率分析。

（二）怎样进行概率分析

进行概率分析通常要经过以下三个步骤：

第一，确定这项风险型决策可能导致出现哪些事件，并为每个事件的发生估计一个概率。估计概率可以过去会计、统计的历史数据为基础（客观概率），也可以决策者的主观判断为基础（主观概率）。

第二，根据各事件的具体条件所代表的金额，即条件价值，以及估计的概率，编制预期价值分析表。预期价值的计算公式如下：

预期价值=条件价值×概率（P_i）

第三，从预期价值分析表中选出最优方案。

十、不确定型决策

（一）不确定型决策分析的基本原理

不确定型决策是指决策者对未来情况虽有一定程度的了解，但无法确定各种情况可能出现的概率而需要作出的决策。例如，某企业开发一种新产品，有三种不同数量的生产方案可供选择，同时未来的市场有可能出现畅销、一般、滞销三种情况。在每个产量方案下，尽管可估算出在三种不同销售情况下的盈利或亏损金额，但不能确定究竟会出现哪种情况，也不能判明各种情况可能出现的机会或频率。

对于这类不确定型决策，其选优标准通常取决于决策者对企业未来所持的态度是乐观还是审慎、稳健。不同态度的管理者所选用的决策分析方法是不相同的，但绝大多数管理者都会先把不确定型决策转化为生产决策或风险型决策，估计出各种方案的预期收益或预期损失，然后以预期收益最大值或预期损失最小值的方案作为最优方案。

（二）不确定型决策最常用的四种方法

方法一：大中取大法。大中取大法是指决策者对企业前途持乐观态度时的一种选优标准。它是在几个不确定的随机事件中，选择在最有利的情况下具有最大收益值的方案作为最优方案的决策方法。这里的收益值在短期经营决策中是指贡献毛益、已减除专属固定成本后的剩余贡献毛益、税前利润，在长期投资决策中则指净现值、现值指数、内含报酬率。

方法二：小中取大法。小中取大法是指决策者对企业前途持审慎、稳健态度时的选优标准。它是在几个不确定的随机事件中，选择在最不利的情况下具有最大收益值的方案作为最优方案的决策方法。这里收益值的含义与大中取大法相同。

方法三：大中取小法。大中取小法也是一种决策者对企业前途持审慎、稳健态度时的选优标准。它是在几个不确定的随机事件中，选择在最不利情况下损失额最小的方案作为最优方案的决策方法。这里的损失额是指"后悔值"，即当出现随机事件时，各种情况下的最大收益值超过本方案收益值的差额。它表示如果选错方案将会造成的损失额。很明显，当出现各随机事件时，每个方案就会相应地出现"后悔值"，把各个方案的最大"后悔值"集中起来进行比较，选取其中"后悔值"最小的方案作为最优方案，所以这种方法也称最小的最大后悔值法。

总之，大中取小法的基本点也是以各个方案的最不利情况为基础，即在总体上从几个不同方案的最大损失额（后悔值）中选择最小的并将其方案作为最优方案，所以仍不失为一种比较审慎、稳健的选优标准。

方法四：折中决策法。折中决策法要求决策者对企业未来情况持一定的乐观态度，但也不要盲目乐观，而是采取一种现实主义的折中标准。其具体做法是：首先，决策者要根据实际情况和自己的实践经验确定一个乐观系数 α，$0 \leqslant \alpha \leqslant 1$。如 α 的值接近 1，则比较乐观；若 α 的值接近 0，则比较悲观。其次，对每个备选方案，按下列公式计算它们的预期价值：

某方案的预期价值=最高收益值×α+最低收益值×（1-α）

最后，从各个备选方案的预期价值中选择最大的并将该方案作为最优方案。

必须注意的是：α的大小应根据不同决策对象和当时的具体情况来定，这是个经验数据。

【思政小课堂】

党的二十大报告提出："我国发展进入战略机遇和风险挑战并存、不确定难预料因素增多的时期，各种'黑天鹅''灰犀牛'事件随时可能发生。我们必须增强忧患意识，坚持底线思维，做到居安思危、未雨绸缪，准备经受风高浪急甚至惊涛骇浪的重大考验。"《管理会计应用指引第700号——风险管理》规定，企业应定期对风险管理制度、工具方法和风险管理目标的实现情况进行评价，识别是否存在重大风险管理缺陷，形成评价结论并出具评价报告。

企业建立健全风险管理制度体系，不仅要合理应用管理会计的成本控制方法、战略控制方法，还需要科学研究探讨基于管理会计的风险控制工具方法，同时从企业实际出发研究应用措施，实现风险矩阵、风险清单、风险信息库等风险管理工具在企业内部的科学高效应用，最终提升管理会计的风险导向职能。

思政元素：风险管理，忧患意识，底线思维

第二部分 实例分析

【例6-1】浔海公司原来生产老产品甲，现拟利用现有生产能力开发新产品 A 或新产品 B。若开发新产品 A，老产品甲需减产1/3；如开发新产品 B，老产品甲需减产2/5。这三种产品的产量、单价和成本资料见表6-1。

表6-1 　　　　　　　　　　浔海公司产品销售和成本资料　　　　　　　　金额单位：元

项　　目	老产品甲 （实际数）	新产品 A （预计数）	新产品 B （预计数）
产量（件）	6 000	2 000	2 500
单价	60	80	73
单位变动成本	40	56	51
固定成本		40 000	

要求：根据上述资料，为浔海公司作出开发哪种新产品较为有利的决策分析。

【解】由于浔海公司是利用现有的生产能力来开发新产品，不增加专用设备，因此固定成本在决策分析中属于无关成本，无须考虑。可先根据给定的资料编制贡献毛益分析表，见表6-2。

表6-2　　　　　　　　　浔海公司开发新产品贡献毛益分析表　　　　　金额单位：元

项　目	老产品甲	新产品A	新产品B
生产量（件）	6 000	2 000	2 500
单价	60	80	73
单位变动成本	40	56	51
单位贡献毛益	20	24	22
贡献毛益	120 000	48 000	55 000

从以上计算结果来看，似乎开发新产品B比开发新产品A可多获得贡献毛益7 000元（55 000-48 000），但是开发新产品是以老产品减产为条件的，如果结合这个因素来考虑，其情况见表6-3。

表6-3　　　　　　　　　　　浔海公司产品贡献毛益资料　　　　　　　　单位：元

项　目	新产品A	新产品B
贡献毛益	48 000	55 000
减：老产品甲减产损失	40 000=120 000×1/3	48 000=120 000×2/5
剩余贡献毛益	8 000	7 000

结论：根据以上分析，开发新产品A比开发新产品B可多获得经济效益1 000元（8 000-7 000），故浔海公司应开发新产品A。

【例6-2】华龙机器厂专门生产龙门刨床，全年最大生产能力为500台，正常产销数量为400台。龙门刨床的销售单价为24 000元，其单位成本资料见表6-4。

表6-4　　　　　　　　　　　　华龙机器厂单位成本资料　　　　　　　　单位：元

项　目	金　额
直接材料	6 500
直接人工	5 400
制造费用	8 000
其中：变动费用	3 100
固定费用	4 900
单位生产成本	19 900

要求：（1）现有外地客户前来订货100台，只愿出价每台15 800元，试问该笔订货能否接受。请用数据加以证明。

（2）若外地客户前来订货110台，对方出价仍为每台15 800元，试问这笔订货能否接受。请用数据加以证明。

【解】（1）由于华龙机器厂是利用剩余生产能力接受100台订货，固定成本一般不变，在决策分析中属于无关成本，故只需对方出价高于产品的单位变动成本即可接受订货。现根据给定的资料，编制贡献毛益分析表，见表6-5。

表6-5　　　　　　　　　　华龙机器厂贡献毛益分析表（100台）　　　　　　　　金额单位：元

项　目	龙门刨床
订货量（x）（台）	100
对方出价（p）	15 800
单位变动成本（b）	15 000
单位贡献毛益	800
贡献毛益	80 000

　　根据以上计算结果可知，华龙机器厂若接受外地客户100台订货，可获得贡献毛益80 000元，因此这笔订货是可以接受的。

　　（2）若外地客户订货110台，就需减少正常销售量10台，因而能否接受该笔订货需视订货的销售收入能否补偿减少正常销售10台所损失的贡献毛益。现另编贡献毛益分析表，见表6-6。

表6-6　　　　　　　　　　华龙机器厂贡献毛益分析表（110台）　　　　　　　　金额单位：元

项　目	龙门刨床
订货量（x）（台）	110
对方出价（p）	15 800
单位变动成本（b）	15 000
单位贡献毛益	800
贡献毛益	88 000
减：补偿正常销售10台所损失的贡献毛益	90 000=（24 000-15 000）×10
净损失	（2 000）

　　根据以上计算结果可知，华龙机器厂如接受110台订货，会亏损2 000元，因而该笔订货是不能接受的。

　　【例6-3】新海电扇公司明年准备生产20万片风扇叶片，根据过去的经验估计，次品率为10%。该风扇叶片的单位成本如下：直接材料：2.5；直接人工：1.2元；变动制造费用：1元；固定制造费用：0.3元；单位成本：5元。

　　假定叶片正品的销售单价为10元，而次品只售3元。次品经过加工修理后，仍可按正品价格出售。次品的加工成本如下：直接材料：1.6元；直接工人：0.9元；变动制造费用：0.8元。

　　又假定叶片的营销及管理成本，不论是正品还是次品，平均每片分摊1元。

　　要求：为新海电扇公司作出次品叶片是按每片3元出售还是加工修理后按正品价格出售更有利的决策分析。这两个不同方案会使新海电扇公司的税前利润发生什么变化？

　　【解】次品是否需要进一步加工的决策可采用差量分析法来作出，但是需要注意的是：叶片的单位产品成本和营销及管理成本，不论叶片是正品还是次品，都是相同的，因而在决策分析中属于无关成本，不必考虑。

　　先计算计划年度风扇叶片的次品数量：

叶片次品数量=生产量×次品率=200 000×10%=20 000（片）

进行差量分析：

差量收入=10×20 000−3×20 000=140 000（元）

差量成本=（1.60+0.90+0.80）×20 000−0=66 000（元）

差量利润=140 000−66 000=74 000（元）

结论：从以上计算结果可知，次品叶片经过加工后按正品每片10元出售的方案，比不加工按次品每片3元价格出售的方案更有利，因为前者可使新海电扇公司多获利74 000元。

【例6-4】湖滨体育用品公司以专门生产高质量排球闻名于世，原设计生产能力为年产7 000盒（每盒4只球）。该公司销售部经理根据国际市场的最新调查情况，拟在明年生产并销售5 000盒，单价为100欧元，其预计的简明利润表见表6-7。

表6-7　　　　　　　　　　湖滨体育用品公司简明利润表　　　　　　　　　　单位：欧元

项目	金额
销售收入	500 000
销售成本	400 000
销售毛利	100 000
销售及管理费用	110 000
税前利润	（10 000）

表6-7中的"销售成本"项目包括每盒40欧元的变动成本，其余为固定制造费用；"销售及管理费用"项目包括每盒10欧元的销售佣金，其余为固定费用。假定古巴排球协会委托中国香港某代理机构向湖滨体育用品公司订购1 000盒排球，每盒出价78欧元。这笔交易无须支付销售佣金，但需支付中国香港某代理机构安排交易的酬金5 000欧元。

要求：根据上述资料作出是否接受该笔追加订货的决策分析，并将计算数据填入表6-8。

表6-8　　　　　　　　　　　　是否接受订货决策分析表　　　　　　　　　　单位：欧元

项目	拒绝接受订货	接受订货	差量
销售收入			
变动成本			
变动生产成本			
变动销售及管理费用			
小计			
贡献毛益			
固定成本			
固定生产成本			
固定销售及管理费用			
小计			
税前利润			

【解】（1）根据资料已知：p=100欧元，x=5 000盒，b=40欧元。

变动生产成本（bx）=40×5 000=200 000（欧元）

固定生产成本（a）=400 000−200 000=200 000（欧元）

变动销售及管理费用=10×5 000=50 000（欧元）

固定销售及管理费用=110 000−50 000=60 000（欧元）

（2）如湖滨体育用品公司接受古巴排协1 000盒订货，其销售收入与成本的增长资料如下：

销售收入增加=78×1 000=78 000（欧元）

变动生产成本增加=40×1 000=40 000（欧元）

变动销售及管理费用：不变；固定生产成本：不变。

固定销售及管理费用增加5 000欧元。

（3）将（1）、（2）两部分资料汇总，可编制决策分析计算表，见表6-9。

表6-9　　　　　　　　　　决策分析计算表　　　　　　　　　单位：欧元

项　　目	拒绝接受订货	接受订货	差量
销售收入	500 000	（+78 000）578 000	+78 000
变动成本			
变动生产成本	200 000	（+40 000）240 000	+40 000
变动销售及管理费用	50 000	50 000	0
小计	250 000	290 000	+40 000
贡献毛益	250 000	288 000	+38 000
固定成本			
固定生产成本	200 000	200 000	0
固定销售及管理费用	60 000	（+5 000）65 000	+5 000
小计	260 000	265 000	+5 000
税前利润	（10 000）	23 000	+33 000

（4）结论：以上决策分析计算表的资料表明，湖滨体育用品公司如接受古巴排协1 000盒的排球订货，可使该公司从原来亏损10 000欧元转变为盈利23 000欧元，税前利润净增33 000欧元，故接受订货的方案是可行的。

【例6-5】光阳公司所需的甲零件的外购单价和自制单位成本的有关数据见表6-10。

表6-10　　　　　　　　　　甲零件的成本资料　　　　　　　　　单位：元

外购方案		自制方案	
800件以内外购单价	10	直接材料	4
		直接人工	2
800件以上外购单价	9	变动制造费用	2
		专属固定成本	1 000

要求：关于甲零件，分析光阳公司在何种情况下采用外购方案为宜，在何种情况下采用自制方案较优。

【解】（1）先求甲零件在800件以内的成本平衡点。

设 x_1 为甲零件在800件以内的成本平衡点，得：

自制的预期成本：

$y_1=a_1+b_1x_1=1\,000+8x_1$

外购的预期成本：

$y_2=a_2+b_2x_1=10x_1$

$\Delta y=y_1-y_2=1\,000+8x_1-10x_1=1\,000-2x_1$

令 $\Delta y=0$，求成本平衡点 x_1 的值：

$1\,000-2x_1=0$

$x_1=500$

若 $x_1<500$，则 $\Delta y>0$，$y_1>y_2$，外购较优；

若 $x_1>500$，则 $\Delta y<0$，$y_1<y_2$，自制较优；

若 $x_1=500$，则 $\Delta y=0$，$y_1=y_2$，外购、自制均可。

（2）再求800件以上的成本平衡点。

设 x_2 为甲零件在800件以上的成本平衡点，得：

自制的预期成本：

$y_1=a_1+b_1x_2=1\,000+8x_2$

外购的预期成本：

$y_2=a_2+b_2x_2=9x_2$

$\Delta y=y_1-y_2=1\,000-x_2$

令 $\Delta y=0$，求成本平衡点 x_2 的值：

$1\,000-x_2=0$

$x_2=1\,000$

若 $x_2<1\,000$，则 $\Delta y>0$，$y_1>y_2$，外购较优；

若 $x_2>1\,000$，则 $\Delta y<0$，$y_1<y_2$，自制较优；

若 $x_2=1\,000$，则 $\Delta y=0$，$y_1=y_2$，外购、自制均可。

【例6-6】普集化工厂在同一生产过程中产出联产品 A、B、C，其有关资料见表6-11。

表6-11　　　　　　　　　普集化工厂联产品有关资料　　　　　　　金额单位：元

联产品名称	产量（吨）	联合成本	分离后立即出售的单价	分离后进一步加工的成本	加工后出售的单价
A	800	8 000	26	13 600	48
B	400	24 000	380	36 000	490
C	200	2 000	18	2 000	25

要求：计算并确定哪种联产品分离后立即出售有利，哪种联产品进一步加工后再出售有利。

【解】根据给定的资料，对A、B、C三种联产品分别进行差量分析，见表6-12。

表6-12　　　　　　　　　　　普集化工厂联产品差量分析表　　　　　　　　　　单位：元

A联产品	差量收入=48×800-26×800=17 600
	差量成本=13 600-0=13 600
	差量利润=17 600-13 600=4 000
B联产品	差量收入=490×400-380×400=44 000
	差量成本=36 000-0=36 000
	差量利润=44 000-36 000=8 000
C联产品	差量收入=25×200-18×200=1 400
	差量成本=2 000-0=2 000
	差量利润=1 400-2 000=-600

结论：根据以上差量分析的结果可知，A、B两种联产品加工后出售有利，C联产品分离后立即出售有利。

【案例6-1】单品种本量利分析——常印冰淇淋加工厂决策分析

基本情况

常印一家住在远离A市区的一个镇政府所在地，附近方圆几十里没有冷饮厂。他家所在的镇每逢农历二、五、八就有方圆几十里的人来赶集，还会有百里以外的冷饮企业到这里批发或零售雪糕、冰淇淋，大小商贩、个人要排很长的队才能买到。夏天，前来赶集买雪糕、冰淇淋的人就更多了，有的人很早就来排队，但到最后却两手空空悻悻而归。常印也时常看到乡村的娃娃花高价吃到的却是劣质的冰淇淋。近些年来，人们的收入多了，生活观念也在变化，村里的娃娃和大人都盼着能随时吃到口感好、营养丰富的雪糕或冰淇淋。常印想自己创办一家冰淇淋加工厂，让自己的父老乡亲能随时吃到价廉可口的冰淇淋，在酷暑时节为企盼凉爽的人们驱走燥热。常印开始进行市场调查，结果显示：

（1）需求量资料

周边5个乡镇，每个乡镇约有人口8万人，总计约有40万人。按现在的生活水平和消费观念估算，在1、2、3、4、5、11、12月淡季，每日也需要40 000支冰淇淋，在6、7、8、9、10月，日需求量将达到80 000~90 000支。经咨询有关部门，若考虑乡间距离的远近和其他竞争厂家的因素，该加工厂若能保证冰淇淋的质量，价位合理，将有60%~65%的市场占有率，即淡季的日需求量将达到24 000~26 000支，旺季的日需求量将达到48 000~58 500支。

（2）成本资料

为了降低风险，常印打算去A市的某个冷饮厂租设备，全套设备年租金为45 000

元（可以房产等实物作抵押，不必支付货币资金）；租库房和车间每月固定支付租金2 000元；工人可到市场随时招聘，按现行劳务报酬计算，每生产1 000支冰淇淋，需支付各种工人（包括熬料、打料、拔模、包装工人）计件工资28元；聘请管理人员、采购人员各一名，月薪分别为1 500元；聘请技术人员一名，月薪为2 000元（负责设备的维护和修理）；每月固定支付卫生费和税金1 000元。生产冰淇淋时，按市价计算所耗各种费用如下（以每锅料为标准，每锅料能生产1 000支冰淇淋）：

主要材料：188元

　其中：

　　优质淀粉：100元

　　白砂糖：30元

　　奶粉：56元

　　食用香精：2元

其他：52元

　其中：

　　水费：3元（其中1元为冰淇淋耗用）

　　电费：15元

　　煤炭费：5元

　　氨（制冷用）：4元

　　包装纸、棍：25元

（3）生产能力

从设备的运转能力来看，日生产能力为12锅；考虑机器设备的维修、节假日和天气情况（阴雨天）等原因，预计全年可工作300天左右。

（4）定价

采用现行同等质量冰淇淋的市场平均价，定价为0.35元/支。

（5）资金来源

依靠个人储蓄（不考虑利息费用）。

　问题

（1）试用本量利分析法分析常印是否应设立这家冰淇淋加工厂。

（2）若设立，常印每年能获利多少？

（3）常印能实现年获利18万元吗？若不能实现，可以采取哪些措施？这些措施可行吗？

　分析过程

本案例属于单品种保本或盈利情况下的本量利分析，具体分析如下：

（1）可行性分析。

①成本资料（以每锅料为标准）：

单位变动成本：

　　主要材料：214元

　　　其中：优质淀粉：100元

　　　　　　白砂糖：30元

　　　　　　奶粉：56元

　　　　　　食用香精：2元

　　　　　　包装纸、棍：25元

　　　　　　水费：1元

　生产工人工资：28元

　变动制造费用：26元

　　其中：水费：2元

　　　　　电费：15元

　　　　　煤炭费：5元

　　　　　氨：4元

单位变动成本合计：268元

固定成本：

　　固定制造费用：129 000元

　　　其中：生产管理人员工资：36 000元（2×1 500×12）

　　　　　　技术人员工资：24 000元（2 000×12）

　　　　　　设备租金：45 000元

　　　　　　车间和仓库租金：24 000元（2 000×12）

　　其他固定费用：12 000元

　　　卫生费、税金：12 000元（1 000×12）

固定成本合计：141 000元

②每锅产品单价：350元（0.35×1 000）。

③年销售量：

淡季日需求量：24 000~26 000支

旺季日需求量：48 000~58 500支

日生产能力：12 000支（1 000×12）

所以每天尽最大生产能力仍供不应求。

全年最高销售量可达：

12 000×300=3 600 000（支）（相当于3 600锅）

④保本量：

保本量=固定成本÷（单价–单位变动成本）

　　　=141 000÷（350–268）=1 720（锅）

　　年销售量3 600锅大于年保本量1 720锅，而且远远大于保本量，所以常印应该设立冰淇淋加工厂。

（2）测算年获利水平。

预计利润=（单价-单位变动成本）×销售量-固定成本
    =（350-268）×3 600-141 000=154 200（元）

（3）根据上述条件，年获利180 000元不能实现。若想实现每年180 000元利润，应从以下几方面努力：

①其他条件不变，降低单位变动成本：

单位变动成本=单价-（目标利润+固定成本）÷销售量
    =350-（180 000+141 000）÷3 600=261（元）

如果其他条件不变，将单位变动成本降到261元，即降低7元（268-261）方可实现获利目标。但就目前物价和工资水平来看，降低7元将影响产品质量，会导致市场销售量下降，甚至会影响企业的形象，故该办法不可行。

②其他条件不变，降低固定成本：

固定成本=（单价-单位变动成本）×销售量-目标利润
    =（350-268）×3 600-180 000=115 200（元）

其他条件不变，将固定成本降到115 200元，即降低25 800元（141 000-115 200）方可实现获利目标。经与各出租方、税务部门、防疫机关协商，以及调查目前的工资水平，固定成本不可能降低，故该办法不可行。

③扩大销售量：

从上述调查和分析可以看出，企业产品供不应求，但是提高产销量设备生产能力不允许，故该办法不可行。

④提高价格：

单价=单位变动成本+（目标利润+固定成本）÷销售量
    =268+（180 000+141 000）÷3 600=357（元）

其他条件不变，将每锅产品单价提高到357元，即可实现获利目标。目前同类、同质产品的市价均低于357元，如果提高到357元，将影响产品的销售量，所以仍然不可行。

⑤其他条件不变，扩大规模：

从本案例内容和上述分析可以看出，要实现目标利润180 000元，可从扩大规模上入手，即再租设备、雇人员。就市场需求量来看，这是可以的，但是设备、车间、仓库等的承租情况和资金情况还有待进一步调查。

问题探讨

本案例只是将保本量与销售量相比较，保本量小于销售量，方案可行，但没有考虑该方案的安全程度。

研究一个方案是否可行，首先要测算保本量（额）与预计销售量（额）的关系，其次还应分析方案的安全边际率。一般认为，安全边际率为10%以下，方案较危险；安全边际率介于10%~20%之间，方案值得注意；安全边际率介于20%~30%之间，方案较安全；安全边际率介于30%~40%之间，方案安全；安全边际率为40%以上，方案很安全。因此，决策者在决策时应多方面考虑，作出较安全的决策。

第三部分　实训练习

一、填空题

1.决策是企业经营管理的（　　　）。按决策重要程度分类，可将决策分为（　　　）和（　　　）。

2.决策相关成本包括（　　　）、（　　　）、（　　　）、（　　　）、（　　　）、（　　　）、（　　　）、（　　　）、（　　　）和（　　　）。

3.短期经营决策分析的基本依据是（　　　），其主要内容有（　　　）、（　　　）和（　　　）。

4.在企业生产能力剩余且无法转移时，追加订货的最低限度是（　　　）。

二、单项选择题

1.与决策无关的成本是（　　　）。

A.沉没成本　　　　B.差量成材　　　　C.专属成本　　　　D.机会成本

2.下列各项属于成本基础定价的是（　　　）。

A.产品销售成本的加成　　　　　　B.产品生产成本的加成

C.产品管理费用的加成　　　　　　D.产品全部成本的加成

3.在允许缺货的情况下，经济订货量是使（　　　）的订货量。

A.进货成本与储存成本之和最小

B.进货成本等于储存成本

C.进货成本、储存成本与缺货成本之和最小

D.进货成本等于储存成本与缺货成本之和

4.在零部件自制或外购的决策中，无关成本是（　　　）。

A.直接材料　　　　　　　　　　B.变动制造费用

C.固定生产成本　　　　　　　　D.专属固定成本

三、多项选择题

1.经营决策按问题所处条件不同分为（　　　）。

A.确定型决策　　　B.风险型决策　　　C.非确定型决策　　　D.独立性决策

2.成本决策的方法很多，按成本决策的内容及目的不同分类，主要有（　　　）。

A.总额分析法　　　　　　　　　B.差量损益分析法

C.相关成本分析法　　　　　　　D.成本无差别分析法

3.下列各项属于相关成本的是（　　　）。

A.机会成本　　　　B.差量成本　　　　C.沉没成本　　　　D.共同成本

4.下列各项中属于战略决策的是（　　　）。

A.机器设备的采购　　　　　　B.新产品的研发

C.企业的经营方向　　　　　　D.材料的采购

四、实训业务

【习题6-1】明水日用化工厂计划生产一种新品牌香水，其中某种配料每年需要180 000千克。现该厂有剩余生产能力可以自制，其成本估计如下：

直接材料：600 000元

直接人工：100 000元

变动制造费用：60 000元

固定制造费用：65 000元

同时，该厂总经理也考虑向普集化工厂购买这种配料180 000千克，每千克购买价为4.25元，另加运费0.40元/千克。若明水日用化工厂不自制这种配料，其剩余生产能力可用于制造另一种产品，每年可提供贡献毛益20 000元。

要求：为明水日用化工厂作出该配料是自制还是外购的决策分析。

【习题6-2】万山公司产销A、B、C三种产品，其中A产品是亏损产品，B、C两种产品是盈利产品。其按照传统方式编制的利润表见表6-13。

表6-13　　　　　　　　　　　万山公司利润表　　　　　　　　　　单位：元

产品名称	A产品	B产品	C产品
销售收入	4 000	6 000	8 000
销售成本			
生产成本			
直接材料	900	800	1 400
直接人工	800	700	800
变动制造费用	700	600	600
固定制造费用	1 100	1 000	1 600
非生产成本			
变动销售及管理费用	600	900	1 200
固定销售及管理费用	400	600	800
销售成本合计	4 500	4 600	6 400
税前利润	(500)	1 400	1 600

要求：（1）为万山公司作出A产品是否停产的决策分析（假定A产品停产后，其生产设备不能移作他用）。

（2）若A产品停产后，其生产设备可出租给其他工厂，预计每年可获得租金净收入1 800元。在这种情况下，A产品是否应该停产？

【习题6-3】奇越公司是一家生产和销售电子商用产品的小型企业，该公司的信誉和产品质量得到用户的一致认可。在过去一年多时间里，该公司研发了一种新产品，并针对此产品设计了两个模型：基础版和升级版，研发成本分别为121 000元和175 000元。每个模型的预期市场需求量均为40 000个。管理部门预期能获得的市场份额数据为：基础版25%，升级版20%。其他预测数据见表6-14。

表6-14　　　　　　　　奇越公司产品研发成本预测数据　　　　　　金额单位：元

项　　目	基础版	升级版
计划销售价格	250	330
单位成本		
直接材料	28	45
直接人工	15	20
变动制造费用	24	32
固定制造费用	36	45
销售费用	130 000	200 000
销售人员工资	57 000	57 000
销售佣金（%）	10	10

注：销售佣金以销售金额为计算基础。

由于在新产品研发阶段，技术的进步在某种程度上改变了市场，该公司管理部门认为只能生产两个模型中的一种。该公司在不久前花25 000元聘请了一家管理咨询公司所作的深入市场调研证实了这一点。

要求：（1）计算每个模型的单位贡献毛益。

（2）在产品生产的决策过程中，表6-14的哪些数据可以忽略？

（3）编制一份决策分析计算表，并决定应该生产哪个模型的产品。

（4）在作出最后的决策之前，该公司还应该考虑哪些因素？

【习题6-4】长白山机器厂专门生产龙门刨床，全年最大生产能力为1 000台，正常的销售量为800台。龙门刨床的销售价格为48 000元，其单位成本资料如下：

直接材料：13 000元

直接人工：10 800元

制造费用：16 000元

　　其中：变动费用：6 200元

　　　　　固定费用：9 800元

单位变动成本：39 800元

要求：（1）现有外地客户前来订货200台，每台只愿出价31 600元，试问该批订货能否接受。请用数据加以说明。

（2）若外地客户前来订货220台，这时长白山机器厂如果接受订货，需要减少正常的产品销售量20台，但是对方出价仍为每台31 600元，试问这笔订货能否接受。请用数据加以说明。

【习题6-5】华艺制鞋厂生产一种高级室内拖鞋，年生产能力为100 000双，根据销售预测编制的计划年度利润表见表6-15。

表6-15　　　　　　　　　　华艺制鞋厂计划年度利润表

项　目	单价（元）	总价（元）
销售收入（以年销80 000双计）	10.000	800 000
生产成本	8.125	650 000
其中：原材料	4.025	322 000
加工费	0.975	78 000
生产部门管理费用	3.125	250 000
销售费用	1.500	120 000
其中：门市部销售计件工资	0.500	40 000
门市部管理费用	1.000	80 000
税前利润	0.375	30 000

注：管理费用的80%是固定成本。

年初，索菲特酒店直接来厂订货30 000双，但每双只愿出价7.5元，而且必须一次性全部购置，否则不要。这笔业务不会影响该厂在市场上的正常需要量。

对于索菲特酒店的订货，总经理认为对方出价7.5元大大低于生产和销售成本，而且影响10 000双的正常销售，可能造成亏损，不应接受。生产经理算了一笔账，其认为即使减少正常销售10 000双，按7.5元接受30 000双订货，对该厂还是有利的，应该接受。销售经理认为，在保证正常销售的前提下，可加班生产10 000双来满足订货，但是要支付加班费每双1.80元，其他费用不变。生产经理反对销售经理的建议，认为加班生产10 000双肯定亏本。销售经理坚持认为这样对该厂有利。他们带着这个问题去找会计经理，请他回答以下问题：

（1）总经理的意见对吗？

（2）生产经理的账是怎么算的？企业的利润是多少？

（3）按销售经理的建议，企业的利润是多少？

（4）应该采取哪个方案？

（5）如果加班生产10 000双，各方面费用要增加40 000元（包括加班费），应如何决策？

第六章在线测试　　　　　　　　　　第六章实训练习参考答案

第七章

长期投资决策

第一部分　基础知识

一、长期投资决策的含义和分类

（一）长期投资决策的含义

长期投资是指企业为了适应今后若干年生产经营的长远需要而投入大量资金，并期望获得更多回报的经济活动。例如，对固定资产的新建、改建、扩建和更新，资源的开发、利用，新产品的研制开发，老产品的换型、改造等方面的各项支出，都属于长期投资。

长期投资的特点是：投入资金数额大，回收时间长，投资风险大，对企业未来盈亏和财务状况影响深远。

一项长期投资决策往往涉及三部分内容：固定资产的投资、流动资产的垫支、投产前有关费用的支出。

（二）长期投资决策的分类

长期投资决策通常可按以下三个标准进行分类：

1.根据投资影响范围的大小，可分为战略性投资决策和战术性投资决策两类

战略性投资决策主要是指对整个企业的业务经营会发生重大影响的投资决策。例如，改变企业的经营方向，大幅度改变企业的生产经营能力，开发对企业未来有重大影响的新产品等。这类投资决策影响面较大，往往关系到企业的前途和命运，决策时应特别审慎。至于战术性投资决策，一般是指对原有产品的更新换代、增加花色品种、提高产品质量、降低产品成本所进行的投资决策。它的影响面只是企业的局部范围，并不影响企业总的经营方向。

2.根据投资标的物的不同，可分为固定资产投资决策与有价证券投资决策两类

固定资产投资决策主要是指为了增加固定资产数量或提高固定资产效率，以便扩大生产能力的投资决策。它又可分为新建、扩建、改建固定资产，购置或租赁固定资产等不同情况的投资决策。有价证券投资决策是指为了提高资金使用效率而进行的不能在一年以内变现的投资决策。它又可分为股权投资决策和债券投资决策两类。前者既包括以现金或资产投入附属企业或其他企业进行直接投资的决策，也包括在证券市场上购买其他企业的股票进行间接投资的决策；后者则包括认购国库券、公债，以及在市场上购买其他企业发行的公司债等各项投资决策。

3.根据投入资金是否分阶段，可分为单阶段投资决策与多阶段投资决策两类

凡一个投资项目一次投资就能完成或建成的，相关投资决策叫作单阶段投资决策（通常的投资项目大多属于此类）。它的决策分析方法比较简单，可供选择的方案也会少些。凡一个投资项目要分几次投资才能完成或建成的，相关投资决策叫作多阶段投资决策。它的决策分析方法要复杂一些，备选方案也会多一些，通常可采用决策树方法进行分析。

二、长期投资决策需要考虑的重要因素

（一）货币时间价值的有关概念

货币时间价值是指货币经过一定期间的投资和再投资所增加的价值，实质上就是在没有风险和通货膨胀条件下的社会平均资金利润率。

1.终值和现值的定义及计算

终值就是指某一特定金额按规定利率折算的未来价值，通常用S表示。现值就是指某一特定金额按规定利率折算的现在价值，通常用PV表示。

终值和现值是联系一定利率（i）和一定期限（n）的相对概念，它们之间存在一定的函数关系，即互为逆运算。终值和现值的计算方法通常有以下几种：

（1）单利计算法

单利即只就本金计算利息。其计算公式如下：

若用I表示利息，则：

$S=PV+I=PV+PV \cdot i \cdot n=PV(1+i \cdot n)$

$PV=\dfrac{S}{1+i \cdot n}$

（2）复利计算法

复利是指不仅本金要计算利息，利息也要生息，即所谓的"利滚利"。根据国际惯例，不论是投资、筹资，还是存款、贷款业务，若时期在两期或两期以上，通常按复利计息，即在每期期末结息一次，并随即把利息并入本金，作为下一期计息的基础。因此，在复利计算法下，终值和现值的计算公式如下：

$S=PV(1+i)^n$

$PV=S(1+i)^{-n}$

（3）简易计算法

在实际工作中，为了简化和加速计算，当计算复利终值时，可查复利终值系数表。该表是以1元为基础编制的，纵列为利率（i），横行为期数（n），纵列与横行相交的地方即为1元的复利终值系数$(1+i)^n$，一般用（S/P，i，n）表示。

如计算复利现值，可查复利现值系数表。该表同样也是以1元为基础编制的，纵列是利率（i），横行是期数（n），纵列与横行交叉的地方即为1元的复利现值系数$(1+i)^{-n}$，一般用（P/S，i，n）表示。

这样，上述复利终值和复利现值的计算公式可分别改写为：

S=PV·（S/P，i，n）

PV=S·（P/S，i，n）

需要指出的是：复利终值系数表和复利现值系数表的用途不仅表现在当i和n已知时去查找1元的复利终值和1元的复利现值，还包括当1元的复利终值（或现值）和i（或n）已知时，可以利用插值法去查找n（或i）。

2.年金的定义及计算

年金是指在一定期间内，每隔相同时期（一年、半年、一季等）收入或支出的等额款项。收入或支出等额款项在每期期末的，叫作普通年金，也称后付年金；收入或支出等额款项在每期期初的，叫作预付年金或先付年金；第一次收入或支出等额款项在第二期期末或第二期以后某期期末的，叫作递延年金；无限期持续收入或支出等额款项的，叫作永续年金或终身年金。

由于在投资决策中最常用的是普通年金和预付年金，现将它们的计算方法和应用分别介绍如下：

（1）普通年金终值的计算

普通年金终值（S_A）就是每期期末收入或支出等额款项（A）的复利终值之和。

由于普通年金没有第一期期初的收付款，而有第n期期末的收付款，所以普通年金终值的计算如图7-1所示。

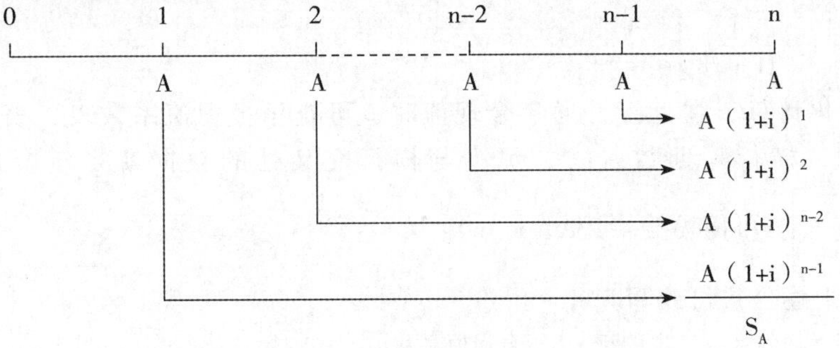

图7-1　普通年金终值计算示意图

根据图7-1，我们可将普通年金终值的计算公式列示如下：

$S_A=A+A(1+i)^1+A(1+i)^2+\cdots+A(1+i)^{n-2}+A(1+i)^{n-1}$

很明显，上述公式等号右边是以（1+i）为公比的几何级数之和，所以有：

$$S_A = A \cdot \frac{(1+i)^n - 1}{i}$$

为了简化计算，在计算普通年金终值时，可查年金终值系数表，表上的纵列是利率（i），横行是期数（n），纵列与横行交会处的数据即为1元的年金终值系数 $\frac{(1+i)^n - 1}{i}$，可简写为（S/A，i，n）。

因此，上述公式可改写为：

S_A＝每期等额收入或支出的年金×年金终值系数＝A·（S/A，i，n）

（2）普通年金现值的计算

普通年金现值（PV_A）就是每期期末收入或支出等额款项（A）的复利现值之和。

由于普通年金没有第一期期初的收付款，而有第n期期末的收付款，所以普通年金现值的计算如图7-2所示。

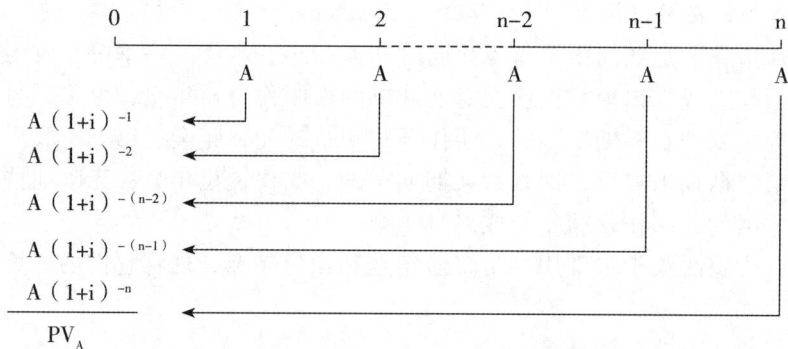

图7-2　普通年金现值计算示意图

根据图7-2，我们可将普通年金现值的计算公式列示如下：

$PV_A = A(1+i)^{-1} + A(1+i)^{-2} + \cdots + A(1+i)^{-(n-1)} + A(1+i)^{-n}$

很明显，上述公式等号的右边是以 $\frac{1}{1+i}$ 为公比的几何级数之和，所以有：

$$PV_A = A \cdot \frac{1}{i}\left[1 - \frac{1}{(1+i)^n}\right]$$

为了简化计算，在计算普通年金现值时，可查年金现值系数表，表上的纵列是利率（i），横行是期数（n），纵列与横行交叉处的数据就是年金现值系数 $\frac{1}{i}\left[1 - \frac{1}{(1+i)^n}\right]$，可简写为（P/A，i，n）。

因此，上述公式可改写为：

PV_A＝每期等额收入或支出的年金×年金现值系数＝A·（P/A，i，n）

（3）预付年金终值的计算

预付年金终值（S_{PA}）就是每期期初支出等额款项（R）的复利终值之和。

由于预付年金与普通年金的区别只在于付款时期不同，即n期预付年金终值比

n期普通年金终值要多计一期利息，因此只要根据普通年金终值公式计算出n期的 S_A，再乘上（1+i），便可求得n期的预付年金终值。其计算公式如下：

$S_{PA} = R \cdot (S/A, i, n) \cdot (1+i)$

（4）预付年金现值的计算

预付年金现值（PV_{PA}）就是每期期初支出等额款项（R）的复利现值之和。

由于预付年金与普通年金的区别只在于付款时期不同，n期预付年金现值比n期普通年金现值要多计一期利息，因此只要根据普通年金现值公式计算出n期的 PV_A，再乘上（1+i），便可求得n期的预付年金现值。其计算公式如下：

$PV_{PA} = R \cdot (P/A, i, n) \cdot (1+i)$

（5）递延年金终值的计算

递延年金是指第一次收入或支出等额款项在第二期期末或第二期以后某期期末的年金。

递延年金终值（S_{DA}）就是指在前m期没有收付款情况下的后n期内每期期末收入或支出等额款项（R）的复利终值之和。其计算如图7-3所示。

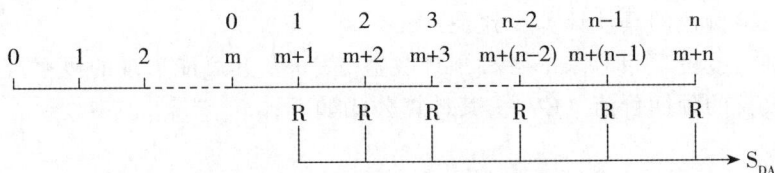

图7-3　递延年金终值计算示意图

根据图7-3，递延年金终值的计算与前面的递延期（m）无关，m期后面的第一期至第n期每期期末收入或支出等额款项的年金终值的计算方法与普通年金终值相同。其计算公式如下：

$S_{DA} = R \cdot (S/A, i, n)$

（6）递延年金现值的计算

递延年金现值（PV_{DA}）就是指在前m期没有收付款情况下的后n期内收入或支出等额款项（R）的复利现值之和。其计算如图7-4所示。

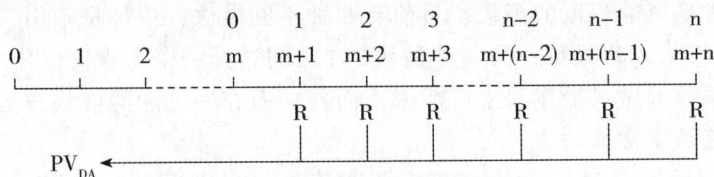

图7-4　递延年金现值计算示意图

其计算公式如下：

$PV_{DA} = R \cdot (P/A, i, n) \cdot (P/S, i, m)$

另外，计算递延年金现值也可以先求m+n期的普通年金现值，然后减去没有付款的递延期（m）的普通年金现值。其计算公式如下：

$PV_{DA} = R \cdot [(P/A, i, n+m) - (P/A, i, m)]$

（7）永续年金现值的计算

以上三类年金（普通年金、预付年金、递延年金）都是在特定期间收入或支出等额款项，而永续年金则是无限期收入或支出的等额款项，所以也称终身年金。例如，商业银行的存本取息就是永续年金的例子。

永续年金的终值无穷大，不必计算。永续年金的现值（PV_{LA}）可通过普通年金现值的计算公式推导出来：

$$PV_{LA} = R/i$$

（二）投资风险价值的有关概念

企业在长期投资决策中，一般都应考虑风险因素，计量所冒风险的程度，并要求预期报酬率能与其所冒风险程度相适应。风险越大，要求的报酬率越高。这就是投资风险价值。

投资风险价值的表现形式有两种：一种是绝对数，即风险报酬额，是指由于冒风险进行投资而取得的额外报酬（超过正常报酬的部分）；另一种是相对数，即风险报酬率，是指额外报酬占原始投资额的百分比。

投资风险价值的具体计算步骤是：

（1）确定投资项目未来的各种预计收益（x_i）及其可能出现的概率（p_i），并计算出未来收益的预期价值（$\overline{EV}$）。其计算公式如下：

$$\overline{EV} = \sum_{i=1}^{n} x_i p_i$$

（2）计算标准离差（σ）与标准离差率（R）。在实际工作中，尽管标准离差能反映投资项目所冒风险的程度，但不便与其他方案相比较，所以需计算标准离差率。其计算公式如下：

$$\sigma = \sqrt{\sum_{i=1}^{n} (x_i - \overline{EV})^2 \cdot p_i}$$

$$R = \frac{\sigma}{\overline{EV}} \times 100\%$$

（3）确定风险系数（F）。一般应根据该行业全体投资者对风险反感的态度来确定，其通常是风险程度的函数。目前有两种不同做法：一种是采用一个经验数据（客观概率）作为风险系数；另一种是从0~1之间选择一个主观概率作为风险系数。后一种确定系数的做法操作起来可能因人而异，但在一定期间就某一地区、某个行业来说，应该是个常数。

（4）导入风险系数，以计算该投资方案预期的投资风险价值。其计算公式如下：

预期风险报酬率=风险系数×标准离差率

预期风险报酬额=未来收益的预期价值×预期风险报酬率

预期的投资风险价值求出以后，为了判断该投资方案是否可行，可先根据该企业要求达到的投资报酬率，求出该方案要求的投资风险价值，然后拿它与预期的投资风险价值进行比较。若预期的投资风险价值小于要求的投资风险价值，说明该投资方案所冒的风险小，得到的报酬率高，方案可行；反之，如预期的投资风险价值大于要求的投资风险价值，则说明该投资方案所冒的风险大，得到的报酬率低，方案不可行。若有两个投资方案可供选择，则先分别计算预期的投资风险价值，然后再进行比较。

（三）资本成本

资本成本就是筹措和使用资本所应负担的成本，通常以百分比表示。资本成本是在企业经营管理权与资本所有权分离的条件下产生的一个重要的财务概念。资本成本在长期投资决策中非常重要，因为它是一个投资项目最低可接受的报酬率（hurdle rate of return），所以也称极限利率。也就是说，任何投资项目如果预期获利水平不能达到这个报酬率，就将被舍弃；相反，如超过这个报酬率，该项目就能被采纳。因此，资本成本又称投资项目的取舍率（cut-off rate）。

资本成本在长期投资决策中是计算货币时间价值与投资风险价值的依据，也是确定投资项目取舍的标准。

1.各种来源的资本成本的计算

（1）长期借款成本

由于企业中长期借款的利息通常作为财务费用处理，属于计算所得税的扣除项目（可少交企业所得税），长期借款一般也不会发生筹资费用，可无须考虑，因此，长期借款成本的计算公式如下：

长期借款成本=长期借款年利率×（1-企业所得税税率）

（2）债券成本

企业发行债券与长期借款一样，其利息也在税前支付，作为财务费用处理，同样可少交一部分企业所得税，但企业发行债券的筹资费用较高，在计算成本时应予以考虑。其计算公式如下：

$$债券成本=\frac{债券面值 \times 债券票面利率 \times（1-企业所得税税率）}{1-债券筹资费用率}$$

上述公式中的债券筹资费用率指的是债券筹资费用总额与债券发行总额的比率。

（3）优先股成本

企业发行优先股需支付筹资费用，并定期支付固定的股利，在这两方面与发行债券基本相似；所不同的是，发放的股利由税后利润支付，不能享受扣减企业所得税的好处。同时，优先股没有既定的到期日，但企业在必要时可用现金赎回一部分。另外，当企业破产清算时，优先股股东对剩余资产的要求权位于债券持有人之后，这反映了优先股的风险大于债券，所以优先股的报酬率一般应高于债券。

正是由于优先股没有既定的到期日，而且每年支付的优先股股利是相同的，为了简化优先股成本的计算，可采用永续年金的计算方法。其计算公式如下：

优先股成本=优先股年股利÷[优先股发行总额×（1-优先股筹资费用率）]

（4）普通股成本

普通股没有固定的股利，普通股股东每年获得的报酬取决于企业的经营状况和经济效益，具有较大的不确定性，这就为计算它的成本带来了一定的难度。另外，由于企业的筹资和投资决策都会影响普通股的收益，因此对普通股成本的精确估算要比前面述及的债券和优先股更复杂，而且更多变。

下面介绍两种常用的计算普通股成本的方法。

①按固定股利估算，即假定投资者对未来发放股利的估计是固定不变的，将股利视为永续年金，可利用下列公式进行计算：

普通股成本=普通股每股股利÷［普通股每股市价×（1－普通股筹资费用率）］

公式中的普通股每股股利可以用对该公司未来支付股利的预测数，也可以用目前该公司的普通股每股收益。

②按股利的每年增长率估算，即假定普通股的股利按固定的比率增长，其成本计算公式如下：

$$普通股成本=普通股股利增长率+\frac{预期普通股每股股利}{普通股每股市价}$$

（5）留存收益成本

留存收益是指企业税后利润减除支付股利后的未分配利润，其权益仍属于普通股股东。因此，留存收益成本的计算与普通股成本相似，唯一的差别就是留存收益无须支付筹资费用。现将其计算公式列举如下：

①按固定股利估算：

留存收益成本=普通股每股股利÷普通股每股市价

②按股利的固定增长率估算：

留存收益成本 =普通股股利增长率+普通股每股股利÷普通股每股市价

2.加权平均资本成本的计算

加权平均资本成本是以各种来源的资本占总资本的比重为权数，对各种资本的成本分别进行加权，然后加总而求得。其计算公式如下：

$$\begin{aligned}加权平均资本成本 =&\ \frac{长期借款占}{总资本比重}\times长期借款成本+\frac{债券占}{总资本比重}\times债券成本+\frac{优先股占}{总资本比重}\times优先股成本+\frac{普通股占}{总资本比重}\times普通股成本\\&+\frac{留存收益占}{总资本比重}\times留存收益成本\end{aligned}$$

（四）现金流量

1.现金流量的含义及内容

现金流量是指由一个长期投资项目（或方案）而引起的在未来一定期间所发生的现金流出量与现金流入量。其主要包括原始投资、营业现金流量、终结回收。

（1）原始投资，是指任何一个投资项目在初始投资时发生的现金流出量，一般包括以下三项：

① 在固定资产上的投资，是指建筑物和生产设备的购入或建造成本、运输成本、安装成本等。

② 在流动资产上的投资，是指对原材料、在产品、产成品、存货和货币资金等流动资产的垫支。

③ 其他投资费用，是指与长期投资项目有关的谈判费、注册费、职工培训费等筹建费用。

（2）营业现金流量，是指投资项目在建成投产后的整个寿命周期内，由于开展正常生产经营活动而发生的现金流入与现金流出的数量。营业现金流量通常包括现金流入量（如销售收入）和现金流出量（如使用固定资产发生的各项付现的营运成本和缴纳的税金）两大部分。营业现金流量一般按年计算，等于现金流入量减现金流出量的差额，习惯上称为各年的现金净流量（net cash flow，NCF）。

（3）终结回收，是指投资项目在寿命周期终了时发生的各项现金回收，如固定资产的残值或中途变价的收入，以及对原垫支的流动资产的回收。

2.现金流量的计算

在现金流量的三个组成部分中，原始投资和终结回收的性质比较单纯，因为前者发生在投资初期，全部属于现金流出量（特殊情况除外）；后者发生在项目终了时，全部属于现金流入量，一般无须复杂计算。营业现金流量发生在项目建成投产后的整个生命周期内，需要分别根据各年预计利润表的有关资料进行计算。其计算公式如下：

各年现金净流量=税后利润+折旧

或　　　　　　　=收入–付现成本–企业所得税

　　　　　　　=（收入–付现成本）×（1–企业所得税税率）+折旧×企业所得税税率

三、投资决策分析最常用的专门方法

（一）净现值法及其计算

我们把一个投资项目在未来期间所能获得的各种报酬（现金流入量）按照资本成本折算成总现值，然后把它与原始投资额（现金流出量）折算成的现值（如系一次投资，即原始投资额；如系分期投资，则需分别按资本成本折算成现值，再予以总计）进行对比，其差额就是净现值（net present value，NPV）。这是评价投资项目优劣的一个动态指标。

净现值的计算可按以下步骤进行：

（1）对投资项目生命周期内各年的现金净流量进行预测。

（2）根据资本成本将未来的各种报酬折算成总现值。

① 将各年的现金净流量折算成现值。若各年的NCF相等，按年金的计算方法将其折算成现值；如各年的NCF不等，则需分别按普通复利折算成现值，然后进行加总。

② 将期末固定资产的残值或中途变价收入以及期末应回收的流动资产，按普通复利折算成现值。

③ 将上述两项相加，即可求得未来报酬的总现值。

（3）计算投资项目的净现值，计算公式如下：

净现值（NPV）=未来报酬的总现值－原始投资额

（二）现值指数法及其计算

现值指数（PI）是指任何一个投资项目的未来报酬按资本成本折算的总现值与原始投资额的现值之比。现值指数亦称获利指数，反映每1元原始投资（成本）所带来的按资本成本折现后的净收益，也可叫作已折成现值的收益成本率。其计算公式如下：

现值指数（PI）=未来报酬的总现值÷原始投资额

现值指数大于或等于1，表示未来报酬大于或等于投资额，方案可行；否则不可行。现值指数越大，方案越优。

（三）内含报酬率法及其计算

内含报酬率（IRR）是指一个长期投资项目在其生命周期内按现值计算的实际可能达到的投资报酬率，亦称内部收益率。

内含报酬率法的基本原理就是根据内含报酬率对投资项目的全部现金流量进行折现，使未来报酬的总现值正好等于该项目原始投资额的现值。正因为如此，内含报酬率的实质就是一种能使投资项目的净现值等于零的报酬率。

在计算内含报酬率时，需采用逐次测试法，其具体方法如下：

（1）先估计一个折现率，并根据它计算未来各年NCF的现值，然后加计总数求得未来报酬的总现值，再与原始投资的现值进行比较。如果第一次测试的NPV为正数，即表示原先估计的折现率低于该项目的实际投资报酬率，应稍稍提高原估计的折现率，再行测试。如果第一次测试的NPV为负数，即表示原先估计的折现率高于该项目的实际投资报酬率，应稍稍降低原估计的折现率，再行测试。经过逐次测试，最终要找出邻近的一个正数的净现值和一个负数的净现值所代表的两个折现率。

（2）根据内含报酬率就是使投资项目的净现值等于零的报酬率的原理，有了前面找出来的两个邻近的折现率及其相应的净现值，采用插值法即可算出该投资方案的内含报酬率的近似值。

内含报酬率能正确反映各投资项目本身实际能达到的报酬率，因此它是评价投资项目优劣的一个重要指标。目前，世界银行和联合国开发计划署对发展中国家发放优惠贷款时，都要求借款单位提供有关投资项目的内含报酬率的信息，以便进行评估，决定贷放与否。

（四）回收期法及其计算

回收期（PP）是指以投资项目的各年现金净流量来回收该项目的原始投资总额所需的时间，通常用年数来表示。

回收期的计算方法根据各年的NCF是否相等而有所差异，现分述如下：

1.若各年的NCF相等

若各年的NCF相等，预计回收期的计算公式如下：

预计回收期=原始投资额÷各年的NCF

如果投资项目各年的NCF完全相等，但由于生命周期末有残值，那么最后一年的NCF与其他各年的NCF会有差异。为了简化计算，亦可将残值分摊到各年的NCF内，并把上述公式的分母改为年均NCF。

2.若各年的NCF不等

若各年的NCF不等，预计回收期应根据各年末的累计NCF与各年末尚未回收的投资金额进行计算。

回收期法是根据投资项目的预计回收期来确定该项目是否可行的决策分析方法。若预计回收期比要求的回收期短，则风险程度较低，可行；若预计回收期比要求的回收期长，则风险程度较高，不可行。

必须注意的是：这里所说的"要求的回收期"一般是指投资项目生命周期的一半。

回收期法的优点在于计算简便，容易理解，并可促使决策者想方设法缩短回收期，及早收回投资。特别是对那些技术更新较快的工业部门来说，回收期是一个评价投资项目风险程度的有用指标。回收期法的严重缺陷是没有考虑货币时间价值，也不能说明该投资项目将来究竟能获得多大的经济效益。因此，回收期法只是评价投资项目优劣的第二位方法。在实际工作中，通常是把测定回收期与计算净现值、现值指数和内含报酬率等指标结合起来加以应用。

（五）平均投资报酬率法及其计算

平均投资报酬率（ARR）是指一个投资项目的年平均利润（税后利润）与原始投资额之比。在计算时，可根据财务报表的数据以及财务会计所应用的利润和成本的观念来进行，所以也称会计报酬率或未调整的投资报酬率。其计算公式如下：

平均投资报酬率=年平均利润÷原始投资额

必须指出的是：有些学者对平均投资报酬率的计算不是以利润为基础，而是以现金流量为基础。他们认为，ARR是指一个投资项目在整个生命周期内的年均现金流量与原始投资额之比。在这个定义下，对ARR的计算还有两个不同的公式可供选择：

平均投资报酬率=年平均现金流入量÷原始投资额

或　　　　　　=年平均现金净流量÷平均投资额

计算平均投资额时必须注意，固定资产的原始投资额减去残值的净额是在其生命周期内自始至终用折旧形式逐年收回、逐年递减的，故这部分垫支额应除以2。另外，在生命周期终了时对残值和垫支的流动资产的回收额，都属于第一年进行初始投入，直到生命周期终了时才收回的金额，所以应全部视作平均投资额的一部分。平均投资额的计算公式如下：

平均投资额=（原始投资额-残值）÷2+（残值的回收额+流动资产的回收额）

【思政小课堂】

党的二十大报告提出："坚持把发展经济的着力点放在实体经济上，推进新型工业化，加快建设制造强国、质量强国、航天强国、交通强国、网络强国、数字中国。"《中华人民共和国国民经济和社会发展第十四个五年规划和2035年远景目标纲要》提出实施"上云用数赋智"行动，以数字化转型整体驱动生产方式、生活方式以及治理方式的变革。《"十四五"数字经济发展规划》明确将大力推进产业数字化转型和加快推动数字产业化列为重要任务。在数字经济大潮下，数字化转型已成为中国企业的必答题。

数据驱动是数字化转型的主线，充分发挥数据价值是数据驱动的目的，数字化时代数据价值的利用和发挥将影响企业数字化转型过程，并促进形成数字化背景下企业的核心竞争力。管理会计作为企业量化管理的核心内容，其应用涉及数据存储、数据计算、数据建模、数据挖掘和数据分析，这恰恰形成了数据驱动的闭环过程。因此，数据驱动离不开管理会计思想、工具和方法的应用，数字化转型离不开管理会计的创新和应用。①

思政元素：数字化转型，创新

第二部分　实例分析

【例7-1】大华公司有一个工程项目需分三次投资，第一年年初投入200万元，第二年年初投入300万元，第四年年初投入150万元。若三次投资款均系向交通银行借来，借款利率为12%（每年复利一次）。试问这个工程在第四年年末竣工时，总投资额为多少。

【解】由于各次投资款的借款利率相同，但期数不同，为了求出这个工程项目的总投资额，应分别求出每次投资的终值，然后再予以加总。

S=200×（S/P，12%，4）+300×（S/P，12%，3）+150×（S/P，12%，1)

=200×1.5735+300×1.4049+150×1.1200=904.17（万元）

从以上计算结果可知，该工程项目的总投资额为904.17万元。

【例7-2】大成公司董事会决定从今年的留存收益中提取280 000元兴建员工餐厅，根据施工单位的图纸估算，需要600 000元才能建成。大成公司将280 000元存入银行，假定银行存款利率为8%，每年复利一次，那么需要存多少年才能获得兴建员工餐厅所需要的款项？

【解】600 000=280 000×（S/P，8%，n)

（S/P，8%，n）=2.1429

查复利终值系数表，在8%这一纵列中找一个比2.1429小的终值系数，为1.9990，其相应的期数为9；然后再找一个比2.1429大的终值系数，为2.1589，其相应的期数为10。因此，我们要求的n值一定介于9与10之间，可采用插值法进行

① 管理会计研究网.二十大报告留给中国管理会计的五大考问［EB/OL］.［2024-01-09］. https：// mp.weixin.qq.com/s?__biz=MzIwNzY3NTk1MA==&mid=2247492382&idx=1&sn=106a155e32cc7c3db6da1f922d82ef69&chksm=970c145fa07b9d49682e0299fc97dfa1035568e2f4807c92f66736e62fff29ebf0f138f765f9&scene=27.

测算。

$$\frac{9-n}{1.9990-2.1429}=\frac{n-10}{2.1429-2.1589}$$

n=9.9

从以上计算结果可知，需要存9.9年才能获得兴建员工餐厅所需要的全部款项。

【例7-3】兴业公司董事会决定从今年的留存收益中提取40 000元进行投资，希望5年后能得到两倍半的钱用来对原生产设备进行技术改造。该公司在选择投资项目时，其可接受的投资报酬率应为多少？

【解】40 000×2.5=40 000×（S/P，i，5）

（S/P，i，5）=2.5

查复利终值系数表，在5期这一行，找一个比2.5小的终值系数，为2.4883，其相应的利率为20%；再找一个比2.5大的终值系数，为2.9316，其相应的利率为24%。因此，我们要求的i值一定介于20%与24%之间，可用插值法进行测算。

$$\frac{i-20\%}{2.5-2.4883}=\frac{24\%-i}{2.9316-2.5}$$

i=20.10%

从以上计算结果可知，兴业公司投资项目的投资报酬率必须达到20.10%，才能保证5年后有足够的款项对原生产设备进行技术改造。

【例7-4】侨联制药厂有一基建项目，分五次投资，每年年末投入80万元，预计5年后建成。项目建成投产后，估计每年可产生净现金流入50万元。若该厂每年投资的款项均系向招商银行借来，借款利率为14%（每年复利一次），并于建成投产后开始付息。试问该投资项目是否可行。

【解】如不考虑货币时间价值，这个投资项目的总投资额为400万元（80×5），而项目建成后每年回收50万元，似乎所有投资8年（400÷50）可以全部回收，因而该投资项目是可行的。若考虑货币时间价值，其结论就大不相同了。

首先，计算该投资项目的投资总额。由于每年年末投入相等金额80万元，连续投入5年，因此属于年金问题。要确定该投资项目的投资总额，实质上就是计算其年金终值（S_A）。

S_A=800 000×（S/A，14%，5）

　=800 000×6.610=5 288 000（元）

其次，该投资项目建成投产后，每年需支付给银行的利息为：

I=5 288 000×14%=740 320（元）

从以上计算结果可知，该投资项目建成投产后，每年回收的净现金流入为50万元，尚不足以支付利息，所以这个投资项目是不可行的。

【例7-5】春润公司董事会决定自今年起建立偿债基金，即在今后5年内每年年末存入中国工商银行等额款项，用来偿还该公司在第六年年初到期的公司债本金2 000 000元。假定中国工商银行的存款利率为9%（每年复利一次），试问春润公司每年年末需存入多少等额款项。

【解】第六年年初到期的公司债本金为2 000 000元，年金终值（S_A）已知，现在要确定每年年末存入中国工商银行的等额款项，即求年金A。

A=2 000 000÷（S/A，9%，5）

=2 000 000÷5.9847=334 185.51（元）

从以上计算结果可知，春润公司每年年末需存入中国工商银行334 185.51元，才能保证第六年年初有2 000 000元偿还公司债本金。

【例7-6】三羊制药厂有一基建项目，分五次投资，每年年初投入80万元，预计第五年年末建成。若该厂投资款是向中信银行借来的，年利率为14%（复利），请计算该项目的投资总额。

【解】S_{PA}=R×（S/A，14%，5）×（1+14%）

=800 000×6.6101×（1+14%）=6 028 411.2（元）

三羊制药厂该项目的投资总额为6 028 411.2元。

【例7-7】孚中公司为了提高产品质量，准备购置一台新的生产设备，现有两个项目可供选择：甲项目是一次性付款600 000元；乙项目分六期付款，每年年初付120 000元，6年共支付720 000元。若银行借款利率为9%（复利），孚中公司应选择哪个项目？

【解】（1）将乙项目分六期等额付款折算成预付年金现值：

PV_{PA}=R×（P/A，9%，6）×（1+9%）

=120 000×4.4859×（1+9%）=586 755.72（元）

（2）将乙项目的预付年金现值与甲项目的一次性付款比较，显然选择乙项目可节约投资13 244.28元（600 000-586 755.72），所以乙项目较优。

【例7-8】汇丰公司有一长期投资项目，预计其资本支出总额为1 500万元，资本来源共有四个，每个资本来源的金额及资本成本的数据见表7-1。

表7-1　　　　　　　　　**资本来源的金额及资本成本**

资本来源	金额（万元）	个别资本成本
债券	450	8%
优先股	150	10%
普通股	600	12%
留存收益	300	12%
合计	1 500	—

要求：计算该项目投资总额的加权平均资本成本。

【解】（1）计算各资本来源的比重。

债券占总资本的比重=450÷1 500×100%=30%

优先股占总资本的比重=150÷1 500×100%=10%

普通股占总资本的比重=600÷1 500×100%=40%

留存收益占总资本的比重=300÷1 500×100%=20%

（2）编制加权平均资本成本计算表，见表7-2。

表7-2　　　　　　　　　　　　加权平均资本成本计算表

资本来源	所占比重	个别资本成本	加权平均资本成本
债券	30%	8%	2.4%
优先股	10%	10%	1.0%
普通股	40%	12%	4.8%
留存收益	20%	12%	2.4%
合计	100%	—	10.6%

汇丰公司该项目投资总额的加权平均资本成本为10.6%。

【例7-9】华英公司准备在明年进行一个新产品开发投资项目，预计的有关资料如下：

（1）该项目的原始投资在固定资产方面，拟在第一年年初和第二年年初投资500万元，预计在第二年年末建成；在投产前（第二年年末）再垫支流动资产100万元，以便进行生产经营活动，期末收回流动资产80万元。

（2）预计固定资产可使用6年，期满残值为16万元，每年按直线法计提折旧。

（3）根据市场预测，投产后第一年的产品销售收入为300万元，以后5年均为600万元（假定销售货款均于当年收现）。又假定第一年的付现成本为80万元，以后5年的付现成本均为160万元。

（4）假定该公司适用的企业所得税税率为25%。

要求：（1）为该公司计算各年的现金净流量；

（2）为该公司编制开发新产品投资项目的全部现金流量计算表。

【解】（1）根据给定资料编制该公司投产后各年度的预计利润表，见表7-3。

表7-3　　　　　　　　　　　　华英公司各年预计利润表　　　　　　　　　　单位：万元

项　目	第三年	第四年	第五年	第六年	第七年	第八年
销售收入	300	600	600	600	600	600
付现成本	80	160	160	160	160	160
折旧	164	164	164	164	164	164
税前利润	56	276	276	276	276	276
企业所得税	14	69	69	69	69	69
税后利润	42	207	207	207	207	207

由表7-3可见，构成该投资项目现金流入量的是各年的销售收入，构成现金流出量的是各年的付现成本和企业所得税，该投资项目各年的现金净流量可计算如下：

$NCF_3=42+164=206$（万元）

$NCF_{4-8}=207+164=371$（万元）

（2）各年现金净流量求出以后，前面加上原始投资的现金流出量，后面加上终结回收的现金流入量，就构成了该投资项目的全部现金流量计算表，见表7-4。

表7-4　　　　　　　　投资项目的全部现金流量计算表　　　　　　　　单位：万元

项　目		年　度							
		0	1	2	3	4	5	6	7	8
原始投资	固定资产	（500）	（500）							
	流动资产			（100）						
营业现金流量	各年的NCF				206	371	371	371	371	371
终结回收	固定资产残值									16
	流动资产回收									80
各年现金流量合计		（500）	（500）	（100）	206	371	371	371	371	467
全部现金流量总计		1 057								

注：现金净流量为负数的，在金额前后加"（　）"；凡金额前后没有"（　）"的，则现金净流量为正数。

【例7-10】诚信公司计划期有甲、乙两个投资方案可供选择，原始投资均为期初一次性投入300万元，资本成本为14%。两个方案的生命周期均为5年，期满无残值。它们在生命周期内的现金流入量总额均为700万元，但分布情况不同，见表7-5。

表7-5　　　　　　　　诚信公司两个投资方案现金流量计算表　　　　　　　　单位：万元

方案	项目	年度					
		0	1	2	3	4	5
甲方案	原始投资额	（300）					
	各年的NCF		140	140	140	140	140
乙方案	原始投资额	（300）					
	各年的NCF		130	160	180	150	80

要求：采用净现值法评价甲、乙两个方案孰优。

【解】（1）计算甲方案的净现值：

由于甲方案各年的NCF相等，可按年金的计算方法折现；同时由于该方案期满无残值，所以各年的NCF现值之和就是未来报酬的总现值。

甲方案未来报酬总现值=各年的NCF×（P/A，14%，5）=140×3.433=480.62（万元）

甲方案的净现值=480.62-300=180.62（万元）

由于甲方案的净现值是正数，该方案可行。

（2）计算乙方案的净现值：

由于乙方案各年的NCF不等，所以应分别按普通复利折现，然后加以总计。编制的净现值计算表见表7-6。

表7-6　　　　　　　　　　　　　乙方案净现值计算表　　　　　　　金额单位：万元

年份	各年的现金流量（NCF）	复利现值系数（P/S，14%，n）	现值（PV）
1	130	0.8772	114.04
2	160	0.7695	123.12
3	180	0.6750	121.50
4	150	0.5921	88.82
5	80	0.5194	41.55
未来报酬总现值			489.03
原始投资额			（300.00）
净现值（NPV）			189.03

（3）从以上计算结果可知，甲、乙两方案的净现值均为正数，表明它们的预期可实现报酬率都大于资本成本，因而都是可行的。由于两方案的原始投资额相等，而乙方案的净现值大于甲方案，故乙方案较优。

【例7-11】仙乐公司原有一套生产设备的主机系4年前购入，原购置成本为200 000元，估计尚可使用6年，期满无残值，已提折旧80 000元（按直线法计提），账面折余价值为120 000元。若继续使用旧主机，每年可获销售收入净额298 000元，每年付现的直接材料、直接人工和变动制造费用等营业成本为226 000元。现该公司为了提高产品的产量和质量，准备更换一台装有数控设备的新主机，约需价款300 000元，估计可使用6年，期满估计残值为15 000元。购入新主机时，旧主机可作价70 000元。使用新主机后，每年可增加销售收入50 000元，同时每年可节约付现营业成本10 000元。假设仙乐公司的资本成本为12%，享受免缴企业所得税政策。

要求：采用净现值法和内含报酬率法，为仙乐公司作出应继续使用旧主机还是更换新主机的决策分析。

【解】（1）为了便于进行决策分析，对上述给定的资料进行分项综合，编列成表，见表7-7。

表 7-7   仙乐公司决策分析分项综合表   金额单位：元

项目	旧主机	新主机
购入成本	200 000	300 000
使用年限（年）	10	6
已使用年限（年）	4	0
期满残值	0	15 000
年折旧额	20 000	47 500
账面价值	120 000	300 000
可作价	70 000	0
年销售收入	298 000	348 000
年付现营业成本	226 000	216 000

（2）由于这两个方案的使用年限相同，因而无须对每个方案分别计算现金流量，可以只计算使用新主机与继续使用旧主机的现金流量的差额。

购置新主机每年的NCF=收入-付现成本-企业所得税

=348 000-216 000=132 000（元）

继续使用旧主机每年的NCF=收入-付现成本-企业所得税

=298 000-226 000=72 000（元）

购置新主机每年增加的NCF=132 000-72 000=60 000（元）

（3）结合货币时间价值（资本成本为12%），计算购置新主机增加的净现值：

$$\frac{购置新主机增加的}{未来报酬总现值}=\frac{购置新主机每年}{增加的NCF}\times (P/A，12\%，6)+\frac{新主机第六年}{年末的残值}\times (P/S，12\%，6)$$

=60 000×4.1114+15 000×0.5066=254 283（元）

购置新主机增加的未来投资额=300 000-70 000=230 000（元）

购置新主机增加的净现值=254 283-230 000=24 283（元）

从以上计算结果可知，购置新主机能增加净现值24 283元，所以更新主机的投资方案是可行的。

第三部分   实训练习

一、填空题

1.长期投资决策按投资影响范围的大小，可分为（   ）和（   ）；按投资标的物的不同，可分为（   ）和（   ）；按投入资金是否分阶段，可分为（   ）和（   ）。

2.营业现金流量包括（　　　）和（　　　）。

3.年金一般包括（　　　）、（　　　）、（　　　）和（　　　）四种形式。

4.投资决策分析常用的专门方法有（　　　）、（　　　）、（　　　）、（　　　）和（　　　）。

二、单项选择题

1.在相等时间间隔的期末连续收入或付出相等金额的系列款项称为（　　　）。

A.普通年金　　　　　B.先付年金　　　　C.递延年金　　　　D.永续年金

2.现金净流量是指（　　　）。

A.净利　　　　　　　　　　　　B.现金流入量与现金流出量的统称

C.付现成本　　　　　　　　　　D.现金流入量与现金流出量之差

3.能使投资方案的净现值等于零的折现率叫（　　　）。

A.获利指数　　　　B.投资报酬率　　　C.内含报酬率　　　D.资金成本率

4.当某项投资方案的净现值等于零时，即表明（　　　）。

A.该方案的获利指数等于1

B.该方案不具备财务可能性

C.该方案的净现值小于0

D.该方案的内部报酬率小于设定折现率

三、多项选择题

1.下列项目中，属于现金流入项目的有（　　　）。

A.营业收入　　　　　　　　　　B.经营成本节约额

C.回收流动资金　　　　　　　　D.回收固定资产净残值

2.在经营期内的任何一年中，该年的净现金流量等于（　　　）。

A.原始投资额的负值

B.原始投资与资本化利息之和

C.该年现金流入量与现金流出量之差

D.该年净利、折旧、摊销额和利息之和

3.长期投资的特点有（　　　）。

A.投资数额大　　　B.回收时间长　　　C.投资风险大　　　D.变现能力强

4.下列（　　　）属于年金的范畴。

A.每月固定薪金　　　　　　　　B.每月水电费

C.每月固定的房屋租金　　　　　D.按单利计算的每期存款利息

四、实训业务

【习题7-1】假设银行利率为8%，为在5年后得到10 000元，每年应存入银行多少元？

【习题7-2】某投资项目在未来8年内每年可取得10 000元的收益，假设投资报酬率为8%，请计算该项目的现值。

【习题7-3】某投资项目自第三年起，每年可取得投资收益5 000元，假设投资报酬率为10%。

要求：（1）10年后共取得多少投资收益？

（2）其现值为多少？

【习题7-4】假设你是F公司的财务顾问，该公司是目前国内最大的家电生产企业，已经在上海证券交易所上市多年。该公司考虑在北方的A市建一个工厂，生产某一新型产品，管理层要求你为其进行项目评价。F公司两年前曾在A市以500万元购买了一块土地的使用权，原打算建北方区配送中心，后来由于收购了一家物流企业，解决了北方区的产品配送问题，便取消了配送中心建设项目。该公司现计划在这块土地上兴建新工厂，目前该土地使用权的评估价值为800万元，预计建新工厂的固定资产投资成本为1 000万元。该工程将承包给另外的公司，工程款在完工投产时一次性付清，即可以将建设期视为零。另外，新工厂投产时需要营运资本750万元。新工厂投入运营后，每年生产和销售30万台产品，单价为200元，单位产品变动成本为160元；预计每年发生固定成本（含制造费用、销售费用和管理费用）400万元。由于该项目的风险比目前该公司的平均风险高，管理层要求该项目的投资报酬率比该公司当前的加权平均税后资本成本高2个百分点。该公司目前的资本来源如下：负债的主要项目是公司债券，该债券的票面利率为6%，每年付息，5年后到期，面值为1 000元，共100万张，每张债券的当前市价为959元；所有者权益的主要项目是普通股，流通在外的普通股共1亿股，市价为22.38元/股，β系数为0.875；其他资本来源项目可以忽略不计。当前的无风险报酬率为5%，预期市场风险溢价为8%。该项目所需资金按该公司当前的资本结构筹集，并可以忽略债券和股票的发行费用。该公司企业所得税税率为25%，新工厂固定资产折旧年限平均为8年（净残值为零），土地使用权不提取折旧。新工厂（包括土地使用权）在运营5年后将整体出售，预计出售价格为600万元。假设投入的营运资本在工厂出售时可全部收回。

要求：（1）计算该公司当前的加权平均税后资本成本（资本结构权数按市价计算，计算结果取整数）。

（2）计算该项目评价使用的含有风险的折现率。

（3）计算该项目的初始投资额（零时点现金流出）。

（4）计算该项目的年经营现金净流量。

（5）计算该工厂在5年后处置时的税后现金净流量。

（6）计算该项目的净现值。

【习题7-5】某人拟开设一家手机贴膜店，通过调查提出以下方案：

（1）设备投资：贴膜设备购买价为20万元，预计可使用5年，报废时无残值；按税法的要求，该设备折旧年限为4年，使用直线法计提折旧，净残值率为10%；计划在2023年7月1日购进设备并立即投入使用。

（2）门店装修：装修费用预计4万元，在装修完工的2023年7月1日支付。预计在2.5年后还要进行一次同样的装修。

（3）收入和成本预计：预计2023年7月1日开业，前6个月每月的收入为3万元，以后每月的收入为4万元；耗用钢化玻璃膜和粘尘贴等的成本为收入的60%，人工费、电费和房租等费用为每月0.8万元（不含设备折旧、装修费摊销）。

（4）营运资金：开业时垫付2万元。

（5）企业所得税税率为20%。

（6）业主要求的投资报酬率最低为10%。

要求：用净现值法评价该项目是否可行。

【习题7-6】假设你是ABC公司的财务顾问，该公司正在考虑购买一套新的生产线，估计初始投资为3 000万元，预期每年可产生500万元的税前利润（按税法的规定，该生产线应在5年内以直线法计提折旧，净残值率为10%，会计政策与此相同），已用净现值法评价该方案可行。然而，董事会对该生产线能否使用5年展开了激烈的争论。董事长认为该生产线只能使用4年，总经理认为能使用5年，还有人说类似的生产线使用6年也是常见的。假设企业所得税税率为25%，资本成本为10%，无论何时报废净残值均为300万元。请你就下列问题发表意见：

（1）该项目可行的最短使用寿命是多少年（假设使用年限与净现值呈线性关系，用插值法求解，计算结果保留小数点后两位）？

（2）他们的争论是否有意义（是否影响该生产线的购置决策）？为什么？

【习题7-7】某公司考虑用一台效率更高的新机器取代现有的旧机器。旧机器的账面折余价值为12万元，在二手市场上卖掉可以得到7万元；预计尚可使用5年，预计5年后清理的净残值为零；税法规定的折旧年限尚有5年，税法规定残值可以忽略。购买和安装新机器需要48万元，预计可以使用5年，预计清理的净残值为1.2万元。新机器属于新型环保设备，按税法的规定可分4年并采用双倍余额递减法计提折旧，法定残值为原值的1/12。由于新机器效率很高，每年可以节约付现成本14万元。该公司的企业所得税税率为25%。使用新机器后在任何一年出现亏损，该公司都将得到按亏损额的30%计算的企业所得税税额抵免。

要求：假设该公司投资新机器的必要报酬率为10%，计算机器更新方案的净现值。

第七章在线测试　　　　　　　　　第七章实训练习参考答案

第八章

全面预算

第八章

第一部分　基础知识

一、全面预算体系

企业要在未来达到并完成预定的经营目标，保证企业最优决策方案的贯彻与执行，需要从其战略角度统筹安排各种资源。全面预算既是企业决策的具体化，又是对生产经营活动进行控制和考核的依据。全面预算与企业的经营决策和投资决策既相互联系，又相互作用，通过编制全面预算保证企业目标的实现，已是现代企业管理的大势所趋。

（一）全面预算的含义

预算是指企业在科学的生产经营预测与决策的基础上，用价值和实物等多种指标反映企业未来一定时期内的生产经营状况、经营成果及财务状况等的一系列具体计划。预算既是计划工作的结果，又是控制生产经营活动的依据，更是使企业的资源取得最佳生产率和获利率的一种方法。

全面预算又称总预算，是指在预测与决策的基础上，按照企业既定的经营目标和程序，规划与反映企业未来的销售、生产、成本、现金收支等各方面活动，以便对企业特定计划期内全部生产经营活动有效地作出具体组织与协调，最终以货币为主要计量单位，通过一系列预计的财务报表及附表展示其资源配置情况的有关企业总体计划的数量说明。

全面预算的编制需要以预测的结果为根据，并受到预测质量的制约。全面预算必须服从决策目标的要求，使决策目标具体化、系统化、定量化。

（二）全面预算体系和内容

全面预算体系按其内容分为三大部分，即业务预算、财务预算和专门决策预算。其中，业务预算是编制全面预算的基础，涉及企业的主要经营活动。

全面预算体系中，各项预算之间相互联系，关系比较复杂，可用图8-1来反映各项预算之间的关系。

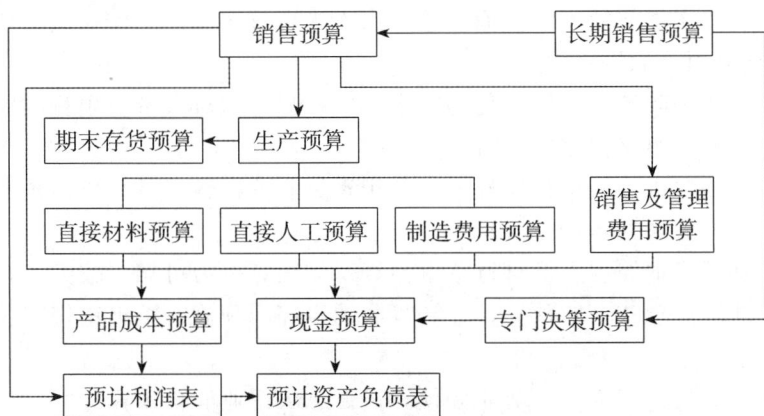

图8-1　全面预算体系

在图8-1中，我们首先看到的是本年的销售预算和长期销售预算。两者的区别是：长期销售预算是指预算期在一年以上的销售预算；而预算期在一年以内（包括一年）的预算称为短期预算，销售预算就属于短期预算。企业根据长期市场预测和生产能力，编制长期销售预算。企业根据长期销售预算编制本年的销售预算，并根据企业的财力确定资本支出预算。销售预算是年度预算的编制起点，根据以销定产的原则确定生产预算，同时确定所需要的销售费用和管理费用。编制生产预算时，除了要考虑计划销售量外，还要考虑现有存货和年末存货，根据生产预算来确定直接材料预算、直接人工预算和制造费用预算。产品成本预算和现金预算是有关预算的汇总。预计利润表、预计资产负债表是全部预算的综合。

（三）全面预算的作用

1.全面预算是各级各部门工作的奋斗目标

企业的目标是生存、发展和获利。为了实现其目标，企业应把总目标分解到各级各部门。各级各部门都完成了各自的具体目标，企业的总目标就实现了。

2.全面预算是各级各部门工作的协调工具

企业内部各级各部门必须协调一致，才能最大限度地实现企业的总目标。各级各部门因为职责不同，可能会出现利益互相冲突的现象。比如，企业的销售、生产、财务等部门可以分别编制对自己来说最好的计划，但这些计划在其他部门不一定行得通。通过编制代表企业整体的全面预算，可以使各级各部门的工作在此基础上协调起来。

3.全面预算是各级各部门工作的控制标准

预算一经确定，就进入实施阶段，管理工作的重心就转向控制。也就是说，经济活动要按预算进行。实际情况可能和预算有差异，这时应分析差异，查明原因，及时采取有效措施。

4.全面预算是各级各部门工作的考核依据

考核能使工作更有效率，全面预算可以作为考核各部门工作业绩的依据。

（四）全面预算的编制程序

企业预算的编制涉及经营管理的各个部门，只有执行人参与预算的编制，才能使预算成为他们自愿努力完成的目标。

（1）最高领导机构根据长期规划，利用本量利分析等工具，提出企业一定时期的总目标，并下达规划指标。

（2）最基层成本控制人员自行草编预算，使预算较为可靠、较为符合实际。

（3）各部门汇总各自的预算，并初步协调本部门预算，编出销售、生产、财务等业务预算。

（4）预算委员会审查、平衡业务预算，汇总出企业的总预算。

（5）经过执行机构的审议，批准通过或者驳回修改预算。

（6）将主要预算指标报告给董事会，讨论通过还是驳回修改。

（7）将批准后的预算下达给各部门执行。

（五）大数据技术下全面预算管理模式

首先，企业通过有效的大数据信息和分析技术，可构建包括企业相关发展数据、成本数据、产品数据等在内的全面完整的内外部市场经营信息系统。

其次，大数据技术预算编制的执行、落实和评价都是通过既有的网络系统来实现的，强调公开透明，人人参与。

再次，大数据预算方案的编制更加讲究实用性和适用性，预算目标的制定是与企业的战略目标相一致的，具有引导和促进企业发展的作用。

最后，随着大数据技术的不断增加、规模的不断扩大，预算管理的范围不断拓展，内容也不断充实并趋于全面完整。这都要求从大数据技术的特点出发，充分展现企业的个性，进而促进企业的长远发展和进步。

二、固定预算法业务预算的编制

1.销售预算

编制销售预算的依据主要是：

（1）科学的销售预测；

（2）产品的销售单价；

（3）产品销售的收款条件。

销售预算通常应分别按产品的名称、数量、单价、金额等资料来编制。在实际工作中，在销售预算的正表下面，往往还附有计划期的"预计现金收入计算表"，其中包括前期应收账款的收回以及本期销售货款的收入。这张附表主要是为以后编制现金预算准备的。

2.生产预算

编制生产预算的依据主要是：

（1）销售预算的每季度预计销售量；

（2）计划期每季度预计期初、期末存货量。

在编制生产预算时，应根据以下公式计算每季度预计生产量，然后填入表内：

预计生产量=预计销售量+预计期末存货量-预计期初存货量

3.直接材料预算

编制直接材料预算的依据主要是：

（1）生产预算的每季度预计生产量；

（2）单位产品的材料消耗定额；

（3）计划期的期初、期末存料量；

（4）材料的计划单价；

（5）采购材料的付款条件等。

直接材料预算编制的方法是：按材料类别分别根据下列公式计算预计采购量，然后再乘以计划单价，并填入预算表内：

预计采购量=预计生产需用量+预计期末库存量-预计期初库存量

在实际工作中，直接材料预算下面往往还附有计划期的“预计现金支出计算表”，其中包括前期应付购料款的偿还以及本期购料款的支付。

4.直接人工预算

编制直接人工预算的依据主要是：

（1）生产预算的每季度预计生产量；

（2）单位产品的工时定额；

（3）单位工时工资率（包括基本工资、各种津贴及社会保险费等）。

通常情况下，企业往往需要雇用不同工种的人工，直接人工预算应按不同工种分别计算，然后予以合计。其计算公式如下：

预计直接人工成本=预计生产量×$\sum$（单位工时工资率 × 单位产品工时定额）

5.制造费用预算

编制制造费用预算的依据主要是：

（1）计划期的一定业务量（比如全年产量所需工时总数）；

（2）上级管理部门下达的成本降低率；

（3）计划期各费用明细项目的具体情况等。

编制制造费用预算的方法如下：对于变动费用项目，一般情况下应以计划期的一定业务量为基础规划具体预算数字；对于固定费用项目，则大多根据基期的实际开支水平，再结合上级下达的成本降低率进行折算填入预算表内。另外，在预算正表下面还要附有“预计现金支出计算表”，以便以后编制财务预算类的现金预算。固定资产折旧费不属于现金支出项目，故在编制“预计现金支出计算表”时应予以剔除。

6.产品成本预算

产品成本预算是直接材料预算、直接人工预算、制造费用预算的汇总。

7.销售及管理费用预算

销售费用预算以销售预算为基础，分析销售收入、销售费用和销售利润的关系，力求实现销售费用的最有效利用。管理费用是做好一般管理业务所必需的费用，多属于固定成本，一般以过去的实际开支为基础，按预算期的可预见变化来调整。在编制此类预算时，也可以使用零基预算法。

三、专门决策预算的编制

专门决策预算是企业为不经常发生的长期投资决策项目或一次性专门业务所编制的预算。

1.筹措资金

若计划期预计长期资金可能有短缺情况，应及时设法筹措资金。筹措资金的方法包括向银行借款、发行股票或债券、出售企业原来拥有的证券等。

2.资本支出预算

资本支出预算是根据经过审核批准的各长期投资决策项目所编制的预算，其中需详细列出各项目在生命周期内各个年度的现金流出量和现金流入量的明细资料。

3.其他财务决策

例如，根据董事会的决定在计划期发放股息、红利，根据税法的规定在计划期缴纳企业所得税等。

为了配合财务预算的编制，便于控制和监督一次性专门业务，需要编制预算，但由于专门决策预算的具体情况各不相同，可按需要编制。

四、财务预算的编制

1.现金预算

现金预算是为反映企业在计划期预计的现金收支的详细情况而编制的预算。编制现金预算的根据主要是业务预算中的图表和专门决策预算。现金预算实际上是其他预算有关现金部分的汇总，以及收支差额平衡措施的具体计划。它的编制要以其他各项预算为基础。现金预算的内容包括现金收入、现金支出、现金多余或不足的计算，以及不足部分的筹资方案和多余部分的利用方案等。

编制现金预算时，主要把它分成以下四个部分：

（1）现金收入，包括计划期的期初现金余额和本期预计可能发生的现金收入，其主要来源是销售收入和应收账款的收回，可从销售预算的附表中获得这些资料。

（2）现金支出，包括计划期预计可能发生的一切现金支出，如支付的购料款，支付的直接人工、制造费用和销售及管理费用等，这些资料可从业务预算中获得。此外，还有购置固定资产、预付企业所得税及股利等支出，这些资料可从专门决策预算中获得。

（3）现金余缺与资金融通，是指将现金收入总额与现金支出总额进行对比，如收入大于支出，即出现剩余，可用来进行短期投放，或归还借款；如收入小于支出，即出现缺额，则需向银行借款或采用其他方式筹措资金。

（4）期末现金余额，就是将计划期的现金收入总额减去现金支出总额，再减去资金投放或归还总额，或加上资金筹措总额。

2.预计财务报表

预计财务报表包括预计利润表、预计资产负债表。预计财务报表主要为企业管理服务，是控制企业资金、成本和利润总量的重要手段。

（1）预计利润表。编制预计利润表的依据主要是：①业务预算；②专门决策预算；③现金预算。预计利润表按贡献式编列。

（2）预计资产负债表。它是为反映企业在计划期末那一天预计的财务状况而编制的预算报表。其编制的依据主要是：①基期末的资产负债表；②业务预算；③专门决策预算；④财务预算。预计资产负债表的编制应以基期末的资产负债表为基础，然后根据计划期各项预算的有关资料作必要的调整。

五、弹性预算、零基预算与滚动预算

1.弹性预算

弹性预算的基本原理是：由于制造费用预算和销售及管理费用预算中均包括变动费用和固定费用两大部分，按照它们的成本性态，固定费用在相关范围内一般是不随业务量的增减而变动的，因此在编制弹性预算时，只需将变动费用部分按业务量的变动加以调整（若明细项目中有属于混合成本性质的项目，则必须先进行分解）。其调整的方法如下：

假定原费用预算为B，其中：固定费用为a，单位变动费用为b，原计划产量为x，则变动费用为bx，原费用预算为B=a+bx。

现假定实际产量为x′，按实际产量调整后的费用预算总额为B′，则B′=a+bx′。

2.零基预算

零基预算的基本原理是：对于任何一个预算（计划）期，任何一个费用项目的开支数不是从原有的基础出发，即根本不考虑基期的费用开支水平，而是一切以零为起点，从根本上来考虑各个费用项目的必要性及开支规模。

编制零基预算有以下三个步骤：

第一，要求各部门的所有员工根据企业计划期的战略目标和各部门的具体任务，讨论在计划期内需要发生哪些费用项目，并为每一费用项目编写一套开支方案，提出费用开支的目的以及需要开支的数额。

第二，对酌量性固定成本的每一费用项目进行成本效益分析，将其所费与所得进行对比，用来对各个费用项目进行评价；然后在权衡各个费用项目轻重缓急的基础上，将其分成若干层次，排出开支的先后顺序。

第三，按照上一步骤确定的费用开支层次和顺序，结合计划期可动用的资金来源，分配资金，落实预算。

3.滚动预算

业务预算、财务预算和一次性专门业务预算的编制通常以一年为期，与会计年度相配合。其优点是便于对实际数与预算数进行对比。但是，在预算执行过程中，由于种种原因，编制预算时对未来经济活动所估计或推测的数字常常会发生变动，使原来的预算数不能适应新的情况。为了增强预算的适应性，企业可以采用滚动预算。

滚动预算的基本原理是：使预算期永远保持在12个月，每过1个月，立即在期末增列1个月的预算，逐期向后滚动，因而在任何一个时期都能使预算保持12个月的时间跨度，所以也称连续预算。这种预算能使企业各级管理人员对未来12个月的生产经营情况进行考虑和规划，从而保证企业的经营管理工作持续、稳定且有秩序地进行。滚动预算的编制还采用了长计划、短安排的方式，就是在基期编制预算时，先按年度分季，并将其中第一季度按月划分，建立各月的明细预算数字，以便监督和控制预算的执行。至于其他三个季度的预算，则可以粗一点，只列各季度总数。到第一季度结束时，再将第二季度的预算按月细分，第三、四季度以及增列的下一年的第一季度只需列出各季度的总数。以这种方式编制预算，有利于管理人员对预算资料作经常性的分析和研究，并能根据当前预算的执行情况及时加以修订。所有这些都是传统编制方式所不具备的优点。

【思政小课堂】

华润集团经过80多年的发展，业务涵盖大消费、综合能源、城市建设运营、大健康、产业金融、科技及新兴产业6大领域，下设25个业务单元，有两家直属机构，实体企业共3 077家，在职员工约37.5万人，位列2023年《财富》世界500强第74位。

6S管理体系是华润从自身特点出发探索的多元化控股企业管理模式，是华润的核心管理体系。6S是战略规划体系、业绩评价体系、内部审计体系、经理人考评体系、管理报告体系和商业计划体系等6个体系（system）的简称。6S既是一个全面的预算管理体系，也是一个多元化的信息管理系统。它以管理会计理论为基础，以全面预算为切入点，其目的不仅是解决财务管理方面的问题，还要解决集团的系统管理问题，如以往经营中存在的管理重点不突出、约束机制不健全、管理信息反馈不及时、财务及经营风险控制不到位、企业发展方向不明确、人才激励机制不科学等问题。

6S管理体系保证了集团全面预算管理的运行，实际上是一个系统化的全面预算管理实施方案，它对公司管理的变革性推动作用从多个角度得到了反映。由此可见，一个企业的发展与其管理会计系统有着密切的关系。①

思政元素：管理创新，系统思维

---

① [1] 华润集团官网. [2] 蒋伟，魏斌. 全面预算管理的系统化实施探索——华润公司运行6S管理体系 [J]. 国有资产管理，2002（8）：27-30.

第二部分 实例分析

【例8-1】实达公司根据市场预测并结合企业生产能力确定明年第一季度到第四季度的预计销售量分别为100件、150件、200件、180件，产品单价为200元。应收账款期初为6 200元，每季度销售收入中，本季度收到60%的现金，另外40%的现金要到下季度才能收到。

要求：（1）编制该公司的销售预算。

（2）假定实达公司按下季度销售量的10%安排期末存货量，年初有存货10件，年末留存20件。请编制该公司的生产预算。

（3）假设实达公司材料期初库存量为300件，期末库存量为400件，按下一季度生产量的20%安排期末库存量。单位产品材料用量为10千克，计划单价为5元，期初应付购料款2 350元。根据经验数据，该公司材料采购的货款中，有50%在本季度付清，另外50%在下季度付清。请编制该公司的直接材料预算。

（4）假定实达公司在计划期所需直接人工只有一个工种，单位产品的工时定额为10工时，单位工时工资率为2元。请编制直接人工预算。

（5）为了计算方便，变动制造费用中间接人工、间接材料、修理费和水电费的标准成本分别为1元、1元、2元、1元，其费用根据预计生产量与标准成本的乘积可得。预计第一至第四季度的修理费分别为1 000元、1 140元、900元、900元，折旧费均为1 000元，管理人员工资均为300元，保险费分别为75元、85元、110元、190元。请编制制造费用预算。

（6）已知直接材料、直接人工、变动制造费用和固定制造费用的投入量分别为10千克、10工时、10工时、10工时。请编制产品成本预算。

（7）已知发生的销售人员工资、广告费、包装和运输费、保管费分别为2 000元、5 500元、3 000元、2 700元；管理人员工资、职工福利费、保险费、办公费分别为4 000元、800元、600元、1 400元。请编制销售及管理费用预算。

（8）已知第一季度的期初现金余额为8 000元；第一至第四季度的企业所得税均为4 000元；第二季度购买设备支出10 000元；第二和第四季度均支付现金股利8 000元。实达公司需要保留的现金余额为6 000元，不足此数时需要向银行借款，而且借款额需是1 000元的整数倍。借款一般在每期期初借入，每期期末归还。请编制现金预算。

（9）编制预计利润表。

（10）已知土地使用权的年初数为15 000元，长期借款的年初数为9 000元，实收资本（或股本）的年初数为20 000元，房屋的年初数为20 000元，未分配利润的年初数为16 250元。请编制预计资产负债表。

【解】（1）销售预算

销售预算见表8-1。

表 8-1 　　　　　　　　　　　　　　　　　**销售预算** 　　　　　　　　　　　　　金额单位：元

项 目	第一季度	第二季度	第三季度	第四季度	全 年
预计销售量（件）	100	150	200	180	630
预计单价	200	200	200	200	200
销售收入	20 000	30 000	40 000	36 000	126 000

预计现金收入计算表

上年应收账款	6 200				6 200
第一季度销售收入	12 000	8 000			20 000
第二季度销售收入		18 000	12 000		30 000
第三季度销售收入			24 000	16 000	40 000
第四季度销售收入				21 600	21 600
现金收入合计	18 200	26 000	36 000	37 600	117 800

（2）生产预算

根据下列公式编制生产预算（见表8-2）：

预计期末存货量=下季度销售量×10%

预计期初存货量=上季度期末存货量

预计生产量=预计销售量+预计期末存货量-预计期初存货量

表 8-2 　　　　　　　　　　　　　　　　　**生产预算** 　　　　　　　　　　　　　　单位：件

项 目	第一季度	第二季度	第三季度	第四季度	全 年
预计销售量	100	150	200	180	630
加：预计期末存货量	15	20	18	20	20
预计销售量合计	115	170	218	200	650
减：预计期初存货量	10	15	20	18	10
预计生产量	105	155	198	182	640

（3）直接材料预算

根据下列公式编制直接材料预算（见表8-3）：

预计期末库存量=下季度生产需用量×20%

预计期初库存量=上季度期末库存量

预计采购量=预计生产需用量+预计期末库存量-预计期初库存量

预计采购金额=预计采购量×单价

表 8-3　　　　　　　　　　　　　　**直接材料预算**　　　　　　　　　　　金额单位：元

项　目	第一季度	第二季度	第三季度	第四季度	全　年
预计生产量（件）	105	155	198	182	640
单位产品材料用量（千克）	10	10	10	10	10
预计生产需用量（千克）	1 050	1 550	1 980	1 820	6 400
加：预计期末库存量（件）	310	396	364	400	400
合　计	1 360	1 946	2 344	2 220	6 800
减：预计期初库存量（件）	300	310	396	364	300
预计采购量（件）	1 060	1 636	1 948	1 856	6 500
单价	5	5	5	5	5
预计采购金额	5 300	8 180	9 740	9 280	32 500
预计现金支出计算表					
上年应付账款	2 350				2 350
第一季度采购金额	2 650	2 650			5 300
第二季度采购金额		4 090	4 090		8 180
第三季度采购金额			4 870	4 870	9 740
第四季度采购金额				4 640	4 640
现金支出合计	5 000	6 740	8 960	9 510	30 210

（4）直接人工预算

根据下列公式编制直接人工预算（见表 8-4）：

直接人工工时=预计生产量×单位产品工时

预计直接人工成本总额=直接人工工时×单位工时工资率

表 8-4　　　　　　　　　　　　　　**直接人工预算**

项　目	第一季度	第二季度	第三季度	第四季度	全　年
预计生产量（件）	105	155	198	182	640
单位产品工时	10	10	10	10	10
直接人工工时	1 050	1 550	1 980	1 820	6 400
单位工时工资率（元/工时）	2	2	2	2	2
预计直接人工成本总额（元）	2 100	3 100	3 960	3 640	12 800

（5）制造费用预算

表 8-5 是实达公司制造费用预算。

表 8-5　　　　　　　　　　　　制造费用预算　　　　　　　　　　　单位：元

项　目		第一季度	第二季度	第三季度	第四季度	全　年
变动制造费用	间接人工	105	155	198	182	640
	间接材料	105	155	198	182	640
	修理费	210	310	396	364	1 280
	水电费	105	155	198	182	640
	小计	525	775	990	910	3 200
固定制造费用	修理费	1 000	1 140	900	900	3 940
	折旧费	1 000	1 000	1 000	1 000	4 000
	管理人员工资	300	300	300	300	1 200
	保险费	75	85	110	190	460
	小计	2 375	2 525	2 310	2 390	9 600
合　计		2 900	3 300	3 300	3 300	12 800
减：折旧费		1 000	1 000	1 000	1 000	4 000
现金支出的费用		1 900	2 300	2 300	2 300	8 800
预计现金支出计算表						
第一季度		1 900				1 900
第二季度			2 300			2 300
第三季度				2 300		2 300
第四季度					2 300	2 300
现金支出合计		1 900	2 300	2 300	2 300	8 800

（6）产品成本预算

变动制造费用分配率=3 200÷6 400=0.5（元/工时）

固定制造费用分配率=9 600÷6 400=1.5（元/工时）

表 8-6 是实达公司产品成本预算。

表 8-6　　　　　　　　　　　　产品成本预算　　　　　　　　　　金额单位：元

项　目	费用分配率	投入量	单位产品成本	生产成本（640件）	期末存货（20件）	销售成本（630件）
直接材料	5元/千克	10千克	50	32 000	1 000	31 500
直接人工	2元/工时	10工时	20	12 800	400	12 600
变动制造费用	0.5元/工时	10工时	5	3 200	100	3 150
固定制造费用	1.5元/工时	10工时	15	9 600	300	9 450
合　计			90	57 600	1 800	56 700

（7）销售及管理费用预算

表8-7是实达公司销售及管理费用预算。

表8-7 销售及管理费用预算 单位：元

项　目		金　额
销售费用	销售人员工资	2 000
	广告费	5 500
	包装和运输费	3 000
	保管费	2 700
	小计	13 200
管理费用	管理人员工资	4 000
	职工福利费	800
	保险费	600
	办公费	1 400
	小计	6 800
合计		20 000
每季度支付现金（20 000÷4）		5 000

（8）现金预算

表8-8是实达公司现金预算。

表8-8 现金预算 单位：元

项　目	第一季度	第二季度	第三季度	第四季度	全　年
期初现金余额	8 000	8 200	6 060	6 290	8 000
加：销售现金收入（见表8-1）	18 200	26 000	36 000	37 600	117 800
可供使用的现金	26 200	34 200	42 060	43 890	125 800
减：现金支出					
直接材料（见表8-3）	5 000	6 740	8 960	9 510	30 210
直接人工（见表8-4）	2 100	3 100	3 960	3 640	12 800
制造费用（见表8-5）	1 900	2 300	2 300	2 300	8 800
销售及管理费用（见表8-7）	5 000	5 000	5 000	5 000	20 000
企业所得税	4 000	4 000	4 000	4 000	16 000
购置设备		10 000			10 000
股利		8 000		8 000	16 000
现金支出合计	18 000	39 140	24 220	32 450	113 810
现金多余或不足	8 200	（4 940）	17 840	11 440	11 990

项　目	第一季度	第二季度	第三季度	第四季度	全　年
向银行借款		11 000			11 000
还银行借款			（11 000）		（11 000）
借款利息（年利率10%）			（550）		（550）
筹措资金合计		11 000	（11 550）		（550）
期末现金余额	8 200	6 060	6 290	11 440	11 440

实达公司需要保留的现金余额为 6 000 元，不足此数时要向银行借款，因此第二季度的借款额为：

借款额=最低现金余额+现金不足额=6 000+4 940=10 940≈11 000（元）

第三季度现金多余，可用于偿还借款。预计借款期为 6 个月，假设利率为10%，则：

应计利息=11 000×10%×6÷12=550（元）

还款后，仍需保持最低现金余额；否则，只能部分归还借款。

（9）预计利润表

表 8-9 是实达公司预计利润表。

表 8-9　　　　　　　　　　　　　　**预计利润表**　　　　　　　　　　　　　　单位：元

项目	金额
销售收入（见表 8-1）	126 000
销售成本（见表 8-6）	56 700
毛利	69 300
销售及管理费用（见表 8-7）	20 000
利息（见表 8-8）	550
税前利润	48 750
企业所得税（见表 8-8）	16 000
税后利润	32 750

在表 8-9 中，销售收入的数据来自销售预算，销售成本的数据来自产品成本预算，毛利是前两项的差额，销售及管理费用数据来自销售及管理费用预算，利息数据来自现金预算。企业所得税是在利润规划时估计的，并已列入现金预算。

（10）预计资产负债表

期末未分配利润=期初未分配利润+本期税后利润−本期股利

　　　　　　　=16 250+32 750−16 000=33 000（元）

应收账款是根据表 8-1 中的第四季度销售额和收现率计算的：

期末应收账款=本期销售额×（1−本期收现率）=36 000×（1−60%）=14 400（元）

应付账款是根据表 8-3 中的第四季度采购金额和付现率计算的：

期末应付账款=本期采购额×（1-本期付现率）=9 280×（1-50%）=4 640（元）

表8-10是实达公司预计资产负债表。

表8-10　　　　　　　　　　　　　预计资产负债表　　　　　　　　　　　　单位：元

资产	年初数	年末数	负债和所有者权益 （或股东权益）	年初数	年末数
货币资金（见表8-8）	8 000	11 440	应付账款（见表8-3）	2 350	4 640
应收账款（见表8-1）	6 200	14 400	长期借款	9 000	9 000
直接材料（见表8-3）	1 500	2 000	实收资本（或股本）	20 000	20 000
产成品（见表8-6）	900	1 800	未分配利润（见表8-9）	16 250	33 000
土地使用权	15 000	15 000			
房屋及设备（见表8-8）	20 000	30 000			
累计折旧（见表8-5）	(4 000)	(8 000)			
资产总计	47 600	66 640	负债和所有者权益 （或股东权益）总计	47 600	66 640

【例8-2】实达公司原计划业务量为30 000工时，制造费用预算有关资料见表8-11。已知间接人工、间接材料、维护费、水电费和润滑剂的每工时费用分配率分别为0.4、0.6、0.27、0.5、0.23。请分别制定业务量每间隔5%，即30 000工时、31 500工时、33 075工时的制造费用弹性预算。

表8-11　　　　　　　　　　　　实达公司制造费用预算

2023年度　　　　　　　　　　　　　　　　　　金额单位：元

成本明细项目		金额	费用分配率计算
变动费用	间接人工	12 000	变动费用分配率=60 000÷30 000 =2.00（元/工时）
	间接材料	18 000	
	维护费	8 100	
	水电费	15 000	
	润滑剂	6 900	
	合计	60 000	
固定费用	维护费	12 000	固定费用分配率=54 000÷30 000 =1.80（元/工时）
	折旧费	15 000	
	管理费	24 000	
	保险费	3 000	
	合计	54 000	
预计现金 支出计算表	变动费用支出	60 000	
	固定费用支出	54 000	
	减：折旧费	15 000	
	制造费用全年现金支出	99 000	
	制造费用每季度现金支出	24 750	

【解】实达公司制造费用弹性预算见表8-12。

表8-12   **实达公司制造费用弹性预算**

2023年度   金额单位：元

成本明细项目		每工时费用分配率	业务量		
			30 000工时	31 500工时	33 075工时
变动费用	间接人工	0.40	12 000	12 600	13 230
	间接材料	0.60	18 000	18 900	19 845
	维护费	0.27	8 100	8 505	8 930.25
	水电费	0.50	15 000	15 750	16 537.5
	润滑剂	0.23	6 900	7 245	7 607.25
	合计	2.00	60 000	63 000	66 150
固定费用	维护费		12 000	12 000	12 000
	折旧费		15 000	15 000	15 000
	管理费		24 000	24 000	24 000
	保险费		3 000	3 000	3 000
	合计		54 000	54 000	54 000
制造费用合计			114 000	117 000	120 150

【例8-3】长城公司销售及管理部门全体员工根据该公司下年度的目标利润和该部门的具体任务，认为计划期需发生的费用项目及其预计的开支水平如下：广告费：20 000元；培训费：18 000元；房屋租金：9 000元；差旅费：3 000元；办公费：5 000元。

属于酌量性固定成本的广告费和培训费根据历史资料进行的成本效益分析结果见表8-13。假设在计划期，长城公司对于销售及管理费用可动用的财力资源只有43 000元，请采用零基预算法编制长城公司下年度销售及管理费用预算。

表8-13   **成本效益分析结果**   单位：元

明细项目	成本金额	收益金额
广告费	1	20
培训费	1	30

【解】将五个费用项目按照具体性质和轻重缓急排出如下开支层次和顺序：

第一层次：房屋租金、差旅费、办公费，属于约束性固定成本，在计划期必不可少，需全额得到保证，故列为第一层次。

第二层次：培训费，属于酌量性固定成本，可根据计划期企业财力水平酌情增减，其成本收益率大于广告费，故列为第二层次。

第三层次：广告费，也属于酌量性固定成本，可根据计划期企业财力水平酌情增减，其成本收益率小于培训费，故列为第三层次。

根据以上排出的层次和顺序，房屋租金9 000元、差旅费3 000元、办公费

5 000元必须得到保障，则尚可分配的资金为26 000元（43 000-9 000-3 000-5 000），此数应按成本收益率的比例分配给培训费及广告费。

培训费可分配数=26 000×30÷（20+30）=15 600（元）

广告费可分配数=26 000×20÷（20+30）=10 400（元）

第三部分　实训练习

一、填空题

1.（　　）又称总账预算，是关于企业在一定时期内经营、财务等方面的总体预算。编制（　　）是企业预算控制的核心，是企业整个预算管理体系的出发点。

2.全面预算体系包括（　　）、（　　）和（　　）三大组成部分，其中（　　）是编制全面预算的基础。

3.（　　）是全面预算的出发点，是编制业务预算和财务预算的基础。

4.全面预算编制的方法有（　　）、（　　）、（　　）和（　　）。

二、单项选择题

1.全面预算的基础是（　　）。

A.生产预算　　　　　　　　　　　B.销售预算

C.直接材料预算　　　　　　　　　D.直接人工预算

2.下列生产预算中，与其他项目没有直接关系的是（　　）。

A.变动制造费用预算　　　　　　　B.销售及管理费用预算

C.直接材料采购预算　　　　　　　D.直接人工预算

3.在编制（　　）时，需要按成本性态分析的方法将企业的成本分为固定成本和变动成本。

A.固定预算　　　B.零基预算　　　C.滚动预算　　　D.弹性预算

4.能同时以实物量指标和价值量指标分别反映经营收入和相关现金收入的预算是（　　）。

A.销售预算　　　B.直接人工预算　　　C.现金预算　　　D.生产预算

三、多项选择题

1.全面预算内容包括（　　）。

A.业务预算　　　B.弹性预算　　　C.财务预算　　　D.专门决策预算

2.下面说法正确的是（　　）。

A.零基预算以零为基础　　　　　　B.滚动预算以时间一年为基础

C.弹性预算以全面预算为基础　　　D.全面预算以销售预算为基础

3.全面预算的特点是（　　）。

A.侧重企业短期经营目标的数量表现　　B.包括很多分预算

C.具有规划与控制功能　　　　　　D.不能随意改变

4.直接人工预算的编制包括（　　　）项目。

A.预计的生产量   B.单位产品标准或定额工时

C.标准工资率   D.预计的销售量

四、实训业务

【习题8-1】某工厂期初存货为250件，本期预计销售500件。

要求：（1）如果预计期末存货为300件，本期应生产多少件？

（2）如果预计期末存货为260件，本期应生产多少件？

【习题8-2】A公司只生产一种产品，单价为200元，预计2021年度四个季度的销售量分别为250件、300件、400件和350件。根据以往经验，销货款在当季可收到60%，下一季度收到其余的40%。预计2021年度第一季度可收回2020年度第四季度的应收账款20 000元。

要求：计算2021年度各季度的现金收入。

【习题8-3】假设现金期末最低余额为5 000元，银行借款起点为1 000元，贷款利率为每年5%，还本时付息。

要求：将表8-14中的现金预算的空缺数据按照其内在联系填补齐全。

表8-14　　　　　　　　　　　　　　现金预算　　　　　　　　　　　　　　单位：元

项　目	第一季度	第二季度	第三季度	第四季度	全年
期初现金余额	4 500				
加：现金收入	10 500		20 000		66 500
可供使用的现金					
减：现金支出					
直接材料	3 000	4 000	4 000		15 000
直接人工		1 500			
间接制造费用	1 200	1 200	1 200	1 200	
销售及管理费用	1 000	1 000	1 000		4 000
购置设备	5 000				
企业所得税	7 500	7 500	7 500		30 000
现金支出合计	19 000		15 300		64 800
现金多余或不足					
筹措资金					
向银行借款		1 000			
偿还银行借款			（5 000）	（5 000）	
支付利息					
期末现金余额		5 800			

【习题8-4】完成表8-15中的第三季度现金预算工作底稿和现金预算。

表8-15　　　　　　　　　第三季度现金预算工作底稿和现金预算　　　　　　　单位：元

月份	5	6	7	8	9	10
销售收入	5 000	6 000	8 000	9 000	10 000	
收账						
销货当月（销售收入的20%）						
销货次月（销售收入的70%）						
销货再次月（销售收入的10%）						
收账合计						
采购金额（下月销货的70%）						
购货付款（延后1个月）						
现金预算：						
（1）期初现金余额			8 000			
（2）收账						
（3）购货			750	100	1 250	
（4）工资			100	200	700	
（5）其他付现费用					2 000	
（6）预交企业所得税						
（7）购置固定资产			8 000			
（8）现金多余或不足						
（9）向银行借款（1 000元的倍数）						
（10）偿还银行借款（1 000元的倍数）						
（11）支付借款利息（还款支付，年利率12%）						
（12）期末现金余额（最低6 000元）						

第八章在线测试　　　　　　　　　第八章实训练习参考答案

第九章

成本控制与标准成本控制系统

第一部分　基础知识

一、成本控制概述

控制是指在预算执行过程中通过对企业的指导、监督、调节和干预等，保证企业原定目标和任务得以实现的管理会计行为。管理会计中的控制实质上就是预算控制。预算控制的范围很广，涉及整个企业和各级责任单位应该负责的成本、收入、利润和资金等各个方面，而成本控制是预算控制的基础。

（一）成本控制的含义

成本控制就是利用会计所提供的各种信息资料，计算实际或预计脱离目标的差异，找出差异产生的原因，并采取措施，消除不利差异，保证目标实现的过程。建立健全成本控制系统，对于充分发挥成本管理的职能，提高企业的经营管理水平和经济效益具有重要作用。

成本控制有广义和狭义之分。

广义的成本控制包括事前控制、事中控制和事后控制三部分。成本的事前控制，是指产品投产前，对影响成本的经济活动进行事前规划，通过成本预测和决策，选择最佳的成本降低措施，确定未来的目标成本，编制成本预算，并以此作为成本控制的依据。成本的事中控制是对日常成本的形成原因和偏离预算成本的差异及其原因进行揭示，并采取相应措施加以改进，以保证成本预算目标的实现。成本的事后控制是在产品形成之后，把日常发生的成本差异及其原因汇总起来进行分析研究，找到成本升降的变化规律，提出今后进一步的改进措施，为不断降低成本指明方向。广义的成本控制是指对企业生产经营的各个方面、各个环节以及各个阶段的一切经济活动的成本进行控制。不仅要控制产品生产阶段的成本，而且要控制产品设计和试制阶段的成本、销售成本以及售后服务阶段的成本；不仅要控制产品成本，而且要控制产品成本以外的质量成本和寿命周期成本；不仅要加强日常的反馈性成本控制，而且要强化事前的前馈性成本控制。广义的成本控制在时间上贯穿企业生产经营全过程，在空间上覆盖企业的所有责任部门，纵向到底、横向到边。广义的成本控制与企业的成本预测、成本决策、成本规划、成本考核共同构成企业会计管理的完整系统。

狭义的成本控制主要是指事中的成本控制，也就是指在生产阶段对产品成本的控制，即运用一定的方法对产品的生产过程中构成产品成本的一切耗费进行科学严格的计算、限制和监督。其将各项实际耗费限制在预先确定的预算、计划或标准范围内，并通过分析造成实际脱离计划或标准的原因，采取有效对策实施控制，降低产品成本。

（二）成本控制的作用

成本控制有利于企业整合所有资源，改善经营管理，降低产品成本，提高资金利用率，增强企业竞争力，提高企业经济效益。成本控制的作用具体表现为以下几个方面：

（1）它是及时、准确地获取成本管理信息的首要途径；

（2）它是成本计划得以实现的重要保证；

（3）它是发现成本差异及其原因的有效手段；

（4）它可以保证成本计划数据的准确性；

（5）它可以对企业的人力、物力、财力消耗进行监督和调控。

（三）成本控制的原则

1.战略发展优先原则

目前，我国电子商务发展迅猛，且竞争激烈。在此背景下，企业应该以发展为第一要务，以抢占最大市场份额为战略目标。企业的发展离不开资源的耗用，此时的成本控制重点应该是如何把握成本支出与企业发展之间的"度"。企业成本控制体系的构建应该符合企业发展战略的要求，并在此前提下对企业的资源耗用情况进行合理权衡。

2.全面控制原则

企业的资源耗用是随着业务流程而发生的，且各业务流程的资源耗用具有一定的相关性。比如，在采购流程中，采购人员为了降低商品进价而从资质不明的供应商处购入商品，就可能由于商品质量问题导致退货成本增加。各项业务之间是相互影响和相互制约的，所以企业成本控制体系应该囊括各业务流程，对所有过程进行成本控制，绝不能遗漏任何资源耗用环节。成本控制是一个系统工程，它只有作用于企业的每一个资源耗用过程，才能真正实现效用。

3.责权利相结合原则

成本控制体系的有效性是通过各责任中心的共同努力来实现的。企业通过划分责任中心的方式来设置明细成本控制的实施机构，可以提高各责任中心的成本控制意识，调动各责任中心人员的积极性，使他们自发地参与到成本控制的过程中。在赋予责任的同时，也要给予各责任中心相应的权限，保障管理人员能够对责任中心的明细成本进行有效的控制。在成本控制过程中，还要运用考核指标对各责任中心的成本控制情况进行绩效评价，根据最终的结果进行奖惩，从而达到不断提高企业成本控制水平的目的。

4.核心成本控制原则

成本控制体系内容繁杂，倘若对所有成本都进行相同程度的管理，则需要企业投入大量的人力和物力。企业应该用 ABC 分析法对不同的成本进行区别处理，将企业的核心成本作为重点管理内容，对一般成本进行着重管理，对不重要的成本进行简化控制。例如，电子商务企业的核心成本是物流成本，企业应该投入较多的精力对其进行控制，以便达到成本控制体系效用的最优化。

5.全员参与原则

成本控制不只是管理者的工作任务，它需要全体员工的共同努力。企业员工作为各个工作岗位的具体实施人，对资源的耗用具有直接的影响。同时，提高全员的成本控制意识和技能可以从根本上降低成本，起到事半功倍的作用。建立全员监督机制和落实员工层面的考核指标都能有效提高员工参与成本控制过程的积极性，将成本控制落到实处。

（四）成本控制的分类

1.按控制的时间特征，可分为事前成本控制和日常成本控制

（1）事前成本控制是指在产品投产以前所进行的成本控制，如产品的设计成本，新产品的试制成本，新材料、新工艺的成本，以及产品的质量成本等。按照具体做法的不同，事前成本控制又分为以下两种：

① 预防性成本控制，是指在产品投产前，对影响产品设计、试制的相关成本进行分析研究，并制定一套能适应企业具体情况的成本控制制度。预防性成本控制的重点在于通过规范企业内部的规章制度，针对不同类型的成本，采用不同方法约束成本开支，预防偏差和浪费。从现代控制论的角度来看，其性质上属于防护性控制系统。

② 前馈性成本控制，是指在产品投产前，通过对产品的成本与功能关系的分析研究，开展价值工程活动，选择最优方案，制定目标成本，把产品成本控制在最佳范围之内。前馈性成本控制的重点在于从产品设计开始，就提出对产品功能和目标成本的要求，从根本上解决功能过剩、成本偏高的问题；把技术管理同经济管理有机地结合起来，做到防患于未然。从现代控制论的角度来看，它属于前馈（前期反馈）控制系统。

（2）日常成本控制是指企业内部各级对成本负有管理责任的单位，在成本形成过程中，根据事先制定的成本目标（或标准），按照一定的原则，对企业各个责任中心日常发生的各项成本的实际数进行严格的计量、监督、指导和调节，本着厉行

节约、杜绝浪费、提高经济效益的精神，使各种具体的和全部的生产耗费不超过原定的标准和预算。一旦发生偏差，应及时分析差异原因，并采取有效措施，保证实现或优于原定的成本目标。日常成本控制的重点在于按照既定的标准和预算严格把关，并根据已发生的偏差来指导和调节当前的经济活动。从现代控制论的角度来看，它属于反馈控制系统。

2.按控制的手段，可分为绝对成本控制和相对成本控制

绝对成本控制是指单纯采用精打细算、节约开支、杜绝浪费等节流措施去控制成本。相对成本控制是指既要千方百计地开辟财源、增加收入，又要想方设法节约开支、杜绝浪费，做到开源与节流并举，采用双管齐下的办法来控制成本。

3.按控制的时期，可分为运营期成本控制和寿命周期成本控制

运营期成本控制是指侧重于企业运营期内的成本控制方式。寿命周期成本控制是指企业侧重于从用户的角度实现产品形成成本与使用成本的双重控制的方式。

（五）成本控制的方法

1.事前控制的方法

事前控制的方法是指在产品投产前，对产品的设计成本、新产品的试制成本以及新材料和新工艺的成本所进行的成本控制。事前控制的目的是：通过成本预测，确定目标成本，制定消耗定额和标准，编制相关预算。事前控制的具体方法有同类产品成本对比法、价值工程法和本量利分析法。

2.事中控制的方法

事中控制的方法是指在产品成本形成过程中，根据各种事先确定的定额、标准、预算等对成本进行控制。事中控制伴随着生产经营过程的每时每刻，是同步控制、全过程控制、全员控制。事中控制的目的是：纠正执行标准成本过程中的成本偏差，确保成本控制指标的实现。事中控制的具体方法包括制度控制、目标控制和预算控制。

3.事后控制的方法

事后控制的方法是指在成本形成之后，通过对比分析找出成本差异和产生差异的原因，总结经验教训，为以后的成本控制工作找到新的突破点。事后控制的目的是：发现标准成本执行中的偏差，找出产生偏差的原因，调整以后的成本计划或修订标准成本。

事后控制的具体方法是：

（1）计算和编制成本报表，掌握实际成本资料。

（2）将实际成本与标准成本比较，确定成本差异。

（3）分析成本节约或超支的原因，明确成本责任。

（4）修订标准成本。

（5）考核各部门成本管理工作的绩效。

4.建立标准成本控制系统

标准成本控制系统是指制定标准成本，引导企业各责任单位执行标准成本，计

算并分析实际成本与标准成本的差异，提出改进措施的成本管理制度。标准成本控制系统把成本标准和成本控制有机地结合起来，是加强成本管理的有效工具。

5.质量成本控制

质量成本是指为保证产品符合一定的质量要求而发生的一切损失和费用，一般包括两大部分：一是由于产品质量未达标而造成的损失；二是为保证和提高产品质量而发生的费用。

质量成本控制是指针对上述两大类质量成本，在产品研发、制造以及售后服务等过程中进行的成本管理活动。它涉及产品的整个生命周期，目的是寻求最佳质量前提下的最低成本。

二、标准成本控制系统

（一）标准成本控制系统概述

标准成本控制系统即标准成本制度，也称标准成本会计，是指围绕标准成本的相关指标而设计的，将成本的前馈控制、反馈控制及核算功能有机结合而形成的一种成本控制系统。标准成本控制系统具有事前估算成本、事中及事后计算与分析成本，以及揭露成本差异产生原因的功能。

1.标准成本控制系统的内容

标准成本控制系统包括标准成本的制定、成本差异的计算分析和成本差异的账务处理三项内容。其中，标准成本的制定与成本的前馈控制相联系，成本差异的计算分析与成本的反馈控制相联系，成本差异的账务处理与成本的日常核算相联系。

2.标准成本控制系统的作用

标准成本控制系统来源于20世纪初泰勒的科学管理制度，是现代管理会计进行日常成本管理中应用得最为普遍和最为有效的成本控制手段，对于加强企业成本管理有重要的作用。它既是事前成本控制的主要手段和事中成本控制的主要依据，有利于进行成本控制；又是诸多成本要素合理配置的原始数据，有利于进行经营管理决策；更可在日常成本核算中将标准成本和各项成本差异分别列示并专设成本差异账户予以归集，有利于简化日常成本核算工作。

（二）标准成本的制定

标准成本是指按照成本项目反映的，在已经达到的生产技术水平和有效经营管理条件下应当发生的单位产品成本目标。

标准成本不同于预算成本。标准成本是一个单位的概念，与单位产品相联系；预算成本则是一个总额的概念，与一定的业务量相联系。两者都不是实际发生的成本，都是预定的成本目标。标准成本乘以一定的业务量，即为预算总成本。两者从不同的角度来判断、说明某项成本计划的完成情况。

1.标准成本的种类

标准成本主要有三种：理想标准成本、正常标准成本和现实标准成本。

（1）理想标准成本是以现有生产经营条件处于最佳状态为基础确定的最低水平的目标成本。它是在假定材料无浪费、设备无事故、产品无废品、工时全有效的基础上制定的。这种标准成本要求过高，即使企业全体员工共同努力也无法完成，因此理想标准成本不宜作为现行标准成本。

（2）正常标准成本也称平均标准成本，是根据过去一段时期的实际成本平均值，剔除其中生产经营活动中的异常因素，并考虑今后的变动趋势而制定的标准成本。这种标准成本将未来视为历史的延伸，主要以过去若干年内成本的平均水平为制定基础，并结合未来的变动趋势进行调整。它是一种经过努力可以达到的成本，企业可以将正常标准成本作为现行标准成本，但只有在国内外经济形势稳定、生产发展比较平衡的情况下才能采用。

（3）现实标准成本又称期望可达到的标准成本，是根据企业最可能发生的生产要素耗用量、生产要素价格和生产经营能力利用程度而制定的标准成本。现实标准成本包含企业一时还不能避免的某些不应有的低效、失误和超量消耗，因此它是一种经过努力可以达到的先进合理、切实可行且接近实际的目标成本，在实际工作中被广泛采用。

2.标准成本的基本公式

根据完全成本法的成本构成项目，产品的标准成本主要包括直接材料、直接人工和制造费用三个项目。无论哪一个成本项目，在制定其标准成本时，都需要分别确定其价格标准和用量标准，两者相乘之积即为某一成本项目的标准成本；汇总各个成本项目的标准成本，就可以得出单位产品的标准成本。其基本计算公式如下：

某一成本项目的标准成本=该成本项目的价格标准×该成本项目的用量标准

某单位产品的标准成本=$\sum$该单位产品各成本项目的标准成本

=直接材料标准成本+直接人工标准成本+制造费用标准成本

制定标准成本有利于指导和控制企业的日常经营活动，通过每个成本项目的差异分析，有利于分清各相关部门的责任，并寻找降低成本的途径，加强成本控制。

3.直接材料标准成本的制定

单位产品耗用的直接材料的标准成本是由直接材料价格标准和用量标准决定的。

（1）直接材料价格标准通常采用企业制定的计划价格。企业在制定计划价格时，通常是以订货合同的价格为基础，并考虑将来的各种变化情况，按各种材料分别计算的。

（2）直接材料用量标准是指单位产品耗用原料及主要材料的数量，也称材料消耗定额。直接材料用量标准应根据企业产品的设计、生产和工艺现状，结合企业经营管理水平和降低成本任务的要求，考虑各种原料及主要材料在使用过程中的必要损耗，按照产品的零部件分别制定。

（3）直接材料标准成本的计算公式。

单位产品耗用的某种材料标准成本=该种材料价格标准×该种材料用量标准

单位产品直接材料的标准成本=$\sum$该单位产品耗用的各种材料的标准成本

4.直接人工标准成本的制定

直接人工标准成本是由直接人工价格标准和直接人工用量标准决定的。

（1）直接人工价格标准就是标准工资率，通常由劳动工资部门根据用工情况制定。当采用计时工资时，标准工资率由标准工资总额除以标准总工时来计算：

标准工资率=标准工资总额÷标准总工时

（2）直接人工用量标准就是工时用量标准，也称工时消耗定额，是指企业在现有生产条件、工艺方法和技术水平的基础上，考虑提高劳动生产率的要求，采用一定的方法，按照产品生产加工的程序确定的单位产品所需耗用的生产人工工时数。在制定直接人工用量标准时，还要考虑生产工人必要的休息时间，以及机器设备的停工清理时间，使制定的工时消耗定额既合理又先进，从而达到成本控制的目的。

（3）直接人工标准成本的计算公式。

$$\text{单位产品直接人工标准成本}=\text{直接人工价格标准（标准工资率）}\times\text{直接人工用量标准（工时用量标准）}$$

5.制造费用标准成本的制定

产品的制造费用标准成本需要按部门分别编制。如果某种产品需要由几个生产部门联合生产加工，则将各个生产部门加工该产品的单位产品制造费用进行汇总，计算出该产品制造费用标准成本。

制造费用标准成本是由制造费用价格标准和制造费用用量标准决定的。

（1）制造费用价格标准即制造费用分配率。

在完全成本法下，首先按企业生产能力的利用程度编制制造费用预算，其包括变动制造费用和固定制造费用两部分；再按下面的公式计算制造费用价格标准：

$$\text{制造费用分配率}=\frac{\text{变动制造费用预算 + 固定制造费用预算}}{\text{预算的标准工时总数}}$$

$$=\text{变动制造费用分配率}+\text{固定制造费用分配率}$$

$$\text{变动制造费用分配率}=\frac{\text{变动制造费用预算总额}}{\text{预算的标准工时总数}}$$

$$\text{固定制造费用分配率}=\frac{\text{固定制造费用预算总额}}{\text{预算的标准工时总数}}$$

式中：预算的标准工时通常用反映企业生产能力的生产工人工时数或机时数表示，也可由工时消耗定额乘以预算产量计算得到。

制造费用预算可分别按变动制造费用和固定制造费用编制，以便进行成本差异分析。变动制造费用预算应根据变动成本特性，参照以往的经验制定。固定制造费用预算参照历史资料并考虑预期生产能力的利用程度确定。

在变动成本法下，固定制造费用属于期间费用，与生产量无直接关系，不存在分配率问题，因此制造费用分配率的计算公式如下：

$$\text{制造费用分配率}=\text{变动制造费用分配率}=\frac{\text{变动制造费用预算总额}}{\text{预算的标准工时总数}}$$

（2）制造费用用量标准是指生产单位产品所需要的工时或机时，即工时用量标准。

（3）制造费用标准成本的计算公式。

单位产品制造费用标准成本=制造费用分配率×制造费用用量标准

6.单位产品标准成本计算单的编制

在实际工作中，为了便于核算标准成本，在制定某种产品各个成本项目的标准成本之后，企业要为每种产品设置一张标准成本计算单。

标准成本计算单也称标准成本卡，是将单位产品的各项标准成本分别按各个成本项目的价格标准与用量标准汇总编制而成的单位产品标准成本表。某种产品的各个成本项目的标准成本之和即为该单位产品的标准成本。

三、成本差异及其计算分析

（一）成本差异的含义

成本差异也称标准成本差异，是指在标准成本制度下，企业在一定时期生产一定数量的产品所发生的实际成本与标准成本之间的差额。

（二）成本差异的性质和分类

标准成本是一种目标成本，反映实际成本背离预定目标的程度。如果实际成本超过标准成本，所形成的成本超支差异称为不利差异，通常用U表示；如果实际成本低于标准成本，所形成的成本节约差异称为有利差异，通常用F表示。需要注意的是：有利与不利是相对而言的，并不是有利差异越大越好，在进行成本差异分析时，要具体问题具体分析。

按照成本差异的具体性质，成本差异一般可分为执行偏差、预测偏差、模型偏差、计量偏差、随机偏差五种类型。

（三）成本差异计算的通用模式

成本差异计算的通用模式如图9-1所示。

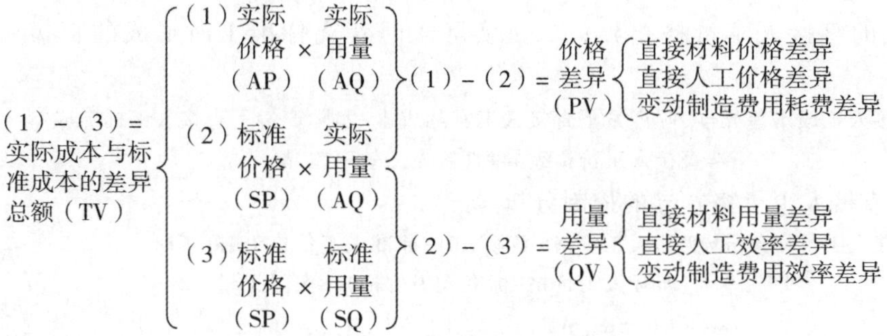

图9-1　成本差异计算的通用模式

四、变动成本差异的计算分析

（一）直接材料成本差异的计算分析

直接材料成本差异是指在实际产量下，直接材料实际总成本与标准总成本之间的差额。直接材料成本差异可分解为两部分：一是材料实际价格背离标准价格形成的直接材料价格差异；二是材料实际用量背离标准用量形成的直接材料用量差异。

直接材料成本差异=实际产量下直接材料实际成本−实际产量下直接材料标准成本

=直接材料价格差异+直接材料用量差异

1.直接材料价格差异的控制分析

直接材料价格差异=实际价格×实际用量−标准价格×实际用量

=（实际价格−标准价格）×实际用量

=（AP−SP）AQ

式中：P 为材料价格；Q 为材料用量；A 为实际；S 为标准。

造成直接材料价格差异的主要原因有：材料市场价格变动；材料采购计划编制不准确；生产经营中临时紧急进货，使买价和运输费上升；进料数量未按经济批量执行；运输安排不当，增加了材料运费和途中损耗；没有在折扣期内及时付款，失去了信用优惠等。直接材料价格差异一般由采购部门负责，在分析时要特别注意区分主观因素和客观因素，对主观因素进行重点分析和研究。

2.直接材料用量差异的控制分析

直接材料用量差异=标准价格×实际用量−标准价格×标准用量

=标准价格×（实际用量−标准用量）

=（AQ−SQ）SP

造成直接材料用量差异的主要原因有：材料质量差，废品多；产品设计或工艺变更而用量标准未能及时调整；生产工人技术不熟练或不认真，造成废品、废料增多；机器设备磨损导致效率异常，造成材料用量发生变化等。直接材料用量差异多由企业内部的可控因素造成，在一般情况下应由生产部门负责，但也要具体情况具体分析，如外购直接材料质量低劣引起的用量增加应由采购部门负责。

（二）直接人工成本差异的计算分析

直接人工成本差异是指在实际产量下，直接人工实际总成本与标准总成本之间的差额。直接人工成本差异可以分解为两部分：一是实际人工价格背离标准人工价格形成的直接人工价格差异；二是实际工时背离标准工时形成的直接人工效率差异。

直接人工成本差异=实际产量下直接人工实际成本−实际产量下直接人工标准成本

=直接人工价格差异+直接人工效率差异

1.直接人工价格差异的控制分析

直接人工价格差异=实际人工价格×实际工时−标准人工价格×实际工时

=（实际人工价格−标准人工价格）×实际工时

=（AR−SR）AH

式中：R 为人工价格；H 为人工效率。

在实际工作中，造成直接人工价格差异的主要原因有：工人的技术等级与所从事的工作岗位不匹配；实际工资率发生变动而标准工资率没有及时调整；工资制度变化，如计时工资改为计件工资；出勤率发生变化；季节性或临时性生产导致增发工资等。直接人工价格差异一般由人力资源管理部门负责，但导致直接人工价格差异的原因多是不可控的，在分析直接人工价格差异时，应针对实际情况，与各个部门的工作范围和职责相结合进行分析。

2.直接人工效率差异的控制分析

直接人工效率差异=标准人工价格×实际工时-标准人工价格×标准工时

= （实际工时-标准工时）×标准人工价格

= （AH-SH）SR

造成直接人工效率差异的主要原因有：工人技术不熟练，不能在标准工时内完成任务；材料供应不及时，造成不应有的停工待料；设备突发故障，停工待修；生产工艺变化而未及时修订标准工时；生产计划和生产调度不当造成生产节拍、节奏混乱（俗称"窝工"）；原材料质量低劣，导致加工工时延长；产品批量小、批次多，导致工装准备工时增加；工作环境、工作条件差，影响工人的积极性和工作效率。直接人工效率差异应按产生的原因由相关的责任部门承担责任。

（三）变动制造费用成本差异的计算分析

变动制造费用成本差异是指在实际产量下，变动制造费用实际发生总额与标准总额之间的差额。变动制造费用成本差异可分解为两部分：一是实际变动制造费用分配率背离标准变动制造费用分配率形成的耗费差异（价格差异）；二是实际工时背离标准工时形成的效率差异（用量差异）。

变动制造费用成本差异=实际变动制造费用-标准变动制造费用

=变动制造费用耗费差异+变动制造费用效率差异

1.变动制造费用耗费差异的控制分析

变动制造费用耗费差异=实际变动制造费用分配率×实际工时-标准变动制造费用分配率×实际工时

= （实际变动制造费用分配率-标准变动制造费用分配率）×实际工时

= （AR-SR）AH

造成变动制造费用耗费差异的主要原因有：间接材料价格、间接人工工资等变动制造费用中的某些明细项目发生价格波动；间接材料质量低劣等。变动制造费用耗费差异应按产生的原因确定相关的责任部门。

2.变动制造费用效率差异的控制分析

变动制造费用效率差异=标准变动制造费用分配率×实际工时-标准变动制造费用分配率×标准工时

= （实际工时-标准工时）×标准变动制造费用分配率

= （AH-SH）SR

造成变动制造费用效率差异的原因与造成直接人工效率差异的原因相同，其责任归属也与直接人工效率差异的对象相同。

（四）固定制造费用成本差异的计算分析

固定制造费用成本差异是指在实际产量下，固定制造费用实际发生总额与标准发生总额之间的差额。虽然固定制造费用具有在相关范围内总额固定不变的特性，但在实际工作中，由于生产能力利用程度不同、生产效率不同，实际工时（或机时）总额与预计的标准工时往往不一致，仍会出现固定制造费用成本差异。

固定制造费用成本差异=实际产量下实际固定制造费用–实际产量下标准固定制造费用

$$=\text{实际产量下实际固定制造费用}-\text{标准固定制造费用分配率×实际产量下标准工时}$$

固定制造费用成本差异的计算分析有两种方法：一种是计算两种差异的二因素法；另一种是计算三种差异的三因素法。

1.二因素法

二因素法将固定制造费用成本差异分解为两部分：一是实际固定制造费用背离计划预算形成的预算差异（耗费差异）；二是固定制造费用预算背离标准成本形成的能量差异（也称除数差异）。

（1）固定制造费用预算差异控制分析

固定制造费用预算差异是指固定制造费用的实际支付数与预算数之间的差额。其计算公式如下：

固定制造费用预算差异=实际产量下实际固定制造费用–预算产量下标准固定制造费用

$$=\text{实际产量下实际固定制造费用}-\text{标准固定制造费用分配率×预算产量下标准工时}$$

造成固定制造费用预算差异的原因有：管理人员工资调整及随之变化的职工福利费调整；折旧方法改变；租赁费、保险费调整及各种办公用品价格上涨等。这些因素的变化主要是由客观原因引起的，不是企业控制的重点。

（2）固定制造费用能量差异控制分析

固定制造费用能量差异是指固定制造费用预算与固定制造费用标准成本之间的差额。其计算公式如下：

固定制造费用能量差异=预算产量下标准固定制造费用–实际产量下标准固定制造费用

$$=\text{（预算产量下标准工时–实际产量下标准工时）×标准固定制造费用分配率}$$

造成固定制造费用能量差异的主要原因有：市场萎缩，订单减少；原设计生产能力过剩；停工待料；能源短缺，开工不足；机械故障，停工待修；产品调整，生产批量变小；生产技术人员水平低，未能充分发挥设备能力等。固定制造费用能量差异是由现有的生产能力没有充分发挥出来造成的，应由企业的高层管理人员负责，计划、生产、采购、销售、人力资源管理等部门也应视具体情况负相应责任。

2.三因素法

三因素法将固定制造费用成本差异分解为三部分：一是实际固定制造费用背离预算形成的开支差异（也称耗费差异）；二是由于实际工时未能达到预算工时形成的能力差异；三是实际工时背离标准工时形成的效率差异。

（1）固定制造费用开支差异控制分析

固定制造费用开支差异=实际产量下实际固定制造费用–预算产量下标准固定制造费用

$$=\text{实际产量下实际固定制造费用}-\text{标准固定制造费用分配率×预算产量下标准工时}$$

造成固定制造费用开支差异的原因与造成固定制造费用预算差异的原因相同，其责任归属也与固定制造费用预算差异的对象相同。

（2）固定制造费用能力差异控制分析

$$固定制造费用能力差异=\left(\begin{matrix} 预算产量下 \\ 标准工时 \end{matrix} - \begin{matrix} 实际产量下 \\ 实际工时 \end{matrix}\right)×标准固定制造费用分配率$$

（3）固定制造费用效率差异控制分析

$$固定制造费用效率差异=\left(\begin{matrix} 实际产量下 \\ 实际工时 \end{matrix} - \begin{matrix} 实际产量下 \\ 标准工时 \end{matrix}\right)×标准固定制造费用分配率$$

（五）成本差异计算的两个特殊问题

1.材料混合使用情况下成本差异的计算

在纺织企业和某些化工企业的产品生产中，往往会出现几种直接材料按一定比例混合使用的情况。在这种情况下，材料用量差异就需要进一步细分为两个部分：材料结构差异和材料产出差异。其计算需分步骤进行：

（1）计算材料成本实际脱离标准的差异总额；

（2）分别计算材料的价格差异与用量差异；

（3）把材料用量差异进一步分解为材料结构差异与材料产出差异。

材料结构差异是指实际投料的混合比例与按标准投料的混合比例之间的差异。其计算公式如下：

材料结构差异=按标准价格计算的实际成本-按实际用量计算的标准混合成本

材料产出差异是指混合材料投产后按标准产出率计算的标准产量与实际产量之间的差额。其计算公式如下：

材料产出差异=单位产品中混合材料的标准成本×（标准产量-实际产量）

2.混合人工使用情况下成本差异的计算

在工业企业中，一种产品的生产往往需要几种不同等级的工人来完成，而不同等级工人的小时工资率是不同的。如果在标准总工时与实际总工时内，不同等级的工人完成的工时所占的比重发生变动，也会产生成本差异。这种差异通常包含在人工效率差异内，它与前面所讲的混合材料一样，也要分别计算人工结构差异和人工产出差异。其计算需分步骤进行：

（1）计算人工成本实际脱离标准的差异总额；

（2）分别计算人工的价格差异与效率差异；

（3）把人工效率差异进一步分解为人工结构差异与人工产出差异。

人工结构差异=按标准人工价格计算的实际混合成本-按实际工时计算的标准混合成本

人工产出差异=单位产品中混合人工标准成本×（实际产量下的标准工时-实际工时）

【思政小课堂】

2021年9月17日，在第五届人单合一模式引领论坛上，海尔公司发布《共赢增值表蓝皮书》。书中对海尔生态品牌战略下创新生态模式和管理机制实践成果进行了理论化、体系化的总结，内容涵盖海尔集团的财务转型、成本策略、组织管控、管理会计报告、预算与业绩评价、薪酬与激励机制以及创新工具共赢增值表等，全面系统地呈现了海尔共赢增值表体系的创新研究成果，旨在为企业物联网生态转型提供理论指引，同时为全球管理会计的理论与实践创新发展贡献成果和经验。

海尔在人单合一模式下，基于创业创新的转型经验，提出了共赢增值表，通过全面评估企业和用户的价值，实现了对企业的动态监测和价值创造的驱动。与传统三张表（资产负债表、现金流量表和利润表）不同，共赢增值表从价值的定义、创造和分享上实现了三个价值的正向循环，从而清晰地表达了用户这个核心角色对企业价值的影响。

海尔共赢增值表呈现的是企业从产品到生态的思维转变。过去企业以自我为中心，追求产品的溢价。如今，用户需求在不断变化，单一产品跟不上用户需求的变化，只有通过与生态方的联合共创，才能够保障用户体验的持续迭代，进而实现生态各方的价值，这从根本上改变了企业对价值的定义。同时，对企业来说，改变产品思维，必须改变价值创造链条的逻辑。传统企业只是实现了内部的价值创造，然而当用户加入其中后，价值的创造便不再局限于企业自身，而是基于需求的用户价值的实现。这就要求企业员工了解并不断满足用户需求，同时用户也能获得体验迭代，此时，员工和用户价值就可以有机融合，价值的创造和传递也能够实现统一。

从更广的视角看，海尔共赢增值表变零和博弈为多方共赢，企业之间合作大于竞争，生态各方的共同目标都是创造用户的最佳体验，最终实现共创体验，共享增值。

海尔《共赢增值表蓝皮书》的发布，将为物联网时代下中国特色的管理学理论提供研究范式，助力学科体系、学术体系完善，形成中国管理学派，为全球管理会计带来全新探索方向，向世界贡献中国方案和中国智慧。[①]

思政元素： 管理创新，思维转变，价值创造

第二部分　实例分析

【例9-1】 常宏公司目前的原材料通过公路运输，吨公里运费为1.40元。现有两个改进方案可供选择：一个是通过铁路运输，吨公里运费为1.00元；另一个是通过水路运输，吨公里运费为0.80元。

要求：分别计算这三个方案的功能价值，并对它们进行评价。

【解】 公路运输功能价值（$V_{F公路}$）$=\dfrac{水路运输的最低成本（C_{L水路}）}{公路运输的目前成本（C_{P公路}）}=\dfrac{0.80}{1.40}=0.57$

---

① 佚名.探索物联网时代管理会计新范式　海尔《共赢增值表蓝皮书》发布［EB/OL］.［2024-01-09］.https://www.haier.com/rdhy/2021/news/20210922_171193.shtml.

铁路运输功能价值（$V_{F铁路}$）$=\dfrac{水路运输的最低成本（C_{L水路}）}{铁路运输的目前成本（C_{P铁路}）}=\dfrac{0.80}{1.00}=0.80$

水路运输功能价值（$V_{F水路}$）$=\dfrac{水路运输的最低成本（C_{L水路}）}{水路运输的目前成本（C_{P水路}）}=\dfrac{0.80}{0.80}=1$

计算结果表明，通过水路运输的 V_F 值最大，说明该运输方法比较合理；通过公路运输的 V_F 值最小，说明该运输方法不理想。

【例9-2】依前例，请分别计算三个方案的成本降低幅度，并作出评价。

【解】公路运输的成本降低幅度（$C_{d公路}$）=1.40-0.80=0.60（元）

铁路运输的成本降低幅度（$C_{d铁路}$）=1.00-0.80=0.20（元）

水路运输的成本降低幅度（$C_{d水路}$）=0.80-0.80=0

计算结果表明，公路运输方案的成本降低幅度最大，说明该方案改进的潜力最大。

【例9-3】华盈公司计划年度只生产甲产品，共需 A、B、C、D、E 五种不同的零件，五种零件一对一比较的得分情况见表9-1。该公司通过预测，确定甲产品的目标成本为 1 000 元。

表9-1 五种零件的得分

零件名称	一对一比较得分					得分累计
	A	B	C	D	E	
A		1	1	1	0	3
B	0		0	1	1	2
C	0	1		1	1	3
D	0	0	0		1	1
E	1	0	0	0		1
总数						10

要求：计算五种零件的功能评价系数及目标成本。

【解】A零件的功能评价系数 $=\dfrac{A零件得分累计}{全部零件得分累计}=\dfrac{3}{10}=0.3$

A零件的目标成本=甲产品的目标成本×A零件的功能评价系数

$\qquad$ =1 000×0.3=300（元）

B零件的功能评价系数 $=\dfrac{B零件得分累计}{全部零件得分累计}=\dfrac{2}{10}=0.2$

B零件的目标成本=甲产品的目标成本×B零件的功能评价系数

$\qquad$ =1 000×0.2=200（元）

C零件的功能评价系数 $=\dfrac{C零件得分累计}{全部零件得分累计}=\dfrac{3}{10}=0.3$

C零件的目标成本=甲产品的目标成本×C零件的功能评价系数

$\qquad$ =1 000×0.3=300（元）

D零件的功能评价系数 $=\dfrac{D零件得分累计}{全部零件得分累计}=\dfrac{1}{10}=0.1$

D零件的目标成本=甲产品的目标成本×D零件的功能评价系数

$$=1\,000×0.1=100（元）$$

E零件的功能评价系数=$\dfrac{E零件得分累计}{全部零件得分累计}=\dfrac{1}{10}=0.1$

E零件的目标成本=甲产品的目标成本×E零件的功能评价系数

$$=1\,000×0.1=100（元）$$

【例9-4】海波企业预计2023年甲产品消耗的直接材料情况见表9-2。

表9-2 　　　　　　　　　　　甲产品消耗的直接材料情况

标　准	材料品种	
	A材料	B材料
预计发票单价（元）	30	40
装卸、检验等成本（元/千克）	2	3
直接材料价格标准（元/千克）	32	43
材料设计用量（千克/件）	500	700
允许损耗量（千克/件）	1	2
直接材料用量标准（千克/件）	501	702

要求：制定单位甲产品消耗直接材料的标准成本。

【解】单位甲产品消耗A材料的标准成本=A材料价格标准×A材料用量标准

$$=32×501=16\,032（元/件）$$

单位甲产品消耗B材料的标准成本=B材料价格标准×B材料用量标准

$$=43×702=30\,186（元/件）$$

单位甲产品消耗直接
材料的标准成本 =单位甲产品消耗A材料的标准成本+单位甲产品消耗B材料的标准成本

$$=16\,032+30\,186=46\,218（元/件）$$

【例9-5】已知海波企业预计2023年甲产品消耗的直接人工资料见表9-3。

表9-3 　　　　　　　　　　　甲产品消耗的直接人工资料

标准	工序	
	工序1	工序2
每个月工时（8小时/天×22天）	176	176
生产工人人数	100	100
每月总工时	17 600	17 600
每月工资总额（元）	1 408 000	1 408 000
工资率标准（元/工时）	80	100
应付职工福利费提取率（%）	14	14
直接人工价格标准（元/工时）	91.2	114
加班时间（工时/件）	45	35
休息时间（工时/件）	4	3
其他时间（工时/件）	1	2
直接人工用量标准（工时/件）	50	40

要求：确定单位甲产品消耗直接人工的标准成本。

【解】工序1直接人工标准成本=工序1直接人工价格标准×工序1直接人工用量标准

$$=91.2×50=4\ 560\ （元/件）$$

工序2直接人工标准成本=工序2直接人工价格标准×工序2直接人工用量标准

$$=114×40=4\ 560\ （元/件）$$

单位甲产品直接人工标准成本=工序1直接人工标准成本+工序2直接人工标准成本

$$=4\ 560+4\ 560=9\ 120\ （元/件）$$

【例9-6】海波企业预计2023年甲产品消耗的制造费用资料见表9-4。

表9-4　　　　　　　　　**甲产品消耗的制造费用资料**　　　　　　　金额单位：元

标准	车间	
	车间1	车间2
制造费用预算		
变动制造费用预算	316 800	394 240
间接材料费用	200 000	260 000
间接人工费用	80 000	70 000
水电费用	36 800	64 240
固定制造费用预算	422 400	619 520
管理人员工资	60 000	180 000
折旧费	28 000	31 200
其他费用	334 400	408 320
预算的标准工时（机时）	21 120	28 160
制造费用用量标准（机时/件）	60	80

要求：确定单位甲产品制造费用的标准成本。

【解】（1）车间1生产单位甲产品制造费用的标准成本：

$$变动制造费用分配率=\frac{变动制造费用预算}{预算的标准工时总数}=\frac{316\ 800}{21\ 120}=15\ （元/机时）$$

$$固定制造费用分配率=\frac{固定制造费用预算}{预算的标准工时总数}=\frac{422\ 400}{21\ 120}=20\ （元/机时）$$

车间1制造费用分配率=变动制造费用分配率+固定制造费用分配率

$$=15+20=35\ （元/机时）$$

车间1单位甲产品制造费用标准成本=制造费用分配率×制造费用用量标准

$$=35×60=2\ 100\ （元/件）$$

（2）车间2生产单位甲产品制造费用的标准成本：

$$变动制造费用分配率=\frac{变动制造费用预算}{预算的标准工时总数}=\frac{394\ 240}{28\ 160}=14\ （元/机时）$$

$$固定制造费用分配率=\frac{固定制造费用预算}{预算的标准工时总数}=\frac{619\ 520}{28\ 160}=22\ （元/机时）$$

车间2制造费用分配率=变动制造费用分配率+固定制造费用分配率

$$=14+22=36\ （元/机时）$$

车间2单位甲产品制造费用标准成本=制造费用分配率×制造费用用量标准

$$=36×80=2\ 880（元/件）$$

（3）单位甲产品制造费用标准成本=车间1制造费用标准成本+车间2制造费用标准成本

$$=2\ 100+2\ 880=4\ 980（元/件）$$

【例9-7】利用【例9-4】、【例9-5】、【例9-6】中海波企业甲产品的直接材料、直接人工、制造费用各个成本项目的标准成本资料，编制该企业2023年甲产品的标准成本计算单。

【解】海波企业2023年甲产品标准成本计算单见表9-5。

表9-5
甲产品标准成本计算单
2023年1月1日

项　　目		价格标准	用量标准	标准成本（元/件）
直接材料	A材料	32元/千克	501千克/件	16 032
	B材料	43元/千克	702千克/件	30 186
	小计			46 218
直接人工	工序1	91.2元/工时	50工时/件	4 560
	工序2	114元/工时	40工时/件	4 560
	小计			9 120
变动制造费用	车间1	15元/机时	60机时/件	900
	车间2	14元/机时	80机时/件	1 120
	小计			2 020
固定制造费用	车间1	20元/机时	60机时/件	1 200
	车间2	22元/机时	80机时/件	1 760
	小计			2 960
制造费用合计				4 980
单位甲产品				60 318

【例9-8】新大公司生产甲产品的有关数据见表9-6。已知生产甲产品实际耗用原材料1 480千克，产量为1 000千克，原材料实际价格为每千克10元。

表9-6
新大公司甲产品成本构成

项　　目	价格标准	用量标准	标准成本（元）
直接材料	10.55元/千克	1.51千克	15.93
直接人工	9.12元/工时	2.35工时	21.43
变动制造费用	2元/机时	2.35机时	4.70
固定制造费用	1元/机时	2.35机时	2.35
单位甲产品标准成本			44.41

要求：计算生产甲产品所耗用材料的成本差异。

【解】直接材料成本差异=实际产量下直接材料实际成本-实际产量下直接材料标准成本

$$=10×1\,480-1\,000×10.55×1.51=-1\,130.5（元）（F）$$

直接材料价格差异=（实际价格-标准价格）×实际用量

$$=（10-10.55）×1\,480=-814（元）（F）$$

直接材料用量差异=标准价格×（实际用量-标准用量）

$$=（1\,480-1\,000×1.51）×10.55=-316.5（元）（F）$$

【例9-9】新大公司生产甲产品耗用的实际总工时为2 400小时，实际每小时工资率为9.10元，标准成本的有关资料见表9-6。

要求：计算生产甲产品所耗用的直接人工成本差异。

【解】直接人工成本差异=实际产量下直接人工实际成本-实际产量下直接人工标准成本

$$=2\,400×9.10-1\,000×21.43=410（元）（U）$$

直接人工价格差异=（实际人工价格-标准人工价格）×实际工时

$$=（9.10-9.12）×2\,400=-48（元）（F）$$

直接人工效率差异=（实际工时-标准工时）×标准人工价格

$$=（2\,400-1\,000×2.35）×9.12=456（元）（U）$$

【例9-10】新大公司生产甲产品的变动制造费用实际分配率为1.8元/工时，生产工时借用直接人工工时，其他材料同【例9-8】和【例9-9】。

要求：计算生产甲产品所耗用的变动制造费用成本差异。

【解】变动制造费用成本差异=实际变动制造费用-标准变动制造费用

$$=2\,400×1.8-1\,000×4.7=-380（元）（F）$$

变动制造费用耗费差异=$\left(\begin{array}{c}\text{实际变动制造}\\\text{费用分配率}\end{array}-\begin{array}{c}\text{标准变动制造}\\\text{费用分配率}\end{array}\right)$×实际工时

$$=（1.8-2）×2\,400=-480（元）（F）$$

变动制造费用效率差异=（实际工时-标准工时）×标准变动制造费用分配率

$$=（2\,400-1\,000×2.35）×2=100（元）（U）$$

【例9-11】新大公司生产甲产品应负担的固定制造费用预算总额为2 585元，预算产量为1 100千克，固定制造费用实际发生额为2 500元，相关资料见表9-6。

要求：计算生产甲产品所耗用的固定制造费用成本差异。

【解】固定制造费用成本差异=实际产量下实际固定制造费用-实际产量下标准固定制造费用

$$=2\,500-1\,000×2.35=150（元）（U）$$

固定制造费用预算差异=实际产量下实际固定制造费用-预算产量下标准固定制造费用

$$=2\,500-2\,585=-85（元）（F）$$

固定制造费用能量差异=预算产量下标准固定制造费用-实际产量下标准固定制造费用

$$=2\,585-1\,000×2.35=235（元）（U）$$

【例9-12】常山化工公司的A产品由甲、乙、丙三种材料混合而成，每千克混合材料的比例及标准成本资料见表9-7。假定每10千克混合材料应产出A产品5千克。本期A产品的实际产量为46 000千克，有关耗用混合材料的实际成本资料见表

9-8（假定本期材料的实际购入量与耗用量相同）。

表9-7　　　　　　　　　每千克混合材料的比例及标准成本

材料名称	价格标准（元/千克）	混合用量标准（千克）	标准成本（元）
甲材料	1.00	0.3	0.30
乙材料	0.80	0.5	0.40
丙材料	0.50	0.2	0.10
合计		1.0	0.80

表9-8　　　　　　　　　A产品耗用混合材料的实际成本

材料名称	实际价格（元/千克）	实际用量（千克）	实际成本（元）
甲材料	0.90	34 000	30 600
乙材料	0.85	49 000	41 650
丙材料	0.40	17 000	6 800
合计		100 000	79 050

要求：计算A产品直接材料混合成本差异。

【解】（1）计算材料成本实际脱离标准的差异总额：

每千克A产品混合材料的标准成本=0.80×10÷5=1.60（元）

材料实际成本与标准成本差异总额=实际耗用材料总成本–按实际产量计算的材料标准成本

$$=79\,050-1.60×46\,000=5\,450（元）（U）$$

（2）分别计算材料的价格差异与用量差异：

直接材料价格差异=（实际价格–标准价格）×实际用量

甲材料价格差异=（0.90-1.00）×34 000=-3 400（元）（F）

乙材料价格差异=（0.85-0.80）×49 000=2 450（元）（U）

丙材料价格差异=（0.40-0.50）×17 000=-1 700（元）（F）

A产品材料价格差异=-3 400-1 700+2 450=-2 650（元）（F）

A产品混合材料标准产出率=$\dfrac{5}{10}$×100%=50%

A产品实际产量应耗混合材料的标准数量=$\dfrac{实际产量}{标准产出率}$=$\dfrac{46\,000}{50\%}$=92 000（千克）

直接材料用量差异=标准价格×（实际用量–标准用量）

甲材料用量差异=（34 000-0.3×92 000）×1.00=6 400（元）（U）

乙材料用量差异=（49 000-0.5×92 000）×0.80=2 400（元）（U）

丙材料用量差异=（17 000-0.2×92 000）×0.50=-700（元）（F）

A产品材料用量差异=6 400+2 400-700=8 100（元）（U）

（3）把材料用量差异进一步分解为材料结构差异与材料产出差异：

A产品材料结构差异=按标准价格计算的实际成本–按实际用量计算的标准混合成本

$$=1.00×34\,000+0.80×49\,000+0.50×17\,000-0.80×100\,000$$

$$=1\,700（元）（U）$$

A产品材料产出差异=单位A产品中混合材料的标准成本×（标准产量–实际产量）

$$=1.60×（100\ 000×50\%-46\ 000）$$

$$=6\ 400（元）（U）$$

【例9-13】依【例9-12】的资料，常山化工公司生产A产品每工时混合人工的比例及标准成本资料见表9-9。假定每工时可生产A产品5千克。本期A产品的实际产量为46 000千克，有关耗用混合人工的实际成本资料见表9-10。

表9-9　　　　　　　　**每工时混合人工的比例及标准成本**

工人等级	价格标准（元/工时）	混合人工工时用量标准	标准成本（元）
六级工	3.00	0.5	1.50
四级工	2.00	0.2	0.40
二级工	1.00	0.3	0.30
合计		1.0	2.20

表9-10　　　　　　　　**A产品耗用混合人工的实际成本**

工人等级	实际价格（元/工时）	实际耗用人工工时	实际成本（元）
六级工	3.10	7 000	21 700
四级工	1.80	2 250	4 050
二级工	1.20	3 250	3 900
合计		12 500	29 650

要求：计算A产品直接混合人工成本差异。

【解】（1）计算人工成本实际脱离标准的差异总额：

A产品每千克混合人工的标准成本$=\dfrac{2.20}{5}=0.44$（元）

人工实际成本与标准成本差异总额=实际耗用人工总成本-按实际产量计算的人工标准成本

$$=29\ 650-0.44×46\ 000=9\ 410（元）（U）$$

（2）**分别计算人工的价格差异与效率差异：**

直接人工价格差异=（实际人工价格–标准人工价格）×实际工时

六级工的人工价格差异=（3.10-3.00）×7 000=700（元）（U）

四级工的人工价格差异=（1.80-2.00）×2 250=-450（元）（F）

二级工的人工价格差异=（1.20-1.00）×3 250=650（元）（U）

A产品工资率差异=700+650-450=900（元）（U）

A产品每工时标准产出率$=\dfrac{5}{1}×100\%=500\%$

A产品实际产量应耗混合人工标准工时=46 000÷500%=9 200（工时）

直接人工效率差异=（实际工时–标准工时）×标准人工价格

六级工的人工效率差异=（7 000-0.5×9 200）×3=7 200（元）（U）

四级工的人工效率差异=（2 250-0.2×9 200）×2=820（元）（U）

二级工的人工效率差异＝（3 250-0.3×9 200）×1=490（元）（U）

A产品人工效率差异=7 200+820+490=8 510（元）（U）

（3）把人工效率差异进一步分解为人工结构差异与人工产出差异：

人工结构差异=按标准人工价格计算的实际混合成本-按实际工时计算的标准混合成本

$\quad\quad$ =3×7 000+2×2 250+1×3 250-2.20×12 500

$\quad\quad$ =1 250（元）（U）

人工产出差异=单位产品中混合人工标准成本×（实际产量下标准工时-实际工时）

$\quad\quad$ =2.20×（9 200-12 500）=-7 260（元）（F）

【案例9-1】宏光机械厂成本差异分析及处理

基本情况

宏光机械厂金工车间专门为利群拖拉机制造厂配套供应发动机变速箱3号齿轮，该车间成本核算原来实行定额管理，现决定实行标准成本控制制度，以加强成本控制，更加准确、及时地揭示成本差异的原因，更有针对性地实施成本监督，明确责任，并进行账务处理。

该车间根据现有技术条件和管理状况，制定了产品消耗定额，其料、工计划价格如下：每件3号齿轮消耗碳结钢5千克，每千克计划价格为1元；每件3号齿轮消耗工时3小时，每小时计划工资为2元；每小时间接制造费用为2元。2023年1—4月该车间制定的每月弹性制造费用预算见表9-11。

表9-11　　　　　　　　　金工车间每月弹性制造费用预算　　　　　　金额单位：元

项　目	1月	2月	3月	4月
直接人工工时	24 000	27 000	30 000	33 000
生产能力（%）	80	90	100	110
变动制造费用	48 000	54 000	60 000	66 000
其中：物料	12 000	13 500	15 000	16 500
动力	24 000	27 000	30 000	33 000
其他	12 000	13 500	15 000	16 500
固定制造费用	30 000	30 000	30 000	30 000
其中：折旧费	20 000	20 000	20 000	20 000
保险费	8 000	8 000	8 000	8 000
其他	2 000	2 000	2 000	2 000
合计	78 000	84 000	90 000	96 000

2023年5月该车间各项指标统计结果如下：

3号齿轮期初存货3 000件，本月生产9 000件，销售11 000件，月初、月末在制品盘存量为零。

本月碳结钢期初存货为40 000千克，每千克价格为1元；本月以每千克1.02元的价格从金都钢厂购进60 000千克，生产领用54 600千克。

本月生产工人实领工资54 940元，实际完成工时26 800工时。

费用账户显示，变动制造费用实际发生53 500元，固定制造费用为30 000元。

宏光机械厂给予金工车间较大的自主权，金工车间在材料用量、人工成本、制造费用发生额、工时消耗方面承担成本管理责任。材料价格由供应部门经理负责。

$\boxed{\text{问题}}$

利用成本差异计算分析揭示各成本项目的成本差异，分析原因，确定责任。

$\boxed{\text{分析过程}}$

直接材料用量差异＝（54 600－9 000×5）×1＝9 600（元）（U）

直接材料价格差异＝（1.02－1）×54 600＝1 092（元）（U）

直接人工效率差异＝（26 800－9 000×3）×2＝－400（元）（U）

直接人工工资率差异＝（54 940÷26 800－2）×26 800＝1 340（元）（U）

变动制造费用耗费差异＝（53 500－26 800×2）×26 800÷26 800＝－100（元）（F）

变动制造费用效率差异＝（26 800－9 000×3）×2＝－400（元）（U）

固定制造费用开支差异＝30 000－30 000＝0

固定制造费用效率差异＝（26 800－9 000×3）×30 000÷30 000＝－200（元）（F）

固定制造费用能力差异＝（30 000－26 800）×30 000÷30 000＝3 200（元）（U）

通过上述分析可以看出，该车间在成本管理方面存在很大问题，在材料用量上不能很好地执行定额，致使材料严重超支，应提高员工技能；在间接费用管理上控制开支不力，生产能力还有闲置，不能充分利用，应责成该车间主任制定改进措施，把成本控制在标准成本之内。

第三部分　实训练习

一、填空题

1.广义的成本控制包括（　　）、（　　）和（　　）；狭义的成本控制是指（　　）。

2.成本控制的原则有（　　）、（　　）、（　　）、（　　）和（　　）。

3.标准成本有（　　）、（　　）和（　　）三种形式。

4.成本差异的主要内容有（　　）、（　　）、（　　）和（　　）。

二、单项选择题

1.以现有生产技术和经营管理处于最佳状态为基础确定的最低水平的标准成本

为（　　）。

  A.基本标准成本　　　　　　　　B.理想标准成本

  C.现实标准成本　　　　　　　　D.平均标准成本

  2.在标准成本控制系统中，成本差异是指一定时期内生产一定数量的产品发生的（　　）。

  A.实际成本与标准成本之差　　　　B.实际成本与计划成本之差

  C.预算成本与标准成本之差　　　　D.预算成本与实际成本之差

  3.由于特定成本项目的实际价格水平与标准价格水平不一致而导致的成本差异称为（　　）。

  A.价格差　　　　B.数量差异　　　　C.价格差异　　　　D.用量差

三、多项选择题

  1.影响直接人工工资率差异的原因有（　　）。

  A.工人工资结构　　　B.工资水平　　　　C.劳动生产率　　　D.设备完好程度

  2.影响直接材料耗用量差异的因素有（　　）。

  A.材料质量　　　　B.设备完好程度

  C.废品率高低　　　D.工人技术熟练程度

  3.变动制造费用成本差异可分解为（　　）。

  A.耗费差异　　　B.预算差异　　　　C.开支差异　　　　D.效率差异

  4.成本控制的内容包括（　　）。

  A.目标成本　　　B.设计成本　　　　C.生产成本　　　　D.销售成本

四、实训业务

【习题9-1】华茂公司预计2023年生产甲产品消耗的直接材料情况见表9-12。

表9-12　　　　　　　　　　华茂公司甲产品直接材料消耗

标准		材料A1	材料A2	材料A3
价格标准（元/千克）	发票价格	2.50	2.00	1.50
	装卸、运输费	0.03	0.03	0.02
	挑选、检验费	0.02	—	0.02
	合计	2.55	2.03	1.54
用量标准（千克）	设计用量	2.0	1.5	2.5
	正常耗损量	0.1	0.3	0.1
	合计	2.1	1.8	2.6

  要求：确定甲产品直接材料的标准成本。

【习题9-2】华茂公司预计2023年甲产品消耗的变动制造费用情况见表9-13。

表9-13 华茂公司甲产品变动制造费用

变动制造费用标准成本项目		车间1	车间2
直接人工用量标准（工时/件）		2.0	1.75
变动制造费用预算（元）	水电	700	2 000
	运输	200	300
	原材料消耗	1 500	4 000
	燃料动力	300	1 000
	间接人工	1 000	2 500
	其他	50	200
	合计	3 750	10 000
生产量标准（工时）		3 000	5 000

要求：确定甲产品变动制造费用的标准成本。

【习题9-3】华茂公司预计2023年甲产品消耗的固定制造费用情况见表9-14。

表9-14 华茂公司甲产品固定制造费用

固定制造费用标准成本项目		车间1	车间2
直接人工用量标准（工时/件）		2	1.75
固定制造费用（元）	折旧费	300	700
	保险费	100	300
	管理人员工资	800	1 250
	间接人工	220	410
	其他	230	340
	合计	1 650	3 000
生产量标准（工时）		3 000	5 000

要求：确定甲产品固定制造费用的标准成本。

【习题9-4】利用【习题9-2】和【习题9-3】的数据计算甲产品制造费用的标准成本。

【习题9-5】根据【习题9-1】至【习题9-4】的数据获取甲产品各成本项目的标准成本资料，并编制华茂公司2023年甲产品的标准成本计算单。

【习题9-6】华茂公司生产甲产品，计划2023年1月份的产量为1 200件，月生产能力的标准工时为2 400工时，其相关标准成本资料见表9-15。

表9-15   华茂公司甲产品标准成本计算单

2023年1月1日

成本项目	价格标准	用量标准	标准成本（元）
直接材料	8.00（元/千克）	10（千克/件）	80.00
直接人工	10.00（元/工时）	2（工时/件）	20.00
变动制造费用	4.50（元/机时）	2（机时/件）	9.00
固定制造费用	3.50（元/机时）	2（机时/件）	7.00
单位产品标准成本			116.00

2023年1月份该公司实际生产甲产品1 400件，消耗材料13 200千克，每千克材料的实际价格为8.10元，实耗2 580工时并发生生产人员工资及职工福利费27 348元，支出变动制造费用11 680元、固定制造费用9 080元。

要求：计算华茂公司2023年1月份的成本差异，其中固定制造费用采用三因素法计算。

【习题9-7】金华公司有关成本资料如下：

（1）生产的甲产品由A、B、C三种材料组成，每千克混合材料的比例及标准成本见表9-16。

表9-16   甲产品每千克混合材料的比例及标准成本

材料名称	价格标准（元/千克）	混合用量标准（千克）	标准成本（元）
A材料	5.50	0.6	3.30
B材料	8.00	0.3	2.40
C材料	6.00	0.1	0.60
合计		1.0	6.30

根据规定，每10千克混合材料应产出甲产品7.5千克。本期甲产品的实际产量为67 985千克，其耗用混合材料的实际成本见表9-17。

表9-17   甲产品每千克耗用混合材料的实际成本

材料名称	实际价格（元/千克）	实际用量（千克）	混合实际成本（元）
A材料	5.60	54 780	306 768
B材料	7.75	25 160	194 990
C材料	6.20	9 860	61 132
合计		89 800	562 890

（2）生产甲产品每工时的混合人工比例及标准成本见表9-18。

表9-18　　　　　　　　　甲产品每工时的混合人工比例及标准成本

工人等级	价格标准（元/工时）	混合人工工时用量标准	混合人工标准成本（元）
三级工	8.00	0.55	4.40
四级工	10.00	0.30	3.00
五级工	12.00	0.15	1.80
合计		1.00	9.20

根据规定，每工时可生产甲产品8千克。本期甲产品的实际产量为67 985千克，其耗用的混合人工实际成本见表9-19。

表9-19　　　　　　　　　甲产品耗用的混合人工实际成本

工人等级	实际价格（元/工时）	实际耗用人工工时	实际成本（元）
三级工	8.20	4 030	33 046
四级工	10.15	2 480	25 172
五级工	12.20	1 240	15 128
合计		7 750	73 346

要求：计算甲产品的直接材料成本差异和直接人工成本差异。

第九章在线测试

第九章实训练习参考答案

第十章

作业成本法

第一部分　基础知识

一、作业成本法产生的背景

任何一种成本计算法都必须有效地解决成本计量与成本分配的问题，以保证成本信息的相关性和准确性。在经济高质量发展的大背景下，企业为了增强市场竞争力，制定发展战略时，需要准确性更高、相关性更强的成本信息。但无论是完全成本法还是变动成本法，都不能完全达到这一要求。完全成本法假设直接材料和直接人工构成产品成本的主要部分，而制造费用在产品成本中只占很小比重，处于次要地位。在新经济条件下，智力与知识的投入大大增加，高度自动化生产大大降低了直接人工的比重，从而使制造费用的比重不断上升。无论是从产品成本计算的准确性，还是从控制成本的有效性来看，完全成本法都无法满足成本管理的要求。变动成本法没有改变完全成本法计算与分析的单一动因基础，只是从管理控制的角度构建了以产量动因为基础的成本性态分析模型，把相当一部分可以通过其他成本动因进行归集的成本都作为固定制造费用"一次性"处理掉。由于计量成本的基础没有改变，企业无法全面了解成本到底是如何变化、因何变化的，进而也就无法进行有针对性的成本动因管理并控制成本变动。更重要的是，变动成本法只能适应企业短期决策管理和控制的需要，而对企业长期的、战略性决策管理与控制的支持不大。

作业成本法以多种基准，即多层次、多种类的动因来计量和分配成本并解释成本性态，既提高了成本信息的准确性，又提高了成本信息与短期和长期决策管理及控制的相关性，在精确成本信息，改善经营过程，为资源决策、产品定价及组合决策提供完善的信息等方面，受到了广泛的赞誉，代表了企业成本制度的发展趋势。

自20世纪90年代以来，世界上许多先进的企业已经实施作业成本法以改善原有的会计管理系统，增强企业的竞争力。

在大数据时代，电子商务企业在我国的发展日趋成熟，企业存在多样化、个性化服务的特点。如果沿用传统的成本计算方法，则存在高投入、低效益的状况，不利于企业的快速发展。作业成本法适用于经营过程较复杂、产品多样化的企业，电子商务企业物流成本的核算选择作业成本法更有必要。

二、作业成本法的定义

作业成本法（activity-based costing），简称 ABC 成本法，又称作业成本分析法、作业成本计算法、作业成本核算法，是一种以作业为基础，通过对所有作业活动进行动态追踪，根据各项作业费用的消耗情况，将间接成本和辅助费用更准确地分配到产品和服务的一种成本计算方法。

作业成本法的指导思想是："成本对象消耗作业，作业消耗资源。"作业成本法把直接成本和间接成本（包括期间费用）作为产品（服务）消耗作业的成本予以同等对待，拓宽了成本的计算范围，使计算出来的产品（服务）成本更准确真实。

三、作业成本法的相关概念

作业成本法不仅是一种成本计算方法，更是成本计算与成本管理的有机结合。作业成本法基于资源耗用的因果关系进行成本分配；根据作业活动耗用资源的情况，将资源耗费分配给作业；再依照成本对象消耗作业的情况，把作业成本分配给成本对象。

（一）资源

资源是企业生产耗费的原始形态，是成本产生的源泉。企业作业活动系统所涉及的人力、物力、财力都属于资源。一个企业的资源包括直接人工、直接材料、间接制造费用等。

（二）作业

作业，是指在一个组织内为了某一目的而进行的耗费资源动作，它是作业成本计算系统中最小的成本归集单元。作业贯穿产品生产经营的全过程，从产品设计、原料采购、生产加工，直至产品的发运销。在这一过程中，每个环节、每道工序都可以视为一项作业。

（三）成本动因

成本动因，亦称成本驱动因素，是指导致成本发生的因素，即成本的诱因。成本动因通常用作业活动耗费的资源进行度量，如质量检查次数、用电度数等。在作业成本法下，成本动因是成本分配的依据。成本动因又可以分为资源动因和作业动因。

（四）作业中心

作业中心又称成本库，是指构成一个业务过程的相互联系的作业集合，用来汇集业务过程及其产出的成本。换言之，按照统一的作业动因，将各种资源耗费项目归结在一起，便形成了作业中心。作业中心有助于企业更明晰地分析一组相关的作业，以便进行作业管理以及企业组织机构和责任中心的设计与考核。

四、作业成本法的成本分配流程

（一）作业成本法的基本假设

作业成本法是一个两阶段分配过程，它运用多种动因基础，对多项成本进行归集。作业成本法有两个基本假设：一是作业消耗资源；二是产品消耗作业。

在这两个基本假设下，作业成本法的基本原理可以概括为：依据不同的成本动因分别设置成本库，再分别以各种产品所耗费的作业量分摊其在该成本库中的作业成本，然后分别汇总各种产品的作业总成本，计算各种产品的总成本和单位成本。由此可见，作业成本法将着眼点放在作业上，以作业为核算对象，依据作业对资源的消耗情况将资源的成本分配到作业，再由作业依据成本动因追溯或分摊到产品上，最终确定单位产品成本。产品、作业和资源之间的关系以及由此决定的成本计算流程如图10-1所示。其中，实线表示成本形成和计算过程，虚线表示资源消耗过程。

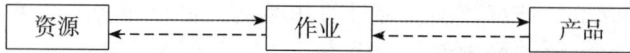

图10-1　作业成本法计算流程图

（二）作业成本法的两阶段

根据以上原理，作业成本法的成本分配流程可用图10-2表示。

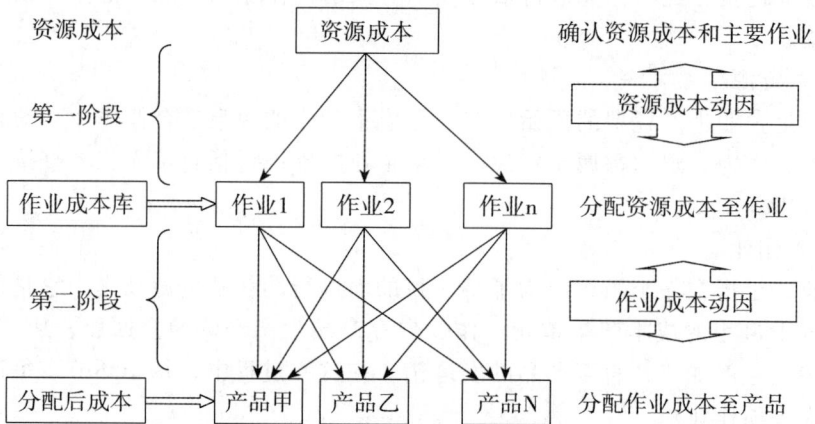

图10-2　作业成本法的成本分配流程图

图10-2表明，作业成本法分为两个阶段：第一阶段是将资源耗用即资源成本归集到各项作业；第二阶段是将各项作业成本归集到相关产品、服务，乃至顾客。

1.第一阶段：把资源成本归集到作业

在这一阶段要完成以下任务：

（1）确定资源成本，即确认和计量企业所投入的各种经济资源（材料、人工、资本等）以及资源耗费的过程。

（2）确定各项作业，即把企业经营的全过程划分为一定数量的作业。在确定作业数量时，究竟应划分和确定多少作业，应遵循成本效益原则，在"粗分"与"细分"之间进行权衡。划分过"粗",会导致在一项作业中含有不相关作业成本;划分过"细",工作量太大,企业为此付出的成本过于高昂。

(3)确定资源成本动因。以电子商务为例,华强集团的各项资源消耗包括水费、电费、直接人工、通信费用、折旧、应交税费、系统开发费用、系统维护费用、安全费用、转账费用、仓库租金、装卸费用、包装费用、运输费用、快递费用、其他费用等。例如,在确认了华强集团的各项资源消耗之后,需要设立资源库,将一定期间的资源耗费归集到电子商务资源库,形成资源成本库。表10-1是几个资源成本动因的实例。

表10-1   资源成本动因的实例

成本要素	动因
水费	吨
电费	度
直接人工	人员工时
系统维护费用	维护次数
转账费用	转账次数
仓库租金	仓库面积

(4)根据各项作业耗用资源的成本动因数,把各资源成本逐项分配到作业成本库中。作业成本库的划分过程是:

① 华强集团作为一家大型电子商务企业,其内部作业复杂程度高,因此可以按照一些原则设置相应的电子商务作业中心,以简化成本核算。对华强集团的电子商务作业进行梳理,可以归纳出一些主要的电子商务作业中心,其主要包括订单作业中心、客服作业中心、售后作业中心、推广作业中心、系统作业中心、商品信息管理作业中心、支付作业中心、仓储作业中心、包装作业中心、装卸作业中心、运输作业中心、快递作业中心。对华强集团的电子商务作业中心设置完成后,各个作业中心也就形成了作业成本库。

② 对资源成本进行分配之后,还需要确认作业动因,对作业成本库中的总成本进行再次分配。电子商务作业动因就是电子商务作业成本分配的标准。作业成本的分配需要计算作业动因分配率,计算公式为:

作业动因分配率=电子商务作业成本库总成本÷该作业成本库提供的作业动因数量

成本计算对象应分配的作业成本的计算公式为:

成本计算对象应分配的作业成本=该成本计算对象耗用的作业动因数量×作业动因分配率

到这里,就完成了作业成本法的第一阶段。它反映了作业成本法的第一个假设:作业消耗资源,作业的多少决定资源消耗量的大小。

2.第二阶段：把作业成本归集到各种产品中

在这一阶段要完成的任务有：

（1）确定各项作业的动因，即确定引致产品和服务消耗作业的因素与消耗方式。

（2）根据作业成本动因，计算作业成本动因分配率，这是将作业成本库总成本分配到成本对象（产品、服务、顾客等）的标准。

（3）根据各项作业所耗用的作业成本动因数，将各作业成本库总成本计入有关产品（服务或顾客），从而完成完工产品（服务或顾客）的成本计算。

这一阶段反映了作业成本法的第二个假设，即产品消耗作业，产出量的大小决定作业耗用量的多少。

应该指出的是：作业成本动因的选择实际上是在计量的准确性与计量成本之间进行权衡，应该尽量减少各项作业成本动因的数量。在选择成本动因时，要注意以下几点：第一，成本动因应简明、易懂、可数，容易从现有资料中分辨出来，并与部门产出有直接的关联性；第二，代表性与全面性相平衡。

（三）作业成本法的主要特点

作业成本法作为一种新的、全面的成本计算制度，与传统的完全成本法和变动成本法相比，具有以下主要特点：

1.作业成本法所提供的成本信息更准确

作业成本法与传统成本计算法的一个重要区别在于对制造费用的分配处理不同。传统成本计算法采用单一的数量动因分配制造费用；而作业成本法采用不同的成本动因，把企业发生的制造费用汇集到相应的作业成本库，然后再根据各成本对象的作业耗用量分配作业成本库中的作业成本，从而使产品和服务所耗用的各项作业成本信息更加清晰、准确。同时，在成本分配过程中，作业成本法不仅充分考虑财务因素，而且特别强调非财务因素，如准备次数、送货次数、运送距离以及检验次数等。这些都为企业经营过程的持续改善提供了可能。

2.作业成本法所提供的成本信息更具相关性

传统成本计算法将期间费用在发生当期一次性扣除，而不进行具体分配，这势必造成成本信息的扭曲。作业成本法通过多种成本动因分析，对企业经营过程中多个职能项目（如研发、试制、生产、销售、配送、顾客服务等）的成本动因进行归类分析，大大提高了成本与作业、作业与产品的相关性。毫无疑问，提供这样的成本信息更有利于企业进行战术与战略决策。

3.作业成本法完善了成本性态分析

传统成本计算法采用单一的数量动因进行成本性态分析，在相关范围内，有相当一部分成本被划为固定成本。作业成本法强调多基准作业动因下的成本性态分析。虽然它没有打破"相关范围"的假设，但使这一假设的有关条件大大放松，从而最大限度地缩小了固定成本的范围，使相关成本的范围扩大，使企业的决策管理与控制更为有效。

4.作业成本法跳出了"就成本论成本"的传统束缚，展示了其可应用于企业战略性分析与控制的潜力

传统成本计算法就成本论成本，只是为了存货的估价而将已发生的费用分配到成本对象，只能为企业的短期决策管理与控制服务。作业成本法则不同，它构建了"二维"分析理念，以作业为核心和枢纽，把企业的成本分配和企业的经营管理过程分析统一起来。作业成本法的"二维"理念如图10-3所示。

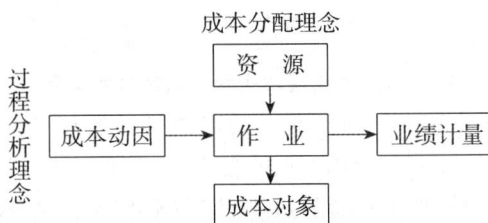

图10-3的垂直部分反映了成本分配理念。成本对象引起作业，而作业又引起对资源的需求。这是成本分配的"资源流动"。成本分配理念的"成本流动"恰好相反，它从资源到作业，再从作业到成本对象。成本分配从"成本流动"与"资源流动"两个侧面全面地提供有关资源、作业和成本对象的信息。图10-3中的水平部分反映了过程分析理念，它为企业提供有关何种原因引起作业（成本动因）以及作业完成情况如何（业绩计量）的信息。企业利用这些信息，可以提高源于企业外部的顾客价值。作业成本法从纵横两个方向为企业改进作业链、减少作业耗费、提高作业效率提供了信息。

总之，作业成本法从以"产品"为中心转移到以"作业"为中心，能提供较客观、真实的成本信息，把着眼点放在成本发生的前因和后果上，且以作业为核心，以资源流动为线索，以成本动因为媒介，对所有作业活动进行跟踪和动态反映，对最终产品形成过程中所发生的作业成本进行有效控制。

五、作业成本法的选择

管理会计系统设计与安排的一项重要工作就是保障产品成本计算的准确性与相关性，改进企业的决策管理与控制工作。从历史上看，成本计算法的发展从完全成本法到变动成本法，再到作业成本法，是一个由低级到高级的过程。每种成本计算法提供信息的准确性和相关性也是一个从低到高的过程。但是，不是所有企业都应选择作业成本法，而放弃传统的完全成本法和变动成本法。在现实中，大部分企业会按照成本效益原则进行权衡。

作业成本法的原理及计算过程表明，准确的产品成本信息总是优于相对不准确的产品成本信息，而且随着成本动因数量的增加，准确性将普遍提高。图10-4描述了产品成本的准确性与成本动因数量之间的递增关系。

图10-4说明，随着成本动因数量的增加，纳入成本计算系统的制造费用动因便随之增加，成本信息的准确性也提高了，但提高的速度在下降。准确性的增加会

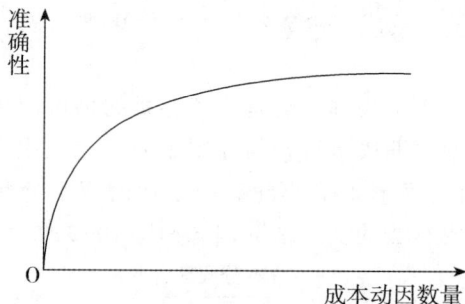

图 10-4　准确性与成本动因数量的关系

使决策与控制活动更有效率，然而，成本动因数量的增加会使会计系统本身的工作量增多、复杂程度增大，决策与控制的机会成本增加，从而导致制度总成本增大。从这一点来说，设计百分之百准确的成本计算制度对企业而言并非最有效率的选择。图 10-5 描述了成本动因数量与效益之间的关系。

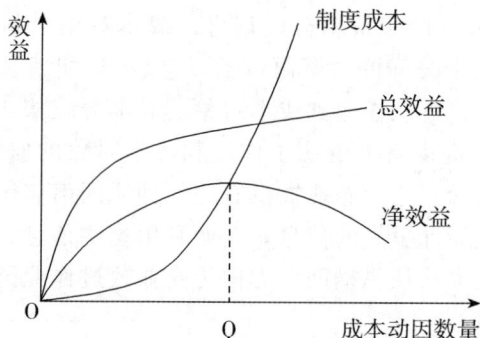

图 10-5　成本动因数量与效益的关系

在图 10-5 中，净效益是总效益与制度成本之差，Q 是实现净效益最大化时的成本动因数量。确定 Q 的原则是边际成本等于边际效益。在图 10-5 中，制度成本具体分解为两部分：一是采用作业成本法的直接成本；二是采用作业成本法造成决策权分配体系变化从而产生的机会成本，即代理成本。这是因为当成本动因数量增多的时候，代理人的可控因素增多，其决策自主权增大，从而使委托人对代理人的监督弱化。

以上分析表明，任何制度选择都是有成本的。到底选择哪种制度，取决于企业在制度成本与效益之间的权衡。

【思政小课堂】

大数据、人工智能、数据中台等技术和新一代 IT 架构，为管理会计体系的创新、企业数字化转型提供了巨大的技术赋能空间。

首先，自动化、在线化、智能化推动财务共享中心成为财务数据中心。财务共享中心天然拥有大量真实、可靠、低成本的业务和财务数据，是企业信息化平台中最贴合数据中心建设要求的系统平台，具备成为集团级数据中心的最佳条件。新技术的大量应用，使财务共享中心更具数据中心优势。RPA大量替代了标准化、程序化的财务共享服务的工作；在线化大大提升了财务共享的运作效率；智能化（AI+OCR）技术的应用有助于更好地理解合同的条款、价格、付款周期等内容，大大提升了审批的效率。

其次，数据中台架构促进管理会计场景化、业务化和实时化。数据中台的核心概念就是数据赋能，通过数据赋能管理和业务。这是因为有了中台的支撑之后，数据基础更好了，数据更丰富了，而且打通了业财的数据、内外的数据，数据的质量提高了，管理会计在这样的基础上就可以发挥更大的作用。管理会计的本质就是基于数据和模型发现问题、解决问题，数据中台为管理会计体系创新和应用带来更多直接和间接的价值。

最后，基于人工智能的数据智能分析将更多赋能业务与管理。人工智能中，机器学习和自然语言处理技术在财务管理领域用得最多。机器学习是基于大数据的特征提炼来支持企业的决策流程。自然语言理解正在被大量地应用于人机交互分析。实现这项技术的核心就是把人的自然语言翻译成数据库的数据查询语言，并结合不同的数据库特点将其翻译成机器认识的查询语言。①

思政元素： 创新，赋能，共享

第二部分　实例分析

【案例10-1】某机床厂采用作业成本法计算产品成本

基本情况

某机床厂生产甲、乙两种产品。这两种产品的生产工艺基本相同，两者的区别在于：甲产品属于标准配件，批量大，产量高，加工过程简单，每批产量为2 000件；乙产品属于非标准配件，批量小，产量低，加工过程复杂，每批只能生产10件。该机床厂采用作业成本法计算产品成本，所涉及的作业主要有六项：（1）车削；（2）镗床设备调整；（3）镗孔；（4）成品检验；（5）产品设计改良；（6）一般管理。

其他有关资料如下：

（1）本月该机床厂共生产甲产品5批，共计10 000件；乙产品100批，共计1 000件。

（2）车床共5台，全月总共可利用600机时。车床调整可在较短时间内由机器自动完成，因此没有必要单独作为一项作业来处理。车床如果用于加工甲产品，每

　　① 韩向东．"数据中台＋数据智能"助推管理会计创新［EB/OL］．［2024-01-09］．https：//mp.weixin.qq．com/s？ __biz=MzIwNzY3NTk1MA== &mid=2247485575&idx=5&sn=41ead4c71c7c849bdc577d0f54d79a3e&chksm=970fffc6a07876d0bd6c32265644ead853d250ba139da4732bd16cb77ed084f82199fa93bab9&scene=21#wechat_redirect.

件需3分钟；如果用于加工乙产品，每件则需3.6分钟。

（3）镗床共4台，全月总共可利用600机时，但不能全部用于生产，因为机器调整会消耗一定的时间。镗床每生产一批新产品就要调整一次，在连续生产同一批产品件数达到500件时也需要进行一次调整，每台镗床调整一次需要36分钟。镗床如果用于加工甲产品，每件需2.4分钟；如果用于加工乙产品，每件则需4.2分钟。

（4）成品检验：甲、乙两种产品的检验过程完全相同。该机床厂全月有能力检验675件产品。对于甲产品，每批需要随机抽样40件进行检验；对于乙产品，每批需要随机抽样3件进行检验。

（5）该机床厂进行"设计改良"作业，采用计算机辅助设计系统完成。该系统全月总共可利用721机时，本月用于甲产品设计改良240机时，用于乙产品设计改良380机时。

（6）一般管理：本月人员及设施等利用程度为80%。该机床厂车床、镗床、成品检验、设计改良、一般管理工作岗位的员工分别为6人、5人、4人、4人、3人，其月工资分别为1 000元、1 200元、1 250元、1 325元、1 500元。该机床厂的用电价格为0.50元/度，车床、镗床、成品检验、设计改良、一般管理工作岗位的用电分别为2 600度、3 200度、2 000度、1 600度、800度。各岗位的固定资产折旧费和办公费见表10-2。

表10-2 固定资产折旧费及办公费 单位：元

项目	车床	镗床	成品检验	设计改良	一般管理
折旧费	5 000	5 600	6 000	2 400	2 000
办公费	600	1 400	1 500	1 600	2 000

（7）甲产品每件消耗直接材料2元，乙产品每件消耗直接材料3元。

问题

用作业成本法计算以上两种产品的成本。

分析过程

根据以上资料，采用作业成本法计算该机床厂两种产品成本的步骤如下：

1.确定该机床厂本月所提供的各类资源成本

根据相关资料，本月该机床厂所提供的各类资源成本见表10-3。

表10-3 该机床厂各类资源成本 单位：元

资源项目	工资	电费	折旧费	办公费	合计
资源价值	26 800	5 100	21 000	7 100	60 000

2.确定各种主要作业，建立作业成本库

根据有关资料，该机床厂生产甲、乙产品所涉及的主要作业有车削、镗床调整、镗孔、成品检验、产品设计改良和一般管理共六项。按照作业成本库划分的原则和程序为每项作业分别设立作业成本库，用于归集各项作业实际消耗的资源。对于镗床调整作业及镗孔作业，首先将其合并，一起计算各项资源的耗用量；然后再按镗床调整所耗用的机时数与可用于加工产品的机时数的比例进行分配。

3.确定各项资源成本动因，将各资源成本分配到各作业成本库

（1）工资费用的分配。工资费用消耗的成本动因在于各项作业"消耗人力"，因此应根据完成各项作业的员工人数和工资标准对工资费用进行分配，分配结果见表10-4。

表10-4　　　　　　　　　　　工资费用分配

资　源	车削	镗孔及镗床调整	成品检验	设计改良	一般管理	合计
员工人数	6	5	4	4	3	22
每人月工资（元）	1 000	1 200	1 250	1 325	1 500	
作业月工资（元）	6 000	6 000	5 000	5 300	4 500	26 800

（2）电力资源价值的分配。电力资源消耗的成本动因在于"用电"，其数量可以由用电度数来衡量，具体分配结果见表10-5。

表10-5　　　　　　　　　　　电力资源价值分配

资　源	车削	镗孔及镗床调整	成品检验	设计改良	一般管理	合计
用电度数	2 600	3 200	2 000	1 600	800	10 200
电费（元）	1 300	1 600	1 000	800	400	5 100

（3）折旧费与办公费的分配。折旧费发生的成本动因在于各项作业使用了有关固定资产，因此可根据各项作业固定资产使用情况来分配折旧费。这种使用通常具有"专属性"，即特定固定资产由特定作业所使用。各项办公费也具有"专属性"，其分配方法与折旧费的分配方法大体相同。有关分配结果见表10-6。

表10-6　　　　　　　　　　固定资产折旧费及办公费分配　　　　　　　　　单位：元

资　源	车削	镗孔及镗床调整	成品检验	设计改良	一般管理	合计
折旧费	5 000	5 600	6 000	2 400	2 000	21 000
办公费	600	1 400	1 500	1 600	2 000	7 100

为了将镗床调整与镗孔两项作业所耗用的资源成本分开，需要计算镗床调整所消耗的机时数。镗床调整次数：甲产品需要20次，乙产品需要100次，总调整次数为120次；需要消耗72机时（120×36÷60），占镗床总机时数的12%。镗床可用于生产528机时（600-72），占镗床总机时数的88%。将表10-6中"镗孔及镗床调整"栏目中的数字乘以12%，即得到镗床调整所消耗的资源量，其余88%即为镗孔作业所消耗的资源量。将上述有关结果汇总，得到表10-7。

表10-7   **资源向各作业的分配**   单位：元

资　源	车削	镗孔	镗床调整	成品检验	设计改良	一般管理	合计
作业月工资	6 000	5 280	720	5 000	5 300	4 500	26 800
电费	1 300	1 408	192	1 000	800	400	5 100
折旧费	5 000	4 928	672	6 000	2 400	2 000	21 000
办公费	600	1 232	168	1 500	1 600	2 000	7 100
作业成本合计	12 900	12 848	1 752	13 500	10 100	8 900	60 000

4.确定各项作业的成本动因

各项作业的成本动因见表10-8。

表10-8   **各项作业的成本动因**

作　业	作业成本动因
车削	开动机时数
镗床调整	镗床调整次数
镗孔	开动机时数
成品检验	检验件数
设计改良	计算机机时数

对于"一般管理"这项作业，其成本动因比较复杂，因此在计算甲、乙两种产品消耗该资源的成本时，需另行处理。

5.计算有关作业成本动因分配率

有关作业成本动因分配率的计算结果见表10-9。

表10-9   **成本动因分配率计算表**

项　目	车削	镗孔	镗床调整	成品检验	设计改良
作业成本（元）	12 900	12 848	1 752	13 500	10 100
成本动因数量	600机时	528机时	120次	675件	721机时
成本动因分配率	21.5	24.33	14.6	20	14

6.计算甲、乙两种产品实际消耗的资源成本

（1）本月车床实际消耗560机时，其中：

①加工甲产品消耗=10 000×3÷60=500（机时）

②加工乙产品消耗=1 000×3.6÷60=60（机时）

（2）本月镗床实际消耗470机时，其中：

① 加工甲产品消耗=10 000×2.4÷60=400（机时）

② 加工乙产品消耗=1 000×4.2÷60=70（机时）

（3）本月检验产品总数为500件，其中：

① 对甲产品抽样=5×40=200（件）

② 对乙产品抽样=100×3=300（件）

（4）本月设计改良共消耗620机时，甲产品为240机时，乙产品为380机时。

（5）一般管理。甲、乙两种产品所消耗的一般管理作业成本的计算过程如下：甲、乙两种产品实际消耗的一般管理作业成本之和为8 900×80%=7 120（元），可按甲、乙两种产品其他各项作业所消耗的资源成本之和的比例分配。

甲产品耗用其他各项作业资源成本之和为：

10 750+292+9 732+4 000+3 360=28 134（元）

乙产品耗用其他各项作业资源成本之和为：

1 290+1460+1 703+6 000+5 320=15 773（元）

一般管理作业成本分配率：

7 120÷（28 134+15 773）=0.16

甲产品实际消耗的一般管理作业资源成本：

28 134×0.16=4 501.44（元）

乙产品实际消耗的一般管理作业资源成本：

15 773×0.16=2 523.68（元）

根据上述有关结果即可求出甲、乙两种产品实际消耗的资源成本，计算结果见表10-10。

7.计算甲、乙两种产品的总成本

甲产品直接材料=10 000×2=20 000（元）

乙产品直接材料=1 000×3=3 000（元）

甲产品总成本=20 000+32 917=52 917（元）

乙产品总成本=3 000+18 231=21 231（元）

表10-10　　　　　　　　**甲、乙两种产品实际消耗的资源成本**　　　　　　金额单位：元

作业	作业分配率	实际耗用作业成本动因数			实际耗用资源成本	
		甲产品	乙产品	合计	甲产品	乙产品
车削	21.5	500	60	560	10 750	1 290
镗床调整	14.6	20	100	120	292	1 460
镗孔	24.33	400	70	470	9 732	1 703
成品检验	20	200	300	500	4 000	6 000
设计改良	14	240	380	620	3 360	5 320
一般管理	0.16				4 501	2 524
合计					32 635	18 297

8.计算未耗用资源成本

未耗用资源成本的计算过程及有关结果见表10-11。

表10-11 未耗用资源成本 金额单位：元

作业	作业分配率	未耗用作业动因数	未耗用资源成本
车削	21.5	40	860
镗床调整	14.6		
镗孔	24.33	58	1 411
成品检验	20	175	3 500
设计改良	14	101	1 414
一般管理		20%	1 780
合计			8 965

9.汇总

将上述有关结果汇总，即得到甲、乙两种产品的成本计算表，见表10-12。

表10-12 成本计算表 单位：元

项目		耗用资源成本	甲产品		乙产品		未耗用作业资源
			单位成本	总成本	单位成本	总成本	
单位基准作业	直接材料	23 000	2	20 000	3	3 000	0
	车削	12 040	1.075	10 750	1.29	1 290	860
	镗孔	11 435	0.9732	9 732	1.703	1 703	1 413
	小计	46 475	4.0482	40 482	5.993	5 993	2 273
批次基准作业	镗床调整	1 752	0.0292	292	1.46	1 460	0
	成品检验	10 000	0.4	4 000	6	6 000	3 500
	小计	11 752	0.4292	4 292	7.46	7 460	3 500
品种基准作业	设计改良	8 680	0.336	3 360	5.32	5 320	1 420
	小计	8 680	0.336	3 360	5.32	5 320	1 420
设施基准作业	一般管理	7 025	0.4501	4 501	2.524	2 524	1 875
	小计	7 025	0.4501	4 501	2.524	2 524	1 875
合计		73 932	5.2635	52 635	21.297	21 297	9 068

第三部分 实训练习

一、填空题

1.作业成本法有（ ）和（ ）两个基本假设。

2.作业成本法作为全面的成本计算制度具有的特点是：提供的成本信息（ ）、（ ）、完善（ ）和展示（ ）。

3.作业中心又称（ ），以统一的作业动因，将各种资源耗费项目归集在一起。

4.作业成本法将作业作为成本计算的（ ）和（ ）。

二、单项选择题

1.下列与作业成本法有关的概念中，表述错误的是（ ）。

A.作业动因是指企业基于特定目的的重复执行的任务或活动

B.资源费用是指企业在一定期间内开发经济活动所发生的各项资源消耗

C.成本对象是指企业追溯或分配资源费用、计算成本的对象物

D.成本动因是指诱导成本发生的原因

2.作业成本法的基本对象是（ ）。

A.作业 B.资源 C.产品 D.销售活动

3.（ ）是将各项资源费用归集到不同作业的依据，反映了作业与资源的关系。

A.价值动因 B.作业动因 C.成本动因 D.资源动因

4.在作业成本法下，产品成本计算的基本程序可以表示为（ ）。

A.作业—部门—产品 B.资源—作业—产品

C.作业—资源—产品 D.部门—作业—产品

三、多项选择题

1.资源实质上是指为了产出作业或产品而进行的费用支出，它包括（ ）。

A.货币资源 B.材料资源 C.人力资源 D.动力资源

2.作业是指为提供服务或产品而耗用企业资源的相关生产经营管理活动，它包括（ ）。

A.订单处理 B.材料采购 C.设备调试 D.质量检查

3.作业成本法的适用范围一般为（ ）的企业。

A.制造费用占产品成本比重小

B.产品种类繁多、小批量多品种生产

C.企业生产经营的作业环节较多

D.会计电算化程度高

4.选择成本动因时，主要考虑（ ）因素。

A.相关性　　　　　B.可靠性　　　　　C.可量化　　　　　D.可获取性

四、实训业务

【习题10-1】巨龙水电机制造公司的作业成本法应用

巨龙水电机制造公司（以下简称"巨龙公司"）为生产水电机组的大型企业。从生产组织特点来看，巨龙公司属于典型的单件小批量生产类型，产品品种多、数量大，按照订单进行生产加工，完成各种产品部件，组装成单件产品以满足顾客所需。该公司年生产品种约1 500种，月生产型号100多个，每月生产数量多达20 000件，月产值为1 800万元，员工约2 000人。

为满足市场需求，巨龙公司引进国外先进技术和设备，并与国外厂商合作，大力开发新产品，成功地制造出一系列大型水电机组，其技术水平和生产能力在国内居领先地位。其先进的技术设备，产品多品种、小批量等特点，在传统成本核算体系下往往导致制造费用的分配不合理，从而导致成本信息失真、生产经营决策失误。为了适应新的制造环境，巨龙公司决定改进成本核算和管理方法，以便提供准确的成本信息。

（一）传统成本核算的产品成本构成

1.巨龙公司现行的成本核算过程

巨龙公司主要采用传统成本计算法进行核算，其生产成本包括直接费用（料、工）和制造费用。对于直接费用，采用直接确认归集的方法，如材料可根据各工作号的工序领用记录直接归集，而将直接人工和直接材料等打入产品的生产成本里。对于制造费用，采用两阶段分配法：首先，按单一的业务量标准将制造费用分摊至各个受益部门，包括生产和服务部门；其次，将各生产和服务部门的制造费用按单一的标准（直接人工工时）分配至产品（包括在产品、半成品）。其分配率的计算公式为：

分配率=单种产品当月所消耗的直接人工÷当月该公司消耗的总直接人工

通过此分配率可得到各产品当月被分配的制造成本，再除以当月生产的产品数量，就可以得到产品的单位制造成本；将单位制造成本与直接材料和直接人工相加，即得到产品的单位生产成本。由于该公司产品差异大，在成本分配的第二阶段把产品分为大型、中型和小型三种。小型产品为标准产品，其系数定为1，中型产品系数定为4，大型产品系数定为8；然后将各种类型产品的实际工时乘以系数，折算成标准比例工时；按标准比例工时分配各种类型产品总成本，最后计算出每一类型内各产品的生产成本。

2.巨龙公司2023年6月生产成本构成分析

由于巨龙公司的产品普遍具有生产周期长、跨度大的特点，故只选择2023年6月的产成品成本作为分析对象。巨龙公司2023年6月发生的制造费用明细表见表10-13、总成本构成见表10-14。

表 10-13   制造费用明细表   单位：元

项目	金额	项目	金额
工资	59 880.40	检验费	355 868.78
职工福利费	8 383.26	设计图纸	
折旧费	514 516.62	取暖费	
修理费	269 944.30	停工损失	
办公费	4 760.90	废料退库	
水电费	16 631.60	差旅费	4 134.70
易耗摊销	231 026.33	通勤费	3 781.50
劳保费	9 175.30	其他	16 845.00
仓库经费		动力费	415 983.08
运输费	51 855.60	合计	1 962 787.37

表 10-14   总成本构成

成本项目	金额（元）	比例（%）
直接材料	634 917.47	18.34
直接人工	864 116.69	24.96
制造费用	1 962 787.37	56.70
合计	3 461 821.53	100.00

从表 10-14 可以看出，巨龙公司直接人工成本只占总成本的 24.96%，而制造费用是直接人工成本的两倍多，以直接人工工时作为分配制造费用的单一标准显然不合理。因此，需要设置更合理的标准来分摊所发生的制造费用，以反映真实的成本信息。

3. 传统成本核算体系下产品成本计算结果

2023 年 6 月，巨龙公司生产机组 55 件，其中大型产品 33 件、中型产品 22 件。为使计算和对比更具典型性，我们以大型产品甲、中型产品乙为例。其当月发生的成本的计算结果见表 10-15。

表 10-15   甲、乙产品成本   金额单位：元

产品	实耗工时	直接材料	工资	车间经费	合计
甲	4 008	4 513.3	29 940	59 822.23	98 283.53
乙	10 552	376 071.9	156 881	347 612.92	891 117.82

（二）运用作业成本法进行成本核算

1. 成本库的建立

建立成本库需要分析所发生的作业。巨龙公司最重要的作业是运输、重金、轻金、铲磨、装配、检验，以这几类作业为对象归集各类作业所发生的成本，以此作为成本库；把无法归集到这些作业成本库的制造费用归集在一起，作为另外一类成本库。这样，巨龙公司一共建立七个成本库，即运输成本库、重金成本库、轻金成本库、铲磨成本库、装配成本库、检验成本库及其他成本库。

2. 成本动因的选择

（1）运输成本库的成本直接由运输部门结转而得。运输成本库的成本动因有多种，如运输千米数、运输时间、运输吨数等，但运输成本库中的大多数成本是由运输时间引起的，为简化起见，选择运输时间作为运输成本库的成本动因。

（2）重金作业是电机产品在大型设备上进行的加工。重金成本库的主要成本是由大型设备运行的机时所引起的，因此以机时作为重金成本库的成本动因。

（3）轻金成本库中各项费用的归集与重金相同，也将机时作为成本动因。

（4）铲磨成本库中各项费用的归集与重金和轻金成本库相似，但铲磨中所使用的机器很少，主要靠手工，因而以人工工时为成本动因。

（5）装配成本库的成本动因选择人工工时。

（6）检验费用主要是由对产品所花费的检验时间所引起的，因此选择检验时间作为检验成本库的成本动因。

（7）其他成本库的费用是指难以归集到以上各成本库的成本，因此单设一成本库，其中包括车间管理人员的工资及提取的职工福利费、办公费、水电费、差旅费等。由于这些费用都是由车间支持性作业所引起的，难以选择合适的成本动因。为了简化计算，选择直接人工工时为这一成本库的成本动因。

3. 各成本库费用的归集

成本库各项费用的归集是按照各成本库中各项成本费用的实际发生额进行的。铲磨、重金、轻金和装配四个成本库都包括折旧费、修理费、易耗摊销和动力燃料四个费用项目，其中修理费和易耗摊销可直接按原始记录进行归集。检验成本库的成本直接由检验部门转入。运输成本库的成本直接由运输部门转入。车间管理人员的工资及提取的职工福利费、办公费、水电费、通勤费、差旅费、劳动保护费和其他费用无法归集到上述六个成本库，因而归入其他成本库。2023年6月，巨龙公司成本库费用的归集表见表10-16。

表10-16　　　　　　　　　　成本库费用归集表　　　　　　　　　　单位：元

项目	铲磨	重金	轻金	装配	检验	运输	其他	小计
工资							59 880.40	
职工福利费							8 383.26	

续表

项目	铲磨	重金	轻金	装配	检验	运输	其他	小计
折旧费	10 290.33	298 419.64	154 354.99	51 451.66				514 516.62
修理费	5 398.88	183 562.12	67 486.08	13 497.22				269 944.30
办公费							4 760.90	
水电费							16 631.60	
通勤费							3 781.50	
差旅费							4 134.70	
易耗摊销	53 136.06	133 995.27	34 653.95	9 241.05				231 026.33
劳保费							9 175.30	
运输费						51 855.60		
检验费					355 868.78			
其他							16 845.00	
动力费	58 237.63	249 589.85	79 036.78	29 118.82				415 983.08
合计	127 062.90	865 566.88	335 531.80	103 308.75	355 868.78	51 855.60	123 592.66	1 962 787.37

4. 成本动因率的计算

巨龙公司2023年6月成本动因率见表10-17。表10-17中"成本库成本"这一项的数据可从表10-16中获取，假设该公司的生产能力得到充分利用，成本动因总量是按照实际的全部产品统计数据获取的。

表10-17 成本动因率 金额单位：元

项目	铲磨	重金	轻金	装配	检验	运输	其他
成本库成本	127 062.90	865 566.88	335 531.80	103 308.75	355 868.78	51 855.60	123 592.66
成本动因总量	4 550.18	22 576.10	14 000.54	10 467.77	2 373.40	384.30	65 166.00
成本动因率	?	?	?	?	?	?	?

5. 甲、乙两种产品成本动因数量的统计

产品成本动因数量是按照以上确定的成本动因和在生产过程中实际发生的成本动因数量统计确定的。甲、乙两种产品成本动因数量见表10-18。

表10-18　　　　　　　　　　　甲、乙两种产品成本动因数量　　　　　　　　　　单位：元

工作序列	铲磨	重金	轻金	装配	检验	运输	其他
甲-1	10.0	68.5	298.6		16.92	1.50	564
甲-2	140.0	480.0	1 358.6	658.0	94.26	2.50	3 142
甲-3	49.6	38.0	160.4		7.44	1.80	248
甲-4			7.0			0.20	7
甲-5							
甲-6			55.0		1.65	0.30	55
甲-7			10.0				10
小计	199.6	586.5	1 889.6	658.0	120.27	6.30	4 026
乙-1	260.8	1 847.6	406.0		104.40	2.10	3 480
乙-2	468.0	2 046.8	518.4	1 683.7	173.40	3.20	5 780
乙-3	89.5	521.5	305.0		35.49	2.80	1 183
乙-4		13.0				1.59	26
乙-5		35.0	13.0			2.20	83
乙-6							
乙-7							
小计	818.3	4 463.9	1 242.4	1 683.7	313.29	11.89	10 552

6.产品成本的计算

甲、乙两种产品2023年6月发生的成本的计算过程见表10-19、表10-20。

表10-19　　　　　　　　　　　　甲产品成本计算表　　　　　　　　　　　　单位：元

工作序列	材料	工资	铲磨	重金	轻金	装配	检验	运输	其他	合计
甲-1		4 193	?	?	?		?	?	?	?
甲-2	4 513.3	23 357	?	?	?	?	?	?	?	?
甲-3		1 844	?	?	?		?	?	?	?
甲-4		53			?			?	?	?
甲-5										?
甲-6		419			?		?	?	?	?
甲-7		74			?				?	?
小计	4 513.3	29 940	?	?	?	?	?	?	?	?

表 10-20　　　　　　　　**乙产品成本计算表**　　　　　　　　单位：元

工作序列	材料	工资	铲磨	重金	轻金	装配	检验	运输	其他	合计
乙-1		1 739	?	?	?		?	?	?	?
乙-2	3 670 334.8	85 934	?	?	?	?	?	?	?	?
乙-3	47 620.0	17 588	?	?	?		?	?	?	?
乙-4	28 653.0	386		?				?	?	?
乙-5	11 328.0	1 234		?	?			?	?	?
乙-6										?
乙-7	2 836.5									?
小计	3 760 772.3	156 881	?	?	?	?	?	?	?	?

7.差异分析

运用传统成本计算法与作业成本法所得甲、乙产品成本差异见表 10-21。

表 10-21　　**运用传统成本计算法与作业成本法所得甲、乙产品成本差异**　　金额单位：元

产品	传统成本计算法	作业成本法	差异额	差异率
甲	94 275.53	?	?	?
乙	4 265 265.82	?	?	?

要求：请在上述表格中"?"处填上数字。

第十章在线测试　　　　　　　　第十章实训练习参考答案

第十一章

责任会计

第一部分　基础知识

一、分权管理与经济责任制

（一）分权管理与经济责任制结合的必然性

进入大数据时代，虽然许多企业在会计核算上广泛使用用友和金蝶等财务软件，但其使用仅限于对会计凭证的录入、账簿的登记以及财务报表的编制，还没有真正体现出其在成本控制、成本分析、成本预测和决策等方面的信息交互管理作用，与成本控制手段现代化的要求相距甚远。

成本控制的总目标必须分解落实到企业内部的各个责任单位，使每个责任单位的活动都按定额或标准进行。以中小制造业企业为例，可以按车间、部门、公司三个经营层次建立成本中心，进行责任成本考核。成本中心要一切从中小企业的生产经营现状出发，遵循谁负责、谁承担的原则，根据各车间、各产品生产工艺及成本的形成特点，制定详细的成本控制目标和切实可行的成本控制方法，并行使相应的成本决策和成本管理职能。中小企业应增强全员成本管理意识，既要进行全面成本管理，又要进行全过程的动态成本管理。中小企业在成本控制过程中，尤其要重视标准化工作。标准化包括流程标准化、计量标准化、价格标准化、质量标准化和数据标准化。只有建立各种标准，才能促使企业在生产经营活动和各项管理工作中实现合理化、规范化和高效化。

（二）经济责任制的基本内容

企业内部经济责任制的基本点就是实行责、权、利相结合的企业内部经营管理制度。

1.划清经济责任

在企业内部，应根据管理需要，划分若干责任单位，各责任单位和每个员工都必须承担一定的经济责任。责任单位的范围有大有小，可大到分公司、事业部、分厂、分店、部门、车间，也可小到工段、班组、施工队、柜组、个人等。原则上每个责任单位都必须对各自所应做的工作负责。划清经济责任实质上就是定岗位、定职责、定任务，这是企业内部经济责任制的核心。

2.授予相应的经济权利

为了激励各责任单位积极、主动地履行职责和完成任务，必须在其分工负责的范围内授予其相应的管辖权，包括在供、产、销，人、财、物等经营管理方面使其具有一定的决策权。授予各责任单位相应的权利是企业内部经济责任制得以贯彻执行的保证。

3.业绩评价与经济利益挂钩

为了充分调动各责任单位和全体员工的工作积极性和主动性，企业必须定期对各责任单位和个人的业绩进行评价与考核，奖优罚劣、奖勤罚懒，使每个员工的经济利益与他们的成绩和贡献直接挂钩，做到"利益共享、风险分担"，从而使企业内部经济责任制的贯彻执行具有内在动力。

二、责任会计及其内容

（一）责任会计的含义

责任会计是在分权管理条件下，为适应经济责任制的要求，在企业内部建立若干责任单位，并对其分工负责的经济活动进行规划、控制、考核与业绩评价的一整套会计制度。它实质上是企业为了强化内部经营管理责任而实施的一种内部控制制度，是把会计资料同各责任单位紧密联系起来的信息控制系统，是支持企业实行分散经营的必要条件。

（二）责任会计的基本内容

1.合理划分责任中心

根据企业的具体情况和内部管理的实际需要，把企业所属的各部门、单位划分为若干分工明确、权责范围清晰的责任中心，并规定这些责任中心负责人（包括经理、部长、厂长、主任、段长、组长，甚至个人）应负责的成本、收入、贡献毛益、税前利润、投资效益等重要经济指标，使其向上一级主管单位承担经济管理责任；同时赋予其相应的经营管理决策权，并使其经济利益与业绩和贡献直接挂钩。

2.正确编制责任预算

把全面预算所确定的企业生产经营总目标和任务按责任中心层层分解落实，并为每个责任中心编制具体的责任预算，作为今后控制各责任中心经济活动的根据，同时也作为评价各责任中心业绩的标准。

3.建立健全信息跟踪与报告系统

按责任中心建立完整的日常记录，计算并汇总有关责任预算的执行情况；建立信息跟踪系统，对实际执行情况进行反映，并定期编制业绩报告。健全的信息跟踪与报告系统必须具备相关性、及时性、准确性。

4.及时进行反馈控制

根据各责任中心的业绩报告，分析预算执行差异产生的原因，及时通过信息反馈控制并调节各责任中心的日常经济活动；同时还要督促它们迅速采取有效措施，纠正缺点，巩固成绩，提高经济效益。

5.正确评价和考核实际业绩

通过对各责任中心业绩报告中的实际数与预算数的对比和差异分析，评价和考核各责任中心的工作实绩和经营效果，然后根据事先制定的一整套严密周详的奖惩制度，奖优罚劣、奖勤罚懒，力求做到公正合理、奖罚有据，以保证经济责任制的贯彻执行。

6.合理制定内部转移价格

为了正确评价各责任中心的工作业绩，对于各责任中心之间相互提供产品或服务的活动，必须由企业审慎、合理地制定适合其特点的内部转移价格，并据以进行计价和结算。

三、责任中心及其考评

在分权管理条件下，企业要在内部合理地划分责任单位，每个责任单位要明确其权责范围，权责应紧密结合起来。这种权责范围叫作责任中心，就是各个责任单位能够对其经济活动进行严格控制的区域。责任中心根据控制区域和权责范围的大小，一般可分为成本中心、利润中心和投资中心三种。

（一）成本中心

1.成本中心及其适用范围

成本中心是那些只对成本发生情况承担责任的责任中心。成本中心通常是没有收入来源的，只能控制成本，因而无须对收入、收益或投资负责，只对成本负责即可。凡是企业内部有成本发生，需要对成本负责并能进行控制的单位，都是成本中心。例如，企业中每个分公司、分厂、事业部、车间和部门等都是成本中心，而它们又是由各单位下属的若干工段、班组，甚至个人等许多小的成本中心所组成的。这样，各个较小的成本中心共同组成一个较大的成本中心，各个较大的成本中心又共同组成一个更大的成本中心，从而形成一个逐级控制并层层负责的成本中心体系。至于企业中只提供专业服务的单位，如人事部门、研发部门、管理部门、财务部门等，则可称为费用中心，它们也属于广义的成本中心。成本中心计算与考核的都是责任成本，不是传统的产品成本。

2.责任成本与可控成本

众所周知，产品成本是以"产品"作为成本计算对象来归集和分配费用的，其原则是：费用使哪种产品受益，就由哪种产品承担。而责任成本是以"成本中心"作为成本计算对象来归集和分配费用的，其原则是：费用由谁负责，就由谁来承担。产品成本反映和监督产品成本计划的执行情况，是进行经济核算的重要手段；责任成本评价和考核责任预算的执行情况，是控制生产耗费和贯彻经济责任制的重要手段。

为了计算责任成本，必须把成本按可控性分为可控成本和不可控成本两类。可控成本通常需符合以下三个条件：（1）成本中心有办法知道将发生什么性质的耗费；（2）成本中心有办法计量其耗费；（3）成本中心有办法控制并调节其耗费。凡不符合上述三个条件的，即为不可控成本。属于某个成本中心的各项可控成本之和，即为该成本中心的责任成本。由于各成本中心只应对其能直接控制的成本负责，所以编制责任预算时，应以该成本中心的可控成本为限，不可控成本通常只能作为参考资料列示。

3.成本中心业绩的评价与考核

对成本中心的业绩进行评价与考核，应以责任成本为重点，即衡量责任成本的实际数究竟与预算数有多大差异，并分析产生差异的原因。成本中心编制业绩报告，通常只需按该中心可控成本的各明细项目列示其预算数、实际数和差异数三栏，各指标可用金额、实物或时间反映。在实际工作中，"差异"栏后面可加上"差异原因分析"一栏，主要是为今后纠正缺点、巩固成绩或修改预算等进行信息反馈。在评价成本中心的业绩时，要贯彻可控性原则，整个成本中心的成本应是该中心的可控成本。

（二）利润中心

1.利润中心及其适用范围

利润中心是指既对成本负责又对收入和利润负责的区域。它既要控制成本的发生，也要对收入与成本的差额进行控制。利润中心适用于企业中具有独立收入来源的有着较高责任层次的单位，如分公司、分厂、事业部等。

2.利润中心的两种形式

（1）自然形成的利润中心。这种利润中心虽然是企业内部的一个责任单位，但它既可向企业内部其他责任单位提供产品或劳务，又可直接向外部市场销售产品或提供劳务，获得收入并赚取利润，像独立企业一样。

（2）人为划分的利润中心。这种利润中心一般不直接对外销售，只向本企业内部各责任单位提供产品或劳务，但需要按内部转移价格进行内部结算，实行等价交换，并确认成本、收入和利润。

3.利润中心成本计算的两种方式

（1）只计算其可控成本，不分摊其不可控的共同成本。按这种方式计算出来的盈利实际上是贡献毛益。采用这种方式的利润中心实质上是贡献毛益中心。它一般适用于人为划分的利润中心。

（2）不仅计算其可控成本，还计算其不可控成本。按这种方式计算，若采用变动成本法，利润中心需先计算出贡献毛益，再减去期间费用；若采用完全成本法，利润中心就可直接计算出税前利润。它一般适用于自然形成的利润中心。

4.利润中心业绩的评价与考核

对利润中心的业绩进行评价与考核时，应以销售收入、贡献毛益与税前利润为重点，也就是衡量其实际销售收入、销售成本及营业利润是否达到目标销售额、目标成本和目标利润水平。其中，利润是最终的、最具综合性的指标。除了可控性原则外，还要考虑利润的计量原则。利润计量涉及两方面问题：一是对共同收入和共同成本进行分配；二是为各部门间的产品或劳务的转移制定内部转移价格。

（1）共同收入的分配问题

有些收入的形成涉及多个利润中心，不能清楚地划归某一利润中心所有，这就是共同收入。在评价利润中心的业绩时，需要把这些共同收入在不同的利润中心之间进行分配，处理不好就会产生矛盾。若某一个部门不能从销售给其他部门产品中得到收益，它将缺乏继续这样做的动力。企业应建立一种补偿机制，解决这类问题。

（2）共同成本的分配问题

利润中心发生的固定成本项目要区别对待，其中一部分是利润中心负责人（分部经理）可控的专属固定成本，还有一部分专属固定成本并非在利润中心负责人的可控范围内。按照可控性原则，为了使业绩评价更公正合理，可在"贡献毛益"项目下，再引申出"分部经理可控毛益"和"分部毛益"两个项目。其计算公式如下：

分部经理可控毛益=贡献毛益-分部经理可控的专属固定成本　　　　　　　　　　　（11-1）

分部毛益=分部经理可控毛益-分部经理不可控的专属固定成本　　　　　　　　　　（11-2）

很明显，公式（11-1）主要用来评价和考核利润中心负责人（分部经理）的业绩；公式（11-2）则用来评价与考核利润中心（分部）的业绩。

（三）投资中心

1.投资中心及其适用范围

投资中心在生产经营和投资决策方面享有充分的自主权，既对成本、收入、利润负责，又对投入的全部投资或资产（包括流动资产和固定资产）的使用效果负责。它属于企业中最高层次的责任中心，其适用范围仅限于规模和经营管理权限较大的单位，如分公司、分厂、事业部等。为了准确地计算各投资中心的经济效益，必须将各投资中心共同使用的资产划分清楚；对发生的共同成本，应按适当的标准进行分配；各投资中心之间相互调剂使用的现金、存货、固定资产等，均应"有偿使用"。

2.投资中心的业绩评价与考核

由于投资中心不仅需要对成本、收入和利润负责，而且要对其占用的全部资产承担责任，因此对投资中心的业绩进行评价与考核时，除收入、成本和利润等指标外，重点应放在投资报酬率和剩余收益两项指标上。

（1）投资报酬率

投资报酬率反映投资中心的投入资本所产生利润大小的能力，其计算公式为：

投资报酬率=息税前利润÷资产平均占用额×100%

需要说明的是：

①公式中的分子使用息税前利润，是因为计算投资报酬率的目的是计量责任中心如何有效使用资产，而利息因素仅与资产如何取得有关，与资产如何使用无关；所得税因素对分部经理而言，是不可控因素。

②公式中的分母应限于责任中心所占用的资产，一般按固定资产和流动资产总额（总资产）的平均占用额计算，通常采用年初、年末的平均数。使用平均数的目的主要是防止责任中心管理人员为了提高业绩而在期初或期末不适当地配置或处置资产。

在计算投资报酬率时，固定资产的计价基础有两种：一是固定资产的账面价值（原值减累计折旧）。由于固定资产净值是逐年递减的，即使经营净利润不变，投资报酬率也会逐年提高，据此对责任中心进行考核时，就会产生"假象"，扭曲责任中心的真实业绩。与此相联系，固定资产折旧的计算方法不同，也会对投资报酬率的计算产生一定的影响。二是固定资产的原值。以此计算则可避免出现上述情况。

③投资报酬率的计算公式还可以写为：

投资报酬率＝销售利润率×资产周转率

投资报酬率的主要优点是：它能促使管理人员像控制费用一样控制经营资产的占用。通过这项指标，可以在同一企业不同投资中心之间，或者在同一行业不同企业之间进行比较。其局限性在于：依据投资报酬率对投资中心的业绩进行评价与考核，往往会使一些投资中心只顾自身利益，而放弃对整个企业有利的投资项目，或接受有损于整个企业的投资项目，使投资中心的近期目标与整个企业的长期目标相背离。为了克服以上局限性，许多企业同时采用其他辅助指标，如市场占有率、新产品的开发、劳动生产率、存货周转率、应收账款周转率等进行业绩评价。

提高投资报酬率的途径有以下三种：

①扩大销售量，有两种办法：一是设法使销售量增长的速度快于成本增长的速度；二是设法在营业资产保持相对稳定的情况下，增加销售量。

②降低成本数额，有两种办法：一是设法降低或削减酌量性固定成本，如减少广告费的支出等；二是设法降低单位变动成本。例如，在不影响产品质量的前提下，采用价格较便宜的材料，或尽量使各工序开展自动化作业，降低单位产品的人工成本等。

③减少营业资产，有两种办法：一是减少流动资产的占用额，如严格控制存货数量，加强应收账款催收工作，加速流动资金周转；二是减少固定资产的占用额，如对不需用的固定资产进行处理等。

（2）剩余收益

剩余收益（RI）是指企业或投资中心的经营净利润扣减按企业要求达到的最低利润率计算的投资报酬后的余额。其计算公式为：

剩余收益＝经营净利润－资产×要求的最低利润率

剩余收益计算的说明如下：

①"剩余收益"概念中的投资是指投资中心占用的总资产（经营资产）。

②企业要求的最低利润率通常以企业的贷款成本、目标资本回报率或企业加

权平均资本成本等为参照。

③ 上述计算公式表明，影响剩余收益的因素主要是资产占用水平和成本水平。因此，降低经营资产占用量或降低成本，都可以达到增加剩余收益的目的。

剩余收益也是用于评价责任中心或整个企业的财务业绩的综合性指标，它在一定程度上克服了投资报酬率的缺陷。剩余收益指标与投资报酬率指标的比较如下：

① 剩余收益指标能促进责任中心管理人员更多地考虑投资风险与投资收益的匹配关系。如果仅用投资报酬率评价投资中心的业绩，并对管理人员进行奖惩，则可能激励责任中心管理人员过多地进行风险性较高的投资。使用剩余收益指标进行考核，管理人员可以通过选择合适的最低利润率来体现投资风险与收益的匹配性。

② 剩余收益指标能促进责任中心管理人员从企业总体利益而非部门利益出发考虑投资与否。使用投资报酬率指标会导致责任中心管理人员放弃那些投资报酬率高于企业总体要求的最低回报水平（如资本成本）但又低于其所在责任中心平均投资报酬率的投资机会。

③ 剩余收益指标也有不足之处，主要表现为：它是一个绝对值，不利于在不同规模的投资中心之间进行比较。

以上分析表明，投资报酬率指标和剩余收益指标虽然可以互相替代，但在实际应用时应考虑其相互补充的作用。

四、内部转移价格

（一）内部转移价格的意义和作用

在分散经营条件下，企业内部各责任中心之间会发生产品或服务的转移，内部转移价格是各责任中心之间转移产品或服务时所制定和使用的价格。各责任中心之间的相互结算都要以内部转移价格作为计价的标准。责任会计要求企业审慎、合理地制定适合其特点并具有充分经济依据的内部转移价格。

（二）制定内部转移价格的基本原则

第一，凡成本中心相互之间提供产品或服务的，一般应以成本作为内部转移价格。这里的成本通常是指标准成本或预计分配率。它的优点是简便易行，责任分明，不会把供应单位的浪费或无效劳动转嫁给耗用单位去负担，能激发双方降低成本的积极性。显然，成本中心之间的内部转移价格绝不能以实际成本为计价基础；否则，就会把供应单位的全部功过转嫁给耗用单位，从而削弱双方控制成本、降低成本的积极性和责任感，这明显与责任会计的要求背道而驰。

第二，凡企业内部的产品或服务的转移，只要有一方涉及利润中心或投资中心的，就应尽可能采用市场价格作为制定内部转移价格的基础。此外，也可选用协商价格、双重价格、成本加成或其他标准。

（三）内部转移价格的种类及适用性

1.市场价格

市场价格，即将产品或服务的市场供应价格作为计价基础。采用市价，通常假定企业内部各责任中心都处于独立自主状态，可自由地决定从外部市场或企业内部购销；同时产品或服务有竞争市场，并有客观的市价可供采用。为了保证各责任中心的竞争建立在与企业的总目标相一致的基础上，企业内部各责任中心之间应尽可能进行内部转让，除非责任中心有充分理由说明对外交易比内部转让更有利。交易发生在内部而非外部，能节省更多的销售和管理费用、运输与配售费用，减少坏账损失等，因此在内部进行产品或服务的转移时，恰当的做法是对市场价格适当打折，即应以打折后的市场价格为基础制定内部转移价格。这样，内部交易双方可以分享由内部转移价格带来的成本节约的好处。但是，以市价作为内部转移价格的计价基础也有局限性，主要表现为对各部门利用闲置生产能力无激励效果，提供的产品或服务可能没有可供参考的市场价格。

2.协商价格

协商价格，即买卖双方以正常的市场价格为基础，定期协商，确定一个双方都愿意接受的价格作为计价的标准。采用这种价格的前提条件是转让产品有非竞争性市场，买卖双方有权决定是否买卖这种产品。协商价格的上限是市价，下限是单位变动成本，具体价格应由买卖双方在上下限范围内协商议定。这主要是由于内部转移价格中所包含的销售及管理费用一般要低于外界供应的市价，而且售出单位大多拥有剩余生产能力，因而协商价格只需略高于单位变动成本就行。协商价格的缺点是：在双方协商过程中，不可避免地要花费很多人力、物力和时间。

3.成本加成转移价格

当不存在外部市场价格或市场价格不合适时，就需要考虑以完全成本或变动成本为基础制定转移价格。

（1）以完全成本为基础的转移定价

以完全成本为基础制定转移价格是指以产品生产时发生的全部成本作为一个部门向另一个部门转移产品或服务的价格基础。定价的基本方法是在完全成本的基础上加上一定的加成比例。

以完全成本为基础的转移定价方法简便易行。完全成本的构成项目包括直接材料、直接人工和制造费用，企业管理人员不必为界定转移价格的构成项目而花费大量的时间和精力。其局限性在于：第一，以完全成本为基础的转移价格并不鼓励企业内部各部门之间的交易，会导致相关部门尽可能少地从内部购买产品或服务。第二，以完全成本为基础的转移价格会使提供产品或服务的部门忽视成本控制，为了克服这一缺陷，应考虑用预算成本加成的方法制定转移价格。

（2）以变动成本为基础的转移定价

以变动成本为基础制定转移价格是指以产品生产时发生的变动成本作为一个部门向另一个部门转移产品或服务的价格基础。其基本方法是以提供产品或服务所发生的变动成本为基础，加上一定的加成比例，形成企业内部交易的价格。

以变动成本为基础的转移价格可能会激励相关责任中心提供产品或服务，但是其局限性在于：如果仅以变动成本为基础制定转移价格，会使向其他部门提供产品或服务的部门不能弥补其支出的固定成本。解决这一问题的办法是进行适当调整：

以变动成本对所有用于转移的产品或服务计价，同时还要向接受产品或服务的部门收取一定的服务费用。这一调整使得提供产品或服务的部门不仅能够弥补其固定成本，还可以获得一定的利润。

五、企业组织体系与责任会计制度

企业建立责任会计制度，应按责任中心的层次，从最高层把全面预算逐级向下分解，形成各个单位的责任预算，直至最基层的成本中心；然后建立预算执行情况跟踪系统，记录预算执行的实际情况，并定期从最基层的责任单位将责任成本的实际数和销售收入的实际数，通过编制业绩报告的形式逐级向上汇总，一直到达最高层的投资中心。至于责任层次和责任单位的数目，可根据企业的具体情况和管理的需要而定。

【思政小课堂】

党的二十大报告提出："完善支持绿色发展的财税、金融、投资、价格政策和标准体系，发展绿色低碳产业，健全资源环境要素市场化配置体系，加快节能降碳先进技术的研发和推广应用，倡导绿色消费，推动形成绿色低碳的生产方式和生活方式。""双碳"目标的提出是我国履行大国责任、体现大国担当和坚定走可持续发展道路的具体表现。管理会计环境受到"双碳"目标的硬约束，将对企业经营环境、成本压力产生实质性的影响，从而导致管理会计的规划、决策、控制评价都要融入碳的因素。

价值创造是管理会计与生俱来的属性。管理会计可以通过计算企业生产和运营中的环境成本，为企业评估环境责任和可持续发展提供有效的数据支持；通过成本控制技术，对企业的环境成本进行优化和控制，降低环保成本，提高企业利润；通过制定环境绩效评价指标，对企业的环保和可持续性表现进行评估和监测，帮助企业管理层了解自身的环境责任与表现，防范和降低因环境问题带来的风险；通过参与绿色会计准则的制定，帮助企业确立可持续发展管理标准，建立完善的环境管理体系，并编写环境、社会和公司治理（ESG）报告，向外界及时披露相关信息，展示企业在环保与可持续发展方面的表现，提升企业形象与竞争力；通过绩效考核和激励措施，鼓励员工积极参与ESG可持续发展工作。[1]

思政元素：绿色低碳，可持续发展

第二部分　实例分析

【例11-1】某利润中心的有关数据见表11-1、表11-2。

---

① ［1］管理会计研究网.二十大报告留给中国管理会计的五大考问［EB/OL］.［2024-01-09］. https：//mp.weixin.qq.com/s?__biz=MzIwNzY3NTk1MA==&mid=2247492382&idx=1&sn=106a155e32cc7c3db6da1f922d82ef69&chksm=970c145fa07b9d49682e0299fc97dfa1035568e2f4807c92f66736e62fff29ebf0f138f765f9&scene=27.［2］佚名.管理会计助力ESG可持续发展［EB/OL］.［2024-01-09］.http：//m.caijing.com.cn/api/show?contentid=4980334.

表 11-1　　　　　　　　　　　　　**某利润中心基础资料**　　　　　　　　　　单位：元

项目	金额
部门销售收入	70 000
变动成本	40 000
经理可控的专属固定成本	5 000
经理不可控的专属固定成本	4 000
部门要承担的共同成本	3 000

表 11-2　　　　　　　　　　　　**某利润中心贡献式利润表**　　　　　　　　　单位：元

项目	金额
销售收入	70 000
变动成本	40 000
（1）贡献毛益	30 000
经理可控的专属固定成本	5 000
（2）可控贡献毛益	25 000
经理不可控的专属固定成本	4 000
（3）部门贡献毛益	21 000
部门要承担的共同成本	3 000
（4）部门税前利润	18 000

要求：分析该利润中心的业绩指标。

【解】该利润中心有四个可供选择的业绩指标：贡献毛益、可控贡献毛益、部门贡献毛益和部门税前利润。

（1）贡献毛益 30 000 元反映了该利润中心产品的盈利能力，但它对业绩评价没有太大的作用。

（2）可控贡献毛益 25 000 元是从贡献毛益中扣减了部门经理可控的专属固定成本，反映了部门经理对其控制资源的有效利用程度。可控贡献毛益是评价部门经理业绩的合适指标，但它忽略了不可控的生产能力成本，因而不能全面反映特定利润中心对整个企业所作的经济贡献。

（3）部门贡献毛益 21 000 元是衡量该利润中心获利水平的指标，它主要用于评价部门业绩而不是部门经理的业绩。

（4）部门税前利润 18 000 元受到共同成本分摊的影响。这个指标的意义在于促使部门经理留心共同成本的产生，并且注意只有当所有盈利部门都能提供足够的贡献毛益以补偿全部的共同成本时，整个企业才能盈利。

【例 11-2】某企业一投资中心在经营期内年初占用的经营资产为 1 800 000 元，

年末为 2 200 000 元，息税前利润为 360 000 元。假定该投资中心当年的销售收入为 3 600 000 元，平均贡献毛益率为 15%。

要求：该企业在下列三种情况下的投资报酬率有何变化？

（1）销售收入增加 10%；

（2）降低成本 40 000 元；

（3）投资中心的资产平均占用额由 2 000 000 元降至 1 800 000 元。

【解】投资报酬率=息税前利润÷资产平均占用额×100%

$$=360\ 000÷[(1\ 800\ 000+2\ 200\ 000)÷2]×100\%=18\%$$

（1）当销售收入增加 10% 时：

经营杠杆=贡献毛益÷基期息税前利润

$$=3\ 600\ 000×15\%÷360\ 000=1.5$$

息税前利润=基期息税前利润×（1+经营杠杆×销售变动率）

$$=360\ 000×(1+1.5×10\%)=414\ 000（元）$$

投资报酬率=414 000÷[（1 800 000+2 200 000）÷2]×100%

$$=20.7\%$$

（2）当成本降低 40 000 元时，相当于息税前利润提高 40 000 元：

投资报酬率=（360 000+40 000）÷[（1 800 000+2 200 000）÷2]×100%

$$=20\%$$

（3）当该投资中心的资产平均占用额由 2 000 000 元降至 1 800 000 元时：

投资报酬率=360 000÷1 800 000×100%=20%

由以上计算结果可知，增加销售收入、降低成本和提高资产使用效率均有助于提高投资报酬率。

【例 11-3】大华公司有一个事业部属于投资中心，其基期占用的营业资产平均余额为 250 000 元，目标营业利润为 45 000 元。该公司各投资中心的加权平均投资报酬率为 10%。计划期该事业部有两个投资项目可供选择：

A 项目：预计投资额为 120 000 元，预期营业利润为 15 000 元。

B 项目：预计投资额为 65 000 元，预期营业利润为 6 000 元。

要求：（1）该投资中心的目标剩余收益为多少？

（2）用目标剩余收益来评价 A、B 两个投资项目，是否可接受？

【解】编制剩余收益比较计算表，见表 11-3。

表 11-3 剩余收益比较计算表 金额单位：元

项 目	目 标	A 项目	B 项目
①营业利润	45 000	45 000+15 000=60 000	45 000+6 000=51 000
②营业资产	250 000	250 000+120 000=370 000	250 000+65 000=315 000
③预期最低报酬率（%）	10	10	10
④机会成本=②×③	25 000	37 000	31 500
⑤剩余收益=①-④	20 000	23 000	19 500

（1）该投资中心的目标剩余收益为 20 000 元。

（2）该投资中心在计划期应选择 A 项目，因为它可使该投资中心的剩余收益比目标剩余收益增加 3 000 元，该项目的投资报酬率达到 12.5%（15 000÷120 000×100%），超过该公司的加权平均投资报酬率 10%，显然对整个公司有利。

（3）该投资中心应放弃 B 项目，因为它不仅使投资中心的剩余收益比目标剩余收益减少 500 元，而且该项目的投资报酬率为 9.23%（6 000÷65 000×100%），低于该公司的加权平均投资报酬率 10%。

【例 11-4】某企业有两个利润中心：A 部门和 B 部门。A 部门装配某种产品并转移给 B 部门，B 部门生产完工后向外部市场出售。当年预计生产成本见表 11-4、预计利润表见表 11-5。

表 11-4　　　　　　　　　　　　预计生产成本　　　　　　　　　　　金额单位：元

项目	A 部门	B 部门
产量（件）	50 000	50 000
单位变动成本	5	2
固定成本	400 000	350 000
单价		25

表 11-5　　　　　　　　　　　　预计利润表　　　　　　　　　　　　单位：元

项目	金额
销售收入	1 250 000
变动成本	350 000
固定成本	750 000
总成本	1 100 000
利润	150 000

要求：（1）如果分别以完全成本和完全成本加成 20% 计算转移价格，则 A 部门和 B 部门的利润分别是多少？

（2）若 B 部门可以在外部市场以 19 元的单价购买原材料，按照利益共享原则，应如何定价？

【解】（1）以完全成本为基础但不考虑成本加成比例的转移价格

A 部门单位产品的全部成本=5（单位变动成本）+400 000÷50 000（单位固定成本）

=13（元）

如果转移价格定为 13 元，则 A 部门转售给 B 部门产品所获得的销售收入为 650 000 元（50 000×13）。这时，每个部门的利润见表 11-6。

表11-6   以完全成本为基础制定转移价格时各部门的利润   单位：元

项目	A 部门	B 部门	企业总额
外部销售收入		1 250 000	1 250 000
内部转移收入	650 000		
总收入	650 000	1 250 000	
转移成本		650 000	
自身变动成本	250 000	100 000	350 000
自身固定成本	400 000	350 000	750 000
总成本	650 000	1 100 000	1 100 000
利润	0	150 000	150 000

（2）以成本加成为基础的转移价格

根据已知条件，以20%作为加成比例，则：

转移价格=13×1.2=15.6（元）

在新的转移价格下，各部门的利润见表11-7。

表11-7   以成本加成为基础制定转移价格时各部门的利润   单位：元

项目	A 部门	B 部门	企业总额
外部销售收入		1 250 000	1 250 000
内部转移收入	780 000		
总收入	780 000	1 250 000	
转移成本		780 000	
自身变动成本	250 000	100 000	350 000
自身固定成本	400 000	350 000	750 000
总成本	650 000	1 230 000	1 100 000
利润	130 000	20 000	150 000

由以上计算结果可以看出：

① A部门的转移收入与B部门的转移成本相抵销，因此企业的总利润不受内部交易的影响。转移价格仅是将企业的总利润150 000元在A、B两个部门之间进行重新分配。

② A部门要获得盈利，只能通过提高质量，并保持固定成本不变；或者控制实际成本发生额，保证实际成本低于预算成本。

③ 需要注意的是：20%加成比例的确定具有很强的主观性，与外部市场环境无关。

（3）利益共享下的转移价格

在利益共享下，转移价格的下限是转出单位的单位变动成本，上限是接受单位的接受能力或可寻找到的市场上的低价，利益共享转移价格是两者的平均值。在本例中，价格下限为5元，价格上限为19元，利益共享转移价格为12元。这样，A部门虽然是亏损的，但是结合市场环境和企业的整体利益，其对企业还是有利的（见表11-8）。

表11-8　　　　　　利益共享下制定转移价格时各部门的利润　　　　　　单位：元

项目	A部门	B部门	企业总额
外部销售收入		1 250 000	1 250 000
内部转移收入	600 000		
总收入	600 000	1 250 000	
转移成本		600 000	
自身变动成本	250 000	100 000	350 000
自身固定成本	400 000	350 000	750 000
总成本	650 000	1 050 000	1 100 000
利润	−50 000	200 000	150 000

【例11-5】某有着集权组织结构的企业设有销售部、制造部、财务部。制造部下属各工厂的成本中心有三个层次：工段、车间和分厂。该企业业绩报告的有关数据见表11-9。另一企业集团为分权组织结构，设有中部和东部事业部，每个事业部均有一定数量的子公司。中部事业部有A与B两个子公司，子公司下设若干分厂。其各级责任单位业绩报告的有关数据见表11-10。

表11-9　　　　　　　　集权组织结构企业业绩报告　　　　　　　　单位：元

中心类型	项目	预算	实际	差异
成本中心	工段一的业绩报告			
	变动成本			
	直接材料	3 000	3 100	100（U）
	直接人工	2 500	2 300	200（F）
	制造费用	1 500	1 700	200（U）
	工段一责任成本合计	7 000	7 100	100（U）
成本中心	A车间的业绩报告			
	工段一责任成本	7 000	7 100	100（U）
	工段二责任成本	2 800	3 000	200（U）
	A车间的可控成本	1 300	1 200	100（F）
	A车间责任成本合计	11 100	11 300	200（U）

续表

中心类型	项目	预算	实际	差异
成本中心	甲工厂的业绩报告			
	A车间责任成本	11 100	11 300	200（U）
	B车间责任成本	13 500	14 400	900（U）
	C车间责任成本	19 700	19 300	400（F）
	甲工厂可控成本	19 200	18 900	300（F）
	甲工厂责任成本合计	63 500	63 900	400（U）
成本中心	制造部的业绩报告			
	甲工厂责任成本	63 500	63 900	400（U）
	乙工厂责任成本	69 500	70 200	700（U）
	制造部可控成本	12 600	12 000	600（F）
	制造部责任成本合计	145 600	146 100	500（U）
利润中心投资中心	公司的业绩报告			
	销售收入	300 000	298 000	2 000（U）
	制造部责任成本	145 600	146 100	500（U）
	销售部责任成本	24 300	24 900	600（U）
	财务部责任成本	14 700	13 900	800（F）
	企业可控成本	21 300	20 900	400（F）
	企业责任成本合计	205 900	205 800	100（F）
	企业税前利润	94 100	92 200	1 900（U）

表 11-10　　　　　　　　　　　分权组织结构企业业绩报告　　　　　　　　　　单位：元

中心类型	项目	预算	实际	差异
成本中心	甲工厂的业绩报告			
	车间一责任成本	35 900	36 700	800（U）
	车间二责任成本	20 200	19 600	600（F）
	甲工厂可控成本	9 000	8 900	100（F）
	甲工厂责任成本合计	65 100	65 200	100（U）
利润中心	A公司的业绩报告			
	销售收入	140 000	141 100	1 100（F）
	甲工厂责任成本	65 100	65 200	100（U）
	乙工厂责任成本	25 200	25 100	100（F）
	A公司可控成本	9 900	10 100	200（U）
	A公司责任成本合计	100 200	100 400	200（U）
	A公司税前利润	39 800	40 700	900（F）

中心类型	项目	预算	实际	差异
投资中心	中部事业部的业绩报告			
	销售收入——A公司	140 000	141 100	1 100（F）
	销售收入——B公司	61 000	60 000	1 000（U）
	销售收入合计	201 000	201 100	100（F）
	责任成本——A公司	100 200	100 400	200（U）
	责任成本——B公司	38 000	38 300	300（U）
	中部事业部可控成本	20 100	19 800	300（F）
	中部事业部责任成本合计	158 300	158 500	200（U）
	中部事业部利润	42 700	42 600	100（U）
投资中心	集团总部业绩报告			
	销售收入——东部事业部	100 000	99 700	300（U）
	销售收入——中部事业部	201 000	201 100	100（F）
	销售收入合计	301 000	300 800	200（U）
	责任成本——东部事业部	35 400	35 100	300（F）
	责任成本——中部事业部	158 300	158 500	200（U）
	集团总部可控成本	23 900	24 500	600（U）
	集团总部责任成本合计	217 600	218 100	500（U）
	集团总部利润	83 400	82 700	700（U）

要求：根据表11-9和表11-10的数据，分析在集权和分权组织结构中各级责任中心的业绩报告的对应关系和编制办法。

【解】1.集权组织结构下企业责任成本逐级汇总做法

（1）工段责任成本由工段长负责，其每月至少编制一份该工段的业绩报告送交车间主任。业绩报告应列举该工段能控制的成本实际数、预算数、差异数。

工段责任成本=可控直接材料成本+可控直接人工成本+可控制造费用

（2）车间责任成本由车间主任负责，其每月至少编制一份该车间的业绩报告送交厂长。业绩报告应汇总该车间所属各工段的责任成本，再加上不直接属于各工段而属于该车间的可控成本，如车间主任及管理人员的薪金、全车间共同使用的固定资产折旧费等，并分别列出实际数、预算数、差异数。

车间责任成本 = ∑各工段责任成本 + 车间可控成本

（3）工厂责任成本由工厂厂长负责，其每月至少编制一份全厂的业绩报告送交制造部经理。业绩报告应汇总该厂所属各车间的责任成本，再加上厂长及管理人员的薪金、工厂的房屋折旧费，以及会计科和人事科的成本等，并分别列出实际数、预算数、差异数。

工厂责任成本 = ∑各车间责任成本 + 工厂可控成本

（4）制造部责任成本由制造部总经理负责，其每月至少编制一份制造部的业绩报告送交公司总经理。业绩报告应汇总制造部所属各工厂的责任成本，再加上制造部管理人员的薪金，以及其他属于各工厂不能控制而应由制造部控制的成本，并分别列出实际数、预算数、差异数。

（5）销售部责任成本的归集与制造部相同，最基层的责任成本主要是销售人员的薪金和销售佣金。至于广告费、差旅费和其他费用，主要看应由哪个层次控制，由哪个层次控制即属于哪个层次的责任成本，然后逐级汇总编制业绩报告，最终送交公司总经理。

（6）财务部的责任成本主要是该部门人员的薪金、办公费、差旅费等，也应编制业绩报告，最终汇总送交公司总经理。

（7）公司总经理接到下属制造部、销售部和财务部的业绩报告后，即可汇总编制全公司的业绩报告。先列出本期的销售收入，再把下属各单位转来的责任成本与公司总部发生的成本加总，即为公司的总成本；然后与销售收入进行比较，即可求得公司的税前利润。全公司的业绩报告也应分别列出收入、成本、利润各项目的预算数、实际数、差异数。

2.分权组织结构下企业责任成本逐级汇总做法

（1）成本中心的业绩报告编制方法同集权组织结构下成本中心业绩报告，自下而上，逐级汇总编制。业绩报告应列举各车间能控制的成本实际数、预算数、差异数。工厂的业绩报告是在车间业绩报告基础上汇总并加上工厂可控责任成本而形成的。

工厂责任成本 $= \sum$ 各车间责任成本 + 工厂可控成本

（2）利润中心的业绩报告需要先汇总编制本期的销售收入，再对下属各工厂转来的责任成本与公司管理层发生的责任成本进行汇总，即为公司的责任成本；然后与销售收入进行比较，即形成公司的业绩报告。公司的业绩报告也应分别列示收入、成本、利润各项目的预算数、实际数、差异数。

公司责任成本 $= \sum$ 各工厂责任成本 + 公司可控成本

公司责任收益=公司收入−公司责任成本

（3）事业部的业绩报告是由各子公司的业绩报告和该事业部的费用决定的。首先将各子公司的收入和责任成本进行汇总，再加上该事业部所发生的费用，就形成了该事业部的业绩报告。不过事业部与子公司在责任成本的归集和划分上是不同的。子公司分摊的固定成本对子公司而言不是责任成本，却是事业部的责任成本。同时，作为考核的业绩指标，子公司的利润是可控利润，而不是净利润，这是集权组织结构与分权组织结构利润中心的区别。

（4）集团总部的业绩直接体现为集团总部的利润。把所有事业部的收入和可控成本汇总后，加上集团总部的可控成本，就形成了集团总部的业绩报告。对于集团总部而言，其所发生的所有成本，无论是否可控，均为责任成本。由于集团总部无法把责任转移到企业外部，最终要对所有的事项负责，因此集团总部利润是其责任履行的集中体现。

【案例11-1】大自然园艺有限公司部门业绩评价

基本情况

伍先生经营的大自然园艺有限公司（以下简称"大自然公司"）主要提供园艺相关产品。起初，该公司只出售一定数量的幼苗和肥料，后来该公司扩大销售领域，打入了园艺设备市场。目前，该公司产品可以分成三部分：园艺设备、幼苗和肥料，并以此为基础组建了该公司的三个业务分部。

随着人们生活水平的提高，更多人把园艺作为一种爱好，市场的扩大既给该公司带来了丰厚的利润，也吸引更多的竞争对手进入该行业。该公司面临着大型园艺中心连锁店和苗圃专营店的竞争，激烈的竞争导致利润下降。同时，该公司也承受着员工要求加薪的压力，因为与同一地区的同类员工相比，他们的薪水较低。

该公司要求每个分部都有盈利。销售部门和行政部门实行集中管理，其费用以占销售额的百分比的方式分配到各个部门，2023年的有关数据见表11-11。为了便于理解，该公司为每个部门按平均值计算了单位价格和成本。2023年，该公司利润下跌，伍先生正在考虑如何提高利润。他决定与各分部讨论这些数据，以作出正确的选择。

1. 幼苗部门

安先生负责幼苗部门已经很多年了，他对2023年幼苗部门的业绩很满意。

表11-11　　　　　　　　　　**大自然公司2023年利润表**　　　　　金额单位：万元

项目	幼苗部门	园艺设备部门	肥料部门
销售量（单位）	270 000	90 000	150 000
销售收入	135	90	45
变动成本	81	45	37.5
管理费用	49.5	33	16.5
利润	4.5	12	-9

他知道虽然缺少某些特种幼苗，但是他与顾客的关系不错，出售的幼苗质量也得到顾客的认可。这个部门能够成功的原因在于顾客可以很方便地购买肥料和园艺设备，他们能一次性买齐所需的物品。由于快捷便利的服务和售出幼苗的高质量，该部门有着相当好的信誉。该部门经营具有季节性特点，交货主要在春夏两季。产品季节性需求的变化意味着要灵活使用劳动力，在不忙于准备幼苗交货时，该部门要整理土地和培植幼苗，这样全年工作量就相对均匀。在国庆节、元旦和春节期间，该部门经营和销售的主要是盆栽幼苗和花树，事实证明他们的做法是成功的。

2.园艺设备部门

该部门的有些设备可以在该公司内部生产，有些则需要从外地供应商处购买。该部门的产品具有利润高的优势，因此受到该公司的特别关注。去年，伍先生聘请陶女士扩展园艺设备的销售。陶女士对2023年的销售额超出预算额感到高兴（见表11-12）。2023年的销售情况特别好，部分原因是另一家同类设备供应商厂房失火而给该部门带来了几笔综合商场和园艺中心的大额订单。但是竞争对手的工厂可能在2024年下半年恢复生产并使用最新的设备。陶女士对保持市场份额很有信心，她认为销售额的增加是因为她成功地拓展了业务。

表11-12　　　　　　　　　　　园艺设备部门2023年预算和实际数据　　　　　　金额单位：万元

项目	预算	实际
销售量（单位）	70 000	90 000
销售收入	70	90
变动成本	32.48	45
管理费用	27.72	33
利润	9.8	12

3.肥料部门

肥料部门主要采购原料并将它们包装成袋，以大自然公司的品牌出售。根据2023年的销售数据，伍先生对肥料部门的经营不善感到担忧，甚至打算关闭这一部门。在查看数据时，伍先生说："我们售出的每袋肥料都在亏损，每袋亏损0.6元。尽管你预计未来销量会上升，但那只会进一步减少利润。我们的包装生产线已经满负荷运转，没有多余的包装生产线来扩展业务，我认为最好是扩展园艺设备业务，因为这个部门更赚钱啊！"负责肥料部门的姚先生对这样的分析很不满，他认为肥料部门分摊了太多不属于他控制的管理费用。在三个部门中，肥料部门所需的场地最小，销售和管理时间最少，他觉得关闭这一部门后公司的利润不会增长。他认为，如果增加肥料产量，肥料的买卖一定不错，因为大量购买原料会降低单位成本，从而增加销售额。供应商表示，如果肥料部门有250 000袋的订单，采用一种新的原料每袋就会便宜0.5元。他深信肥料部门有足够的能力处理新增订单。即使不能达到他预期的销售量，这些存货也可以满足明年的销售需要。

问题

（1）编制2023年三个部门的贡献式利润表。

（2）假设总管理费用不变，如果肥料部门在2024年关闭，请计算该公司的利润变化数额。

（3）伍先生为什么说销售每袋肥料亏损0.6元？姚先生所说的扩大销售量、增加利润是否正确？请用数字说明。

（4）分析园艺设备部门预算和实际的差异。

（5）陶女士是否应该对园艺设备部门的业绩感到满意？该部门存在什么问题？

分析过程

（1）2023年三个部门的贡献式利润表见表11-13。

表11-13　　　　　　　　　　　三个部门贡献式利润表　　　　　　　　　单位：万元

项目	幼苗部门	园艺设备部门	肥料部门
销售收入	135	90	45
变动成本	81	45	37.5
管理费用	99		
利润	7.5		

（2）如果肥料部门在2024年关闭，该公司的利润会下降。事实上，幼苗部门销售业绩好的原因在于消费者可以方便地购买肥料，如果关闭肥料部门，则幼苗部门会受到影响，该公司利润会下降更多。

（3）销售150 000袋损失90 000元，每袋的损失是0.6元，但是贡献毛益总额是75 000元，就是每袋0.5元，因此扩大销售量会扩大该部门的贡献毛益，从而增加利润。如果销售量增加到250 000袋以上，每袋的贡献毛益总额增加到1元（0.5元来源于大量进货的优惠）。在现行考核机制下，肥料部门分摊的管理费用会随着销售量的增加而增加，其他部门分摊的管理费用会减少，从而增加其他部门的利润，减少肥料部门的利润。在销售250 000袋时，贡献毛益总额是250 000元。假设其他部门的销售额保持不变，则该公司总销售收入为300万元，肥料部门分摊的管理费用为247 500元（750 000÷3 000 000×990 000），肥料部门的利润变成2 500元（250 000-247 500）。包装生产线已经满负荷运转了，实现更大销售量的前提是扩大产量，但是扩展生产能力已经不可行了，除非追加投资或租用设备。

（4）园艺设备部门预算与实际的差异见表11-14。

表11-14　　　　　　　　　　园艺设备部门预算与实际的差异　　　　　　　金额单位：元

项目	预算	实际	差异	变化率（%）
销售量（单位）	70 000	90 000	20 000	28.57
销售收入	700 000	900 000	200 000	28.57
变动成本	324 800	450 000	125 200	38.55
管理费用	277 200	330 000	52 800	19.05
利润	98 000	120 000	22 000	22.45
单位变动成本	4.64	5.00	0.36	
单价	10	10	0	

（5）陶女士应考虑以下问题：2023年销售量的增长受到竞争对手厂房失火的影响，2023年销售量比预计上升了28.57%，而利润仅上升了22.45%，利润的增长幅度小于销售量的增长幅度。这说明成本方面存在问题，变动成本上升幅度大于销售量上升幅度，生产的问题造成了变动成本的提高，意味着要提高产量就需要加班。由于遭受火灾，竞争对手会把新的设备投入生产，未来前景并不乐观。该部门能够盈利的主要原因在于其分摊的管理费用比较少。

问题探讨

本案例涉及的是部门业绩评价方法。三个部门都是利润中心，该公司应该改变部门考核评价方法，在部门业绩评价过程中，对发生的管理费用应区别对待，按照可控性原则考虑费用的合理分配，把成本分为可控成本和不可控成本两类，使业绩评价更为公正、合理，甚至进一步推行作业成本法，以便准确提供决策信息。

第三部分　实训练习

一、填空题

1.责任会计的基本内容包括（　　）、（　　）、（　　）、（　　）、（　　）和（　　）。

2.责任中心按明确的责权范围可分为（　　）、（　　）和（　　）。

3.利润中心有（　　）和（　　）两种形式。

4.内部转移价格的类型有（　　）、（　　）和（　　）。

二、单项选择题

1.一个责任中心，如果不能形成或考核其收入，而着重考核其所发生的成本费用，则称为（　　）。

A.成本中心　　　　B.利润中心　　　　C.投资中心　　　　D.责任中心

2.公司制企业的下列责任单位中，可作为投资中心的是（　　）。

A.公司　　　　B.车间　　　　C.班组　　　　D.职工

3.成本中心必须控制和考核的内容是（　　）。

A.产品成本　　　B.标准成本　　　C.预算成本　　　D.责任成本

4.在以市场价格为内部转移价格时，当卖方价格等于或小于市场价格且愿意对内出售时，则买方（　　）。

A.可以拒绝购买　　　　　　　　B.需要重新议定价格

C.不可以拒绝购买　　　　　　　D.无严格规定

三、多项选择题

1.投资中心的考核指标有（　　）。

A.投资利润率　　　B.利润　　　　　C.剩余收益　　　　D.投资回收期

2.下列"成本"价格作为内部转移价格时，不能调动提供部门降低成本的积极性的价格方法包括（　　）。

A.实际成本法　　　　　　　B.实际成本加成法

C.标准成本法　　　　　　　D.标准成本加成法

3.甲利润中心常年向乙利润中心提供劳务，在其他条件不变的情况下，如果提高劳务的内部转移价格，可能出现的结果是（　　）。

A.甲利润中心内部利润增加　　B.企业利润总额增加

C.乙利润中心内部利润减少　　D.企业利润总额减少

4.制定内部转移价格的作用包括（　　）。

A.有利于明确划分责任中心的经济责任

B.有利于把责任中心的业绩考核建立在客观、可比的基础上

C.有利于调动企业内部各部门的生产积极性

D.有利于制定正确的经营决策

四、实训业务

【习题 11-1】计算并填写表 11-15 中空缺的数字。

表 11-15　　　　　　　　　　各投资中心剩余收益计算表　　　　　　　　金额单位：元

项目	A投资中心	B投资中心	C投资中心	D投资中心
销售收入	50 000	45 000		
利润	5 000		6 600	2 000
平均资产占用额		15 000	30 000	
销售利润率（%）		8		4
资产周转率			2	
投资报酬率（%）	25			16
最低报酬率（%）	20			18
最低报酬		2 700		
剩余收益			1 800	

【习题 11-2】某企业有三个事业部，均有投资自主权，在企业所得税税率为 25%、不分摊总部成本的情况下，其 2020 年度资料见表 11-16。

表 11-16　　　　　　　　　　某企业三个事业部有关资料　　　　　　　　单位：元

项目	A事业部	B事业部	C事业部
利息支出	15 000	26 000	35 000
税后利润	24 000	28 000	31 000
平均资产占用额	300 000	480 000	600 000

要求：（1）计算各事业部的投资报酬率，比较并评价其绩效。

（2）若该企业以投资报酬率为考核各事业部绩效的标准，各事业部均有一个150 000元的投资机会，估计每年需支付利息12 000元，可增加税后利润8 400元，这一机会对哪几个事业部有吸引力？其投资后的投资报酬率将有何变化？

（3）假设该企业要求各事业部的最低报酬率为20%，计算各事业部2020年度的剩余收益。

【习题11-3】某企业自行车部生产销售自行车。最近该企业被并入一家轮圈制造厂，该厂生产能力为年产自行车轮圈100 000套，年销售量为60 000套，每套售价为30元，单位变动成本为18元，全年固定成本总额为350 000元。该自行车部每年需用轮圈30 000套，一直向其他厂商购买，由于批量大，所以可按照每套28元的优惠价格购买。现该企业领导要求自行车部向轮圈制造厂购买所需轮圈。

要求：（1）按照利益共享原则，每套轮圈的内部转移价格以多少为宜？如按此价格交易，自行车部边际贡献总额为多少？购入方节约多少？

（2）如果每年的轮圈需求量增加为50 000套，按利益共享原则，内部转移价格为多少？按此价格，双方利润各为多少？

【习题11-4】大华公司甲分部计划购买50 000个电气部件，其有两个来源：第一个为该公司的乙分部按每台50元的价格出售该部件给甲分部（乙分部生产能力有剩余），这笔交易可为乙分部提供贡献毛益750 000元；第二个为甲分部从外部市场接到一份该部件的投标书，喊价为每台47.50元，该分部考虑从这一来源购买。

要求：（1）甲分部如向乙分部购买该部件，能接受的最高价格为多少？最低价格为多少？

（2）利益共享转移价格为多少？

第十一章在线测试

第十一章实训练习参考答案

参考文献

［1］赵贺春，于国旺，洪峰. 管理会计［M］. 北京：清华大学出版社，2017.

［2］王华. 管理会计［M］. 北京：中国财政经济出版社，2019.

［3］饶艳超. 管理会计实训教程［M］. 上海：上海财经大学出版社，2019.

［4］胡元林，杨锡春. 管理会计［M］. 3版. 上海：立信会计出版社，2020.

［5］朱爱萍. 管理会计［M］. 北京：中国财政经济出版社，2020.

［6］刘萍，张忠华，于树彬. 管理会计［M］. 5版. 大连：东北财经大学出版社，2023.

［7］吴大军. 管理会计［M］. 7版. 大连：东北财经大学出版社，2023.

［8］孔德兰，许辉. 管理会计实务［M］. 3版. 大连：东北财经大学出版社，2023.